옮긴이 **성원**

대학에서 영문학과 지리학[다]   을
배우는 게 좋아서 시작한 일[다]   성
등을 주제로 한 여러 학술서오[다]   [으]로『쫓겨난
사람들』『백래시』『여성, 인종, 경[다]   [라] 폐지하라』『캘리번과 마녀』
『혁명의 영점』『사라질 수 없는 사람들』등이 있다.『공기 전쟁』으로
한국과학기술도서 우수번역상을 수상했다.

해제 **조문영**

연세대 문화인류학과 교수이다. 한국과 중국을 오가며 빈곤을 연구해 왔다.
『빈곤 과정』『"인민"의 유령(The Spector of "the People")』을 썼다.
엮은 책으로『동자동, 당신이 살 권리』『우리는 가난을 어떻게
외면해왔는가』『헬조선 인 앤 아웃』『민간중국』『문턱의 청년들』이 있고,
옮긴 책으로『분배정치의 시대』가 있다.

미국이 만든 가난

Philos 025

POVERTY, BY AMERICA

미국이 만든 가난

가장 부유한
국가에 존재하는
빈곤의 진실

매슈 데즈먼드 지음 | 성원 옮김 | 조문영 해제

arte

데바를 위해

Poverty,

가난한 사람들 너머를 봐야
빈곤이 보인다

— 조문영 연세대 문화인류학과 교수

By

America

미국은 부유하다. 생산과 소비, 수입과 수출 규모 모두 전 세계에서 단연 최고다. 광활한 땅에서 채굴되는 자원도, 기술혁신도, 돈의 이동도 압도적이다. 이 순간에도 전 세계 수많은 이주민이 국경 철조망을 뚫고, 어선에 몸을 싣고 만인이 신의 축복을 바라는(God Bless America!) 나라의 문을 두드린다.

미국은 강하다. 세계 제일의 군사력을 바탕으로 글로벌 통수권자를 자처한다. 기후, 핵에너지, 전쟁처럼 지구 존립을 위협하는 문제들이 이 나라 대통령의 말 한마디에 휘둘린다. 문화적 헤게모니로 진화한 패권은 소리 없이 강력하다. 미국 표준이 세계 표준이고, 미국의 관심사가 세계적 관심사인 추세는 사라지지 않았다. 엘리트 미국인이 트위터에 남긴 짧은 문장이 대한민국의 정치권, 주식시장, 학계를 들썩인다.

그러나 미국이 곧 트럼프, 바이든이 아니라, 50개 주에 3억 3600만 명이 사는 다인종의 나라임을 떠올리면 다른 풍경에 시선이 가닿는다. 마약중독자들의 '좀비 거리', 도심 복판의 홈리스 텐트촌, 총기 난사로 아수라장이 된 캠퍼스, 차별과 배제의 역사가 누적된 흑인 '레드존'도 미국이다. 자산 100조 원이 넘는 부자들이 혁신가, 자선가를 자처하는 동안, 중산층이 꾸준히 몰락하면서 해고와 퇴거를 수시로 경험하는 나라도 미국이다. 민주주의의 보루인지 견고한 신분제 사회인지 알 수 없는 나라, 아니 민주주의가 애초에 정의와 평등을 배반하는 시스템은 아니었는지 의구심을 불러일으키는 나라가 미국이다.

이 나라의 극단적인 불평등을 실감한 것은 오래전 미국 유학 시절에 접한 신문 기사를 통해서였다. 워싱턴 D.C.의 교외 지역에 버스 정류장을 설치하려는 정부 계획이 주민들의 격렬한 반대로 무산됐다는 뉴스였다. 편리한 교통이 집값 상승을 부추긴다는 상식으로는 이해하기 어려운 반응이었다. 대부분 백인 중산층인 주민들은 버스 정차를 낯선 유색인종이 제 거주 단지에 발을 디디는 사태로 인식했고, 이들이 제집 근방에서 어떤 소란을 피울지 장담할 수 없다는 두려움에 휩싸였다. 주민들의 '저항' 서사는 흑인과 히스패닉은 물론 이들이 주로 타는 '공공' 버스마저 빈곤으로, 안전의 위협으로 번역했다. 이 풍경을 내가 뉴스로만 접했다는 사실을 덧붙여야겠다. 내가 유학한 캘리포니아의 사립대학은 소유한 땅을 벤처기업에 무상으로 임대해 실리콘밸리를 일군 숨은 주역으로 칭송받았다. 덕분에 나는 동부 대도시에서 보듯 대학이 슬럼에 포위되는 화(?)를 면했고,

이른 아침의 캠퍼스 화장실이나 가끔 타는 버스, 슈퍼마켓의 자선 광고란에서나 가난한 유색인종의 얼굴과 마주쳤다. 공간적 계급화가 노골적으로 진행된 탓에, 미국에 산다고 미국의 가난을 쉽게 포착할 수 있는 것은 아니었다.

어째서 이 풍요의 땅에 그렇게 많은 곤경이 존재하는가? 『미국이 만든 가난』에서 매슈 데즈먼드는 이 단순명료한 역설을 파고든다. 미국은 자원이 부족한 나라도, 경제가 파탄 지경인 나라도 아니건만, 수많은 미국인은 주거, 음식, 위생 등 기본적인 생존의 문제에 시달린다. 투옥된 미국인이 감옥에서 외려 건강이 좋아졌다는 일화는 지구상에서 가장 잘나가는 나라의 "난감하고 뻔뻔한 불평등"을 돌아보지 않을 수 없게 한다.

저자에 따르면 가난이란 단순히 돈의 문제가 아니다. 사회적 병폐들이 단단히 엉킨 매듭이다. 가난은 육체적 통증을 유발하며, 고통을 저 혼자 감당하는 과정에서 트라우마를 남긴다. 실직과 퇴거의 공포, 상황이 점점 더 나빠질 거란 두려움에 매여 있게 하므로 가난은 불안정이기도 하다. 자유의 상실은 가난의 또 다른 이름이다. 신자유주의적 세계화와 복지국가의 쇠퇴 이후, 감옥이 급증한 빈곤층을 관리하는 핵심 기제가 됐다는 점은 공공연한 사실이다.[1] 생계형범죄가 재빨리 구금과 징역으로 이어지는 경험을 반복하다 보면 정부가 자신의 편이 아니라는 불신은 자연스럽게 커질 테다.

그뿐인가. 가난은 당혹감과 수치심을 낳는다. 저자는 가난이 정체성이 될 수 없다고 역설한다. "오늘날에는 누군가에게 당신이 파산했다고 털어놓는 것보다는 차라리 정신질환을 고백하는 게 사회적으로 더 용납받을 만한 행동이다." 노동계급 출신의 프랑스 철학자 디디에 에리봉(Didier Eribon)이 "노동자의 아들"이 아닌 "게이 청소년"으로 자신의 어린 시절을 묘사하는 게 차라리 마음이 편했다는 점, "성적 수치"보다 "사회적 수치"에 관해 글을 쓰는 게 훨씬 어려웠다는 점을 고백하는 대목과도 겹쳐진다. 자기 비하와 분노가 폭력을 부추기는 환경에서 자란 그에게 가난이란, "한때 내 것이었으나 더 이상 그에 속하길 원치 않았던 세계"였다.[2] 언론과 일반 시민은 가난한 사람들에게 도덕적 품성까지 곧잘 요구하지만, 물질적 궁핍 상태에 결박된 이들이 여유를 갖고 저 자신, 가족, 이웃을 향해 마음을 열기란 녹록지 않다. 데즈먼드는 가난이 누구에게나 공평하게 찾아오지 않는다는 점도 강조한다. 그것은 미국 사회의 오랜 인종 불평등을 환기한다. 백인 가정도, 흑인과 히스패닉 가정도 모두

---

1 대표적으로 이 책을 참조하라. 로익 바캉 지음, 류재화 옮김, 『가난을 엄벌하다』, 시사IN북, 2010.

2 디디에 에리봉 지음, 이상길 옮김, 『랭스로 되돌아가다』, 문학과지성사, 2021, 28~29쪽.

빈곤 위협에 처하지만, 통계적으로 후자가 전자보다 빈곤이 더욱 심각한 동네에서 산다. 교육 수준, 주거 상태, 경찰 폭력에 노출되는 정도 역시 거주지역의 영향을 받을 수밖에 없다.

　가난한 사람들의 삶을 깊숙이 들여다보고 싶은 독자라면 저자의 전작 『쫓겨난 사람들』을 함께 읽어도 좋겠다. 사회학자로서 그의 명성을 널리 알린 이 책에서, 데즈먼드는 미국에서 손꼽히는 가난한 도시 밀워키로 들어가 퇴거 과정에 휩쓸린 여덟 가정의 삶을 추적했다. 실직, 중독, 폭력의 악순환에 빠진 이들의 삶에서 집의 행방은 묘연하다. 가족들은 끊임없이 쫓겨나면서도 살 만한 집을 찾아 필사적으로 헤맨다. 그렇다고 가난한 사람들의 고통을 적나라하게 폭로하는 게 저자의 의도는 아니다. 이들의 고투가 싸구려 임대주택, 트레일러, 쉼터, 거리, 감옥을 맴도는 삶으로 귀결될 뿐이라면 누굴 탓해야 하나? 불평등에 관한 연구자들의 해석은 통상 구조와 문화, 정치 경제적 역사와 개인의 결함 사이에서 시소를 타지만, 데즈먼드는 두 접근이 모두 저소득가정을 격리된 타자인 양 취급한다며 비판한다. 빈곤은 "가난한 사람과 부유한 사람이 모두 얽혀 있는 관계"여서,[3] 쫓겨나는 사람들의 고통을 제대로 이해하려면 이들과 연결된 행위자들을 집요하게 추적해야 한다. 저자가 가난한 사람들뿐 아니라,

---

3 매튜 데스몬드 지음, 황성원 옮김, 『쫓겨난 사람들』, 동녘, 2016, 426쪽.

임대업자, 부동산관리인, 법원 직원, 사회복지사, 건물 감독관 등 다양한 연루자들을 연구참여자 목록에 포함한 이유다.

『미국이 만든 가난』은 가난의 원인을 이해하려면 가난한 사람들 너머를 들여다봐야 한다는 전작의 문제의식을 잇는 책이다. 다른 점은 연구의 스케일이다. 이번에는 가난이 왜 존재하느냐는 질문의 핵심 과녁을 '미국'에 정조준했다. 스케일이 변하면서 연구 방법도 달라졌다. 특정 도시를 중심으로 가난한 가족들의 삶을 따라가는 문화기술지(ethnography) 접근 대신, 저자는 그간에 축적된 현장연구 자료와 각종 보고서, 사회과학 연구들을 결합해 개괄적인 설명을 시도했다. 미국 사회에서 빈곤은, 이 문제를 개선하려는 노력이 계속 있었음에도 왜 여전히 답보 상태인가? 무엇이 가난한 사람들의 불리한 환경을 지속시키는가? 저자의 분석을 노동, 주택, 금융, 복지 부문으로 나누어 간단히 짚어 보자.

우선, 노동자를 싸게 부려 먹는 행태가 반복되고 있다. 산업현장의 노동자들은 무리하게 일하다 더 이상 일할 수 없는 몸이 되어 실직하고, 빈곤의 악순환에 빠진다. 노예노동에서 무임금 가사 노동까지, '저렴한 노동'은 경제성장을 끊임없이 유지해야 살아남는 자본주의 체제의 불문율이 된 지 오래다.[4] 하지만 데즈먼드는 저임금을 자연의 섭리인 양 취급하는 대신,

14

1950~1960년대 미국 노동자의 약 3분의 1이 노동조합원이었음을 환기한다. 노조는 때로 "백인 남성의 피난처"라는 한계를 드러냈으나, 그마저 지속적인 탄압으로 무너지고 조합원 수가 미국 노동자의 10퍼센트 수준으로 줄어든 지금의 상황은 비참하다. 가난은 단지 기술과 교육이 부족해서 생기는 게 아니다. 그것은 질 낮은 일자리와 업무 외주화, 기술 진보에 따른 착취, 법인세율과 최저임금 인상안에 반대하는 기업 로비 세력에 맞설 정치권력이 무너진 결과다.

　　주택시장과 정책은 가난한 사람들이 더 많은 비용을 치르도록 강요한다. 데즈먼드는 미국에서 슬럼을 착취해 온 긴 역사를 환기하면서 임대주택 시장의 모순을 파고든다. 가난한 동네의 임대주들이 들이는 고정 경비는 부유한 동네에 비해 상당히 적지만, 이들이 걷는 임대료는 아주 조금 적을 뿐이다. 가난한 사람들이 임대료를 약간만 더 추가해도 더 나은 집, 동네, 학교에 가는 게 가능하다면 이사가 '합리적'인 선택이지 않을까? 데즈먼드는 『쫓겨난 사람들』에서 500여 페이지에 걸쳐 다룬 퇴거 잔혹사를 짧지만 울림 있게 요약한다.

4　라즈 파텔·제이슨 W. 무어 지음, 백우진·이경숙 옮김, 『저렴한 것들의 세계사』, 북돋움, 2020, 3장 참조.

가난한 가족들은 이사를 기회가 아니라 위기, 심지어는 트라우마로 경험할 때가 더 많다. 이들은 어쩔 수 없이—임대주가 이들을 퇴거시켜서, 시에서 자신의 집에 거주 불가능 판정을 내려서, 살고 있는 구역이 너무 위험해져서—힘든 상황에서 살던 집을 나와 허둥지둥 최악의 동네를 피해 자신들의 신청을 받아 주는 첫 번째 집으로 들어가곤 한다.(본문 128쪽)

주택과 금융의 복잡한 얽힘은, 빈곤이 단지 돈이 부족한 게 아니라 충분한 선택지의 부재로 이용당할 수밖에 없는 상태라는 저자의 주장에 힘을 싣는다. 은행들이 저소득층 지역, 흑인 동네에서 주택담보대출 영업을 꺼리기 때문에, 가난한 사람들은 집을 구매할 여력이 있어도 높은 임대료를 내고 세입자로 살아가는 경우가 다반사다. 가난한 흑인 동네에서 일상화된 금융 약탈은 배제가 있는 곳에 착취가 있음을 여실히 보여 준다. 고금리 소액 대출 점포, 수표 현금 교환소 등 비주류 기관이 가난한 흑인 동네에서 은행의 빈자리를 메우고, 이들 기관이 과잉 수수료를 물리고, 신용불량을 조장하고, 금융 불안정 상태를 악용해 각종 온라인서비스를 남발할 때 누구한테 책임을 물어야 할까? "소액 대출업체들이 가난한 사람들을 갈취하는 것은 그렇게 할 수 있기 때문이다." 데즈먼드는 가난의 연쇄를 끊어 내기 위해 질문을 바꿔야 한다고 역설한다. 그들이 어째서 더 나

16

은 일자리를 찾지 않는지, 더 나은 동네로 이사하지 않는지, 악성 대출을 끊어 내지 못하는지 묻는 대신 우리는 다른 질문을 던져야 한다. 그들의 가난은 누구에게 이익인가? 누구의 배를 불리는가?

복지야말로 질문의 전환이 가장 시급한 영역이다. 우리는 '복지(welfare)'라는 명명에서 사전적 정의대로 안녕, 행복, 건강을 떠올리는 대신, 가난한 사람들의 '복지 의존성'을 비난할 채비를 서두른다. 빈곤 통치의 역사란 인간에게 노동을 강제하기 위한 지식과 제도를 구축해 온 과정이다 보니 멀쩡한 노동자라면 복지 수급을 신청할 이유가 없다는 통념이 똬리를 틀었다.[5] 흑인이 노동윤리가 약하며 복지 수급자 대부분을 차지한다는 믿음은 미국 사회에서 특히 뿌리 깊다. 하지만 데즈먼드가 정부 수당에 관한 데이터에서 주목한 것은 복지 의존성이 아니라 오히려 복지 회피였다. 가난한 사람들 상당수가 잘 몰라서, 서툴러서, 신청 절차가 까다로워서—연구자들이 '수급률' 제고 방안을 내놔야 할 만큼—정부 보조금을 신청하지 않았다. 흥미로운 점은 가난과 상대적으로 무관하게 살아가는 사람들의 복지 프로그램 의존도가 외려 높아졌다는 사실이다. 2020년 연방정부가 지출한 주택 소유자 보조금은 저소득층에게 지급된 주택

---

5 조문영 지음, 『빈곤 과정』, 글항아리, 2022, 105쪽.

보조금 액수를 훨씬 초과하며, 학자금대출, 주택담보대출, 아동
세액공제, 실업수당 등 연방정부의 모든 공공보조금을 계산할
경우 미국 사회복지의 규모는 상당하다. 부유층과 중간층이 혜
택을 받는 퇴직금과 의료보험에도 정부 보조금이 제공된다는
사실을 고려하면, 미국 사회복지의 문제란 정부가 가난한 사람
들에게 돈을 '퍼 주는' 게 아니라 "도움이 가장 적게 필요한 사
람들에게 가장 많은 도움을 준다"는 점이 아닐까.

노동, 주택, 금융, 복지 전 부문에서 가난을 뿌리 뽑기보다
온존하고, 더 나아가 가난에서 온갖 방식으로 이익을 얻는 풍경
이 펼쳐지고 있다. 정부 정책의 실패도, 악덕 기업의 횡포도 눈
에 띈다. 그런데 나는, 당신은 이 풍경에서 예외인가? 이 책의
백미는 풍요의 땅에 가난을 심는 주범으로 '우리'를 정면으로
지목한다는 점이다. "미국의 빈곤은 의회와 기업이 취하는 조치
의 결과이기만 한 게 아니라 우리가 각자의 일을 할 때 매일 내
리는 결정들 수백만 가지가 누적된 결과이기도 하다." 진보적
연구자들은 빈곤 문제의 주범으로 '자본주의' '국가' '자본'을 뭉
뚱그려 지목하거나, 신자유주의 체제하의 빈곤이 가시적인 '적'
을 지목하기 어려운 복잡한 지형에 놓여 있음을 강조하곤 했다.
이러한 분석을 인지하면서도, 데즈먼드는 "복잡함은 강자의 피
신처"임을 역설하고, 우리의 책임감을 호소한다. 그래야 우리

중 극히 일부라도 행동에 나서지 않겠는가.

'우리'란 누구이며, 어떤 삶을 살고 있나? 우리는 2015년 월마트가 압력에 못 이겨 신입 사원의 최저 시급 인상안을 발표했을 때 주식을 팔아 치웠다. "임금을 인상하면 대가를 치르게 될 거라고" 기업에 경고를 날렸다. 우리는 직접적인 투자자가 아닐 수 있어도, 우리가 가입한 개인연금, 퇴직연금 등은 주식 시장의 큰손이다. 소비자인 우리는 선물 같은 특가로, 몇 번 클릭으로, 집 바로 앞까지 차량과 배달 음식을 부를 수 있는 플랫폼 경제의 마법에 환호한다. 그뿐인가. 우리는 입찰 경쟁을 통해 집값 상승을 부추기면서도 주택 위기의 주범으로 '러시아 갑부'—한국이라면 '중국 갑부'—를 지목한다. 연금, 주택, 의료, 교육, 양육 등 각종 보조금의 수혜자이면서도, 우리는 흑인, 이주자, 한부모가정, 실업자, 복지 수급자 등 '정부 지원에 의존하는 사람들'의 목록을 만들고, 이들의 도덕성을 심판하느라 바쁘다. 정부가 가난한 사람들을 구제하는 조치는 사회주의고 독재라고 강변하면서 우리와 그들의 삶이 맞물린 현실을 외면한다. 어떤 이야기는 나와는 상관없다고 주장할 수도 있다. 그렇다고 당신은 이 모든 이야기의 예외로 남을 수 있을까? 데즈먼드의 지적은 통렬하다. "우리가 이렇게 잘사는데도 불구하고 이 땅에 그 많은 가난이 존재하는 것이 아니다. 우리가 잘살기 때문에 바로 가난이 사라지지 못하는 것이다. 문제는 그들이

19

아니다. 우리다.”

　“민간의 풍족함과 공공의 누추함”(6장)은 우리가 만든 가난을 외면하고, 책임을 거부하고, 심지어 지척의 비참을 가난한 사람들의 탓으로 돌린 결과다. 시민들이 ‘더럽고, 게으르고, 가망 없는’ 사람들과 섞이지 않기 위해 사적인 기업에 의지하다 보니, 미국에서 공공의 세계는 점점 흑인들의 전유물로 전락했다. 공공이 가난의 표지가 되면서 투자자들은 흥미를 잃었고, 공공주택, 공교육, 대중교통은 갈수록 부실해졌다. 낙후한 공공 인프라는 가난한 사람들에 대한 차별과 혐오를 더욱 부추기는 악순환을 낳았다. 동등한 기회는 누구나 양질의 학교, 안전한 동네에 접근할 수 있을 때라야 가능하나, 민간의 풍족함과 공공의 누추함은 ‘기회의 상품화’로 이어졌다. 주택바우처나 강제적인 버스 통학제처럼 ‘기회를 향한 이사’를 유도하는 정책도, 낙후한 지역 개발에 세금 감면 혜택을 제공하는 ‘기회 특구’ 프로그램도 공공과 민간, 그들과 우리를 가르는 담장을 허물기엔 역부족이었다.

　덧붙여, 데즈먼드는 백인 자유주의자들이 사회적 네트워크를 통합하기는커녕 분리를 강화했다는 꺼림칙한 사실도 들춘다. 진보성향의 도시들은 배제적인 토지이용규제 정책을 적극적으로 도입해 가장 높은 담장을 쌓았고, 백인 엘리트들은 자신의 부에 실제적인 위협을 가하지 않는 정도로만 진보적인 정책

들을 지지했다. 인종 통합의 비용을 고스란히 떠안은 백인 노동
계급이 진보적 백인 엘리트에게 얼마나 적개심을 품었는지, 블
루칼라 백인들의 분노가 최근 미국 사회에서 어떤 정치적 파장
을 낳았는지는 굳이 설명을 보탤 필요가 없을 것이다. 이들의
강력한 지지를 받는 도널드 트럼프 전 대통령이 대선 재출마를
공식 선언했다.

책은 어렵지 않다. 주장은 명료하고, 문체도 깔끔하다. 혹
자는 저자가 논거로 인용한 실증연구 자료의 타당성을 검토하
느라 시간을 쏟겠지만, 이 책을 교양서로 읽는 대중이 그런 수
고까지 들일 필요는 없을 테다. 그런데 나는 페이지를 쉽게 넘
기기 힘들었다. 데즈먼드는 미국 여기저기를 분주히 움직이는
데, 어디서든 나는 한국의 현실을 떠올리느라 뜸을 들였다. 눈
으로는 미국의 빈곤을 살피는데, 머리로는 '한국이 만든 가난'
을 끄적거리고 있었다.

미국만큼은 아니어도, 한국은 부유하고 강한 나라다. 전쟁
의 참화를 딛고 20세기 후반 비약적인 경제성장을 이뤄 냈고,
1990년대 말 외환위기를 겪고도 세계가 인정하는 선진국이 됐
다. '한강의 기적'에서 'K'까지, 극적인 도약을 거듭한 덕분에 자
부심도 넘친다. 이상한 것은, 글로벌 경제위기에도 팬데믹에도
언론, 정치권, 일반 시민을 막론하고 모두가 경제를 걱정하는

데, 정작 그 염려가 모두의 안녕과는 아무런 상관이 없다는 점이다. 소득·자산 불평등이 갈수록 악화하는 나라에서 우리는 누구의 어떤 경제를 논하는 중인가? 한국의 상대적 빈곤율(중위소득 50퍼센트 이하에 해당하는 가구 비율)은 1995년 8.3퍼센트에서 2020년 15.3퍼센트로 급등했다. 미국(16.6퍼센트)에 비해 약간 낮을 뿐이다. 노인 빈곤율은 OECD에서 수년째 최하위를 기록 중인데, 관련 전문가들은 노인인구의 소득 및 자산 양극화가 문제의 핵심임을 지적해 왔다. 최고 수준의 노인 빈곤율·자살률과 나란히 기록을 경신 중인 지표는 세계 최저 수준의 출산율이다. 경제 기적을 일군 '산업역군'도 이렇게 쉽게 버림받는 나라에서 누가 새 생명을 선뜻 낳고 싶어 할까?

가난을 온존하도록 의도된 설계는 한국에서도 어렵지 않게 포착된다. 저임금, 외주화, 기술혁신에 따른 신종 노동착취가 한국 노동시장의 전형적 풍경이 됐다지만, 현 정부의 노동 탄압은 전례 없이 노골적이다. 2021년 제정된 중대재해처벌법이 현장에 안착하기도 전에 경영자의 책임을 완화하는 방식으로 시행령 개정을 추진하는가 하면, 시대에 역행하는 노동시간 개편안을 추진했다가 여론의 역풍을 맞기도 했다. 그뿐인가. '기득권 노동조합'과 '(그 때문에 미래를 뺏긴) 젊은 세대'를 분리하면서 대통령이 직접 노조 때리기에 나선 나라가 한국이다. "많은 고용주가 이제는 노동자들이 임금과 수당을 놓고 논의하지 못하도록 분위기를 조장하거나 노골적으로 금지한다." 이 말은 마치 데즈먼드가 한국을 염두에 두고 쓴 문장 같지 않은가?

역설적인 것은, 정부가 부자들을 위한 감세정책, 노동운동에 대한 대대적 탄압과 이른바 '약자 복지'를 병행하고 있다는 점이다. 파업하는 노동자와 고립된 수급자를 분리하고, 후자 중에도 권리를 운운하는 대신 정부의 선심성 지원에 감사할 줄 아는 사람들을 '약자'로 호명하고 있다. 이 '약자'들은 반지하, 쪽방, 고시원, 비닐하우스에서 살다가 수해나 화재로 참변을 당하고 주검이 되어서야 세인의 주목을 받는다. 특히 도시빈민 최후의 피난처라 불리는 쪽방의 역사는 미국에서 슬럼을 착취해온 역사와 닮았다. 서울 등 대도시의 쪽방은 감옥보다 좁고 열악하나, 건물주들은 노숙 외에 대안이 없는 세입자들의 처지를 악용해 (평당 기준으로) 일반 아파트보다 훨씬 비싼 임대료를 현금으로 챙긴다. 정부나 기업의 쪽방 리모델링 사업은 임대업자에게 보조금을 주는 수단으로 전락했고, 국민기초생활보장제도 수급자가 받는 주거급여가 인상되면 임대료도 동반 상승했다. "'가난해서 貧' '괴로운 困' 상황을 이용해 폭리를 취하고, 착취에 가까운 임대업으로" 부를 쌓는 '빈곤 비즈니스'의 민낯이다.[6] 쪽방 '약자'를 위해 에어컨을 달아 주고 식권과 목욕권을

---

6 이혜미 지음, 『착취도시, 서울』, 글항아리, 2020, 19쪽.

지급하면서 임대주택지원 예산은 삭감하는 정부 행태를 어떻게 봐야 할까?

또 하나, 사실상 모든 한국인이 (데즈먼드가 추적한 미국의 사례처럼) 일정 형태의 정부 보조금에서 득을 보고 있다. 정부가 세금 감면·우대 조치를 시행하고, 각종 연금·건강보험·장학금 관련 기관에 직접 국고를 투입하기 때문에 체감도가 낮을 뿐이다. 모든 비난은 가시적인 사회 프로그램의 수혜자에게 쏟아진다. 공공사회복지지출 규모가 여전히 OECD 최하위에 머물러 있는데도 부정 수급 기사가 복지 공론장을 달구는 게 이 나라의 현실이다. 젊은 여성이 실업급여로 샤넬 선글라스를 샀다고 담당 공무원이 걱정하고, 기초생활수급자 아동이 감히 돈가스를 사 먹었다고 손님이 민원을 넣고, 언론이 외국인의 '건강보험 쇼핑' 기사를 쏟아 내는 사회에서는 '내 세금을 뺏겼다'는 피해의식만 들끓는다.

전술했듯, 가난을 온존하는 책임은 정부, 기업, 언론에만 있지 않다. "한 사람의 가난은 다른 누군가의 이윤"이라는 저자의 통렬한 지적에서 평범한 한국인들은 얼마나 자유로울까? 어떤 물건이든 24시간이면 문 앞까지 배달되는 게 적응이 안 된다는 저자가 쿠팡 노동자의 새벽 배송에 어떻게 반응할지 궁금하다. 공사 중인 건물이 무너져 노동자들이 사망했는데도 건설사 주식의 매수 시점을 저울질하는 투자자, 침수 주택으로 보이면 건물값이 하락할까 봐 정부가 차수판(물막이판)을 설치해 주겠다는데도 거절하는 소유주는 완벽한 타인일까? 진보적 백인 엘리트는 담을 두른 저택에 살면서 공공주택 정책을 지지하고, 방치된 공공주택 단지에서 가난한 사람들끼리 멱살잡이를 하는 풍경이 우리에게 마냥 낯설기만 할까? "소득수준이 어느 정도 이상이면 모두가 분리주의자인지도 모른다." 저자의 일침에 등골이 서늘해졌다.

지난 9월 23일 기후정의행진에서 김윤영 빈곤사회연대 활동가는 누군가가 집을 8000채 사들이는 동안 누군가는 전세 사기를 당하고, 반지하에 살다 목숨을 잃는 한국 사회의 민낯을 고발했다. "한 사회가 돈을 버는 방식이 바로 빈곤을 만드는 방식입니다." 가난을 만들고 온존하는 책임이 우리 모두한테 있다면, 가난을 종식할 해법의 가짓수도 그만큼 늘어날 수밖에 없다. 데즈먼드가 내놓는 해결책은 세세하고 다양하다. 미국에서 괄목할 만한 성과를 낸 사례들도 제법 등장한다. 특별히 인상적이며 한국 사회가 경청할 만한 몇 가지 제안을 소개하는 것으로 해제를 갈음하고자 한다.

하나. 위험하고 존엄성을 짓밟는 저임금을 불법화하고, 포용적·반인종주의적인 노동운동을 전개하라. 저자는 임금인상이 건강을 좋게 만든다는 단순한 진리를 환기한다.

하나. 기업이 불평등의 (원인이 아닌) 해결사임을 자처할 요량이라면 더욱 정직해지라. 기후정의와 지속가능성을 광고하듯 생활임금과 단체협약을 홍보할 수 있는지 자문하라. 매장 창문에 '흑인 목숨은 소중하다(Black Lives Matter)' 피켓을 내건 자영업자는 직원의 초봉도 공개할 수 있어야 한다.

하나. 정부는 가난한 사람을 더 많이 돕고, 부유한 사람을 더 적게 도와야 한다. 저자는 사회안전망의 균형을 바라는 것이지, '재분배'를 요구하는 게 아니다.

하나. 빈곤을 온존하는 정책을 재고하라. 주거 빈곤층을 위한 주택선택바우처가 민간 임대업자에게 보조금을 주는 수단으로 전락한 현실, 노동 빈곤층을 위한 근로장려세제가 사실상 저임금을 보조하기 때문에 정당과 기업의 강력한 지지를 얻는 현실을 문제 삼아야 한다.

하나. 어렵고 혼란스러운 복지 신청 시스템을 개선하라. 고령자가 푸드스탬프를 이용하고, 갓 출산한 여성이 특별보충영양프로그램을 신청하는 절차는 스마트폰으로 구강청정제를 사는 일만큼 쉬워야 한다.

하나. 우리는 실효성 있는 정책에 아쉬움이 있더라도 지지와 격려를 보낼 줄 알아야 한다. 팬데믹 시기 정부의 긴급임대지원 프로그램은 퇴거율을 절반으로 줄이는 놀라운 성과를 만들었으나, 학계와 미디어가 빈정대고 무시한 탓에 의회의 지지를 못 받고 사라졌다. (나는 특히 이 대목에서 반성했다.)

하나. 빈민에게 권력을! 선택지가 충분치 않아 착취당하는 삶이 곧 빈곤이다. 가난한 사람들도 다른 시민과 마찬가지로 어디에서 일하고 거주하고 돈을 맡길지, 가족을 언제 어떻게 만들지 결정할 권리를 가져야 한다. 수급자의 '자격'과 '품행'을 요구하는 프로그램 때문에 이 자유가 침해돼선 안 된다.

하나. 공공을 기피 대상으로 전락시킨 빈곤의 공간적 분리를 더는 묵과하지 말자. 정부 정책도 중요하나, 동료 시민이 변하지 않으면 빈곤은 사라지지 않는다. 빈곤을 제 안전의 위협으로 취급하는 "우리가 배우고 익혀 온 두려움"을 극복하고, 이웃의 궁핍에서 이익을 얻는 행태를 중단해야 한다. 이 책을 읽을 정도의 여유와 문해력을 지닌 독자들에게 저자는 호소한다. "담장 너머로 돈을 던지는 대신 그 담장을 허물어뜨리자."

우리는 그들의 고통과 우리의 삶이
별개라고 생각한다.

— 레프 톨스토이

일러두기

— 국립국어원의 한글맞춤법과 외래어표기법을 따르되, 관용적으로 굳어진 일부
　용어에는 예외를 두었다.
— 책은 겹낫표(『 』), 정기간행물은 겹화살괄호(《 》), 보고서, 논문 등 짧은 글은
　홑낫표(「 」), 영화는 홑화살괄호(〈 〉), 기사는 작은따옴표(' ')로 묶었다.
— 원주는 원문과 같이 후주로 두었고, 옮긴이 주는 본문 내 해당 설명부 끝에
　'옮긴이'로 표기하고 괄호로 묶었다.
— 원문에서 이탤릭으로 강조한 부분은 밑줄을 쳐 옮겼고, 문장 전체를 대문자로
　강조한 부분은 볼드로 옮겼다.

차례

      미국에는 어째서 그렇게 많은 가난이 있을까? 이 질문의 답이 필요해서 이 책을 썼다. 성인이 되고 나서 대부분의 시간 동안 나는 가난을 연구하고 그에 대한 글을 썼다. 아주 가난한 동네에서 살아 본 적도 있고, 가난한 사람들과 어울려 시간을 보내기도 했다. 또한 통계를 근거로 한 연구 자료와 정부 보고서를 들여다보았고, 풀뿌리 운동가들과 노조 대변인들의 이야기를 들으며 그들에게서 배우기도 했으며, 공공정책 초안을 작성하고, 복지국가와 도시계획 그리고 미국 인종주의의 역사를 공부하고, 두 곳의 대학에서 불평등에 대한 수업을 진행하기도 했다. 하지만 이런 걸 다 해 봐도 나는 여전히 이 문제를 설명하는 근본적인 이론이, 어째서 이 풍요의 땅에 그렇게 많은 곤경이 존재하는가를 설명하는 명쾌하고 설득력 있는 주장이 부족하다고 느꼈다.

      난 어릴 때부터 가난에 관심이 있었다. 어린 시절을 보낸 집은 6만 달러짜리였다. 우리 집은 애리조나주 플래그스태프에서 동쪽 방향에 위치한 66번 도로변의 작은 마을 윈즐로

(Winslow)에서 몇 킬로미터 떨어진 곳에 있었는데, 단단하게 다져진 흙 위에 잡풀이 군데군데 솟아난 마당에 둘러싸인 작은 나무 판잣집이었다. 나는 그 집을 사랑했다. 그 장작 난로를, 러시아 올리브나무들을. 아버지가 제일기독교회(First Christian Church) 목사직을 수락하고 나서 우리 가족은 그 집으로 이사를 했다. 헌금통에서 아무리 월급을 긁어모아도 몇 푼 되지 않았기 때문에, 아버지는 마을의 철도원이 자기보다 월급을 더 많이 받는다며 항상 투덜댔다. 아버지는 고대 그리스어를 읽을 줄 알았지만 철도원들에게는 노조가 있었다.

우리는 직접 물건을 고쳐 쓰거나 아니면 없이 지내는 법을 배웠다. 내가 레드라이더 비비탄총으로 창문에 구멍을 냈을 때도 그걸 고치지 않고 그냥 지냈다. 하지만 우리 가족과 친구로 지내던 이와 내가 고물상에서 제대로 된 부품을 발견했을 때는 내 첫 트럭의 엔진을 교체하기도 했다. 그리고 당시만 해도 흔치 않던 일이 생겼는데, 아버지가 실직을 하고 난 뒤 은행이 우리 집을 가져갔던 것이다. 우리 가족은 집 없이 지내는 법 역시 배워야 했다. 대체로 나는 아버지를 원망했다. 하지만 한편에는 우리 가족이 힘든 시기를 겪을 때 어째서 나라가 이런 대답밖에 내놓지 못하는 걸까 하는 의아한 마음도 있었다.

나는 할 수 있는 모든 장학금과 대출을 신청해서 애리조나주립대학교(ASU)에 진학했다. 그리고 돈을 벌었다. 스타벅스 오전 담당 바리스타로, 텔레마케터로, 돈 되는 거면 뭐든. 여름이면 고향 마을과 가까운 숲에 가서 야생 지역 소방대원으로 일했다. 학기중에는 캠퍼스 주변 홈리스들과 어울리기 시작했다. 무료 급식소에서 시중을 들거나 양말을 나눠 주는 방식이 아니라 그냥 같이 앉아서 이야기를 하는 방식으로. 그게 주위에서 내 시선을 온통 사로잡던 돈이라는 것을, 나만의 청년기적인 방식으로 파악하는 데 도움이 됐던 것 같다. 대학생이 되니 사방에서 너무나 많은 돈이 흘러 다녔다. 윈즐로에서도 다른 집보다 더 잘사는 집이 있긴 했어도 이 정도는 아니었다. 내 대학 친구들은 BMW와 머스탱 컨버터블을 몰고 다녔다. 나는 대학 시절 동안 대부분 차가 없었고, 그나마 처음 생긴 차는 고물상에서 엔진을 갈아 끼운 1978년식 포드 F150이었다. 바닥에 조그만 구멍이 몇 개 있어서 운전을 하는 동안 그 구멍으로 도로의 균열을 확인할 수 있는 그런 차였다. 친구들은 나가서 스시를 사 먹었다. 나는 기숙사 방에 정어리 통조림과 짭짤한 크래커를 쌓아 두었다. 애리조나주립대학교 본교가 자리한 피닉스의 교외 도시 템피(Tempe)는 사막 한가운데에 3.2킬로미터 길이의 인공 호수를 짓는 데 수억 달러를 퍼부었다. 이 거대한 물웅덩이의 물은 매년 3분의 2가 증발로 사라진다. 두어 블록 떨어진 곳에서는 사람들이 길거리에서 구걸을 했다. 이런 낭비와 풍요의 한가운데에 어떻게 이렇게 대책 없는 결핍이 있을 수 있는지 나는 이해할 수 없었다.

나는 이 나라를, 이 나라의 난감하고 뻔뻔한 불평등을 파악하는 데 도움이 될 것 같은 수업을 찾았다. 그런 수업에 등록해 교실에서 이 문제를 본격적으로 파고들기 시작했다. 내 지원서를 받아 준 유일한 대학인 위스콘신대학교의 대학원에서 주거위기를 중심으로 이 문제를 꾸준히 물고 늘어졌다. 이 문제를 최대한 가까운 곳에서 살피기 위해 밀워키(Milwaukee)로 이사해서 처음에는 이동주택 단지(mobile home park)에 그다음에는 월셋집에서 살았다. 퇴거당한 경험이 있는 가족들과 친구가 되었고, 몇 개월 동안, 그다음에는 몇 년 동안 이들을 따라다니며 이들의 집에서 잠을 자고, 아이들이 자라는 모습을 지켜보고, 이들과 함께 웃으며 토론을 하고, 그러다가 더러 세상을 떠나는 사람이 생기면 장례식에 참석하기도 했다.

밀워키에서 나는 온기 없는 트레일러하우스에서 지내는 할머니들을 만났다. 이들은 실내 난방기가 멈추지 않기를 기도하면서 담요를 두르고 겨울을 보냈다. 한번은 비 내리는 어느 봄날이었는데, 아이들로, 오로지 아이들로만 가득한 아파트에서 퇴거 절차가 진행되는 모습을 보기도 했다. 아이들의 어머니는 세상을 떠난 상태였고, 아이들은 보안관이 올 때까지 그냥 그 집에서 계속 사는 쪽을 택한 것이었다. 그 후로 몇 년 동안 나는 존엄함과 정의를 손에 넣으려고, 또는 단순한 생존을 손에 넣으려고 발버둥 치는 미국 전역의 가난한 사람들을 만났다. 그것만으로도 충분히 힘겹게 살아가는 사람들을. 전일제로 일하지만 홈리스인 뉴저지의 재택 간병인, 생활임금을 쟁취하려고 투쟁하는 캘리포니아의 패스트푸드점 노동자, 적정가격 주거를 위해 조직을 결성하고 구글 번역앱으로 이웃들과 소통하는 미니애폴리스의 미등록 이주자 같은 사람들을 말이다.

이것이 우리의 민낯이다. 다른 그 어떤 선진 민주사회보다도 가난이 판을 치는, 지구상에서 가장 잘사는 나라. 만일 미국의 가난한 자들이 나라를 세운다면 그 나라는 오스트레일리아나 베네수엘라보다 인구가 많을 것이다. 미국인 아홉 명 가운데 약 한 명—어린이 여덟 명 가운데 한 명을 포함해서—이 가난하다. 미국에 살고 있는 사람 가운데 3800만 명 이상이 기본적인 생필품을 감당할 능력이 안 되고, 1억 800만 명 이상이 1년에 5만 5000달러 미만으로 생활한다. 많은 사람이 가난과 안정 사이에 끼어 있다.[01]

공립학교 학생 가운데 100만 명 이상이 집 없이 모텔, 자동차, 쉼터, 버려진 건물에 거주한다. 투옥된 미국인 중에는 감옥에 들어가고 나서 갑자기 건강이 좋아지는 경우가 많다. 자유로운(하지만 가난한) 시민이었을 때의 환경이 더 열악했기 때문이다. 미국인 200만 명 이상이 집에 수도나 양변기가 없다. 웨스트버지니아 사람들은 오염된 하천의 물을 마시고, 나바호족 원주민 가족들은 몇 시간씩 차를 몰고 가서 물통을 채워 온다. 오래 전에 물리쳤다고 생각했던 십이지장충병 같은 열대성 질병이 미국 농촌의 가장 가난한 지역사회에 다시 등장했는데, 그 원인은 대부분 위생 시스템이 붕괴되어 아이들이 처리되지 않은 하수에 그대로 노출되었기 때문이다.[02]

미국은 매년 상품과 서비스를 중국보다 5조 3000억 달러 더 많이 생산한다. 미국의 국내총생산(GDP)은 세계에서 세 번째, 네 번째, 다섯 번째, 여섯 번째, 일곱 번째, 여덟 번째로 잘사는 나라인 일본, 독일, 영국, 인도, 프랑스, 이탈리아의 국내총생산을 합한 것보다 더 많다. 캘리포니아 한 주의 경제 규모가 캐나다보다 더 크다. 뉴욕주의 경제는 한국의 경제 규모를 능가한다.[03] 미국의 가난은 자원이 부족해서가 아니다. 우리에게 부족한 건 다른 무언가다.

가난에 대한 책은 가난한 사람에 대한 책일 때가 많다. 100년 넘게 이런 식이었다. 1890년 제이컵 리스(Jacob Riis)는 뉴욕의 세입자들이 처한 혹독한 환경을 기록하고 골목에서 잠든 꾀죄죄한 아이들의 사진을 찍어서 "세상의 절반은 어떻게 사는가"에 대한 글을 남겼다. 10년 뒤 제인 애덤스(Jane Addams)는 시카고 이주노동자의 안쓰러운 상황에 대한 글을 썼다. 빌린 돈 3달러를 갚지 못해서 자살을 선택한 13세인 러시아 출신 소녀에 대해, 아이를 낳은 지 얼마 되지 않은 몸으로 너무 장시간 노동을 해야 해서 흘러나온 모유로 앞가슴이 푹 젖어 버린 여성 노동자에 대해. 제임스 에이지(James Agee)와 워커 에번스(Walker Evans)의 대공황기 르포르타주와 도러시아 랭(Dorothea Lange)의 포토저널리즘은 우리의 집단기억에 먼지를 뒤집어쓴 신산한 소작농들의 이미지를 각인시켰다. 1962년 마이클 해링턴(Michael Harrington)은 "눈에서, 그리고 마음에서 멀어진" "수천만 인류"를 보이게 만들려는 의도로 『또 다른 미국(The Other America)』을 출간했다. 2년 뒤인 1964년 미국 대통령 린든 존슨과 레이디 버드 존슨은 애팔래치아를 방문해서 치아가 두드러져 보이는 작아진 옷차림의 아이들에게 둘러싸여 실직한 제재소 노동자의 허름한 현관에 앉아 사진을 찍었다.[04]

거부할 수 없는 증거를 내세운 이런 책들은 우리가 가난의 본질을 이해하는 데 도움을 준다. 대단히 중요하다. 하지만 왜?라고 하는 가장 근원적인 질문에 대답하지 않는다. 사실 대답할 수 없다. 미국에는 왜 이 모든 가난이 존재하는가? 나는 이 질문은 다른 접근법을 요구한다는 사실을 알게 됐다. 가난의 원인을 이해하려면 가난한 사람들 너머를 들여다봐야 한다. 특권과 풍요의 삶을 살아가는 우리가 스스로를 살펴봐야 한다. 우리—안정되고 보장된 삶을 사는 사람들, 집이 있고 대학을 나온 사람들, 보호받고 운이 좋은 사람들—가 이 모든 불필요한 시련에 연결되어 있는 게 아닐까? 이 책은 이 "우리"를 중심에 놓고 이 질문에 대한 대답을 찾으려는 나의 시도다. 그러므로 이 책은 가난에 대한 책이지만 가난한 사람들만을 다루지는 않는다. 대신 가난하지 않은 <u>반대편</u> 절반의 사람들이 어떻게 사는가에 대한, 어떤 이들의 삶을 살찌우기 위해 어떻게 다른 이들의 삶을 위축시키는지에 대한 책이다.

수년간 진행한 나의 연구와 보고서, 그리고 사회과학 전반의 연구를 토대로 나는 어째서 미국 땅에 이렇게 많은 가난이 존재하는지를 설명하고, 어떻게 하면 이것을 뿌리 뽑을 수 있을지 의견을 제시할 것이다. 가난을 종식시키려면 당연히 새로운 정책과 쇄신된 정치운동이 필요할 것이다. 하지만 우리 각자가 자기만의 방식으로 <u>빈곤 폐지론자</u>가 되어야 할 필요가 있으며, 더불어 이웃의 궁핍에서 이익을 얻던 우리 자신의 행태를 중단하고 의도치 않게 가난한 사람들의 적으로 살아가기를 거부할 필요도 역시 있을 것이다.

①

P
o
v
e
r
t
y
,

가난이라는 문제의
성격

B
y

A
m
e
r
i
c
a

최근 나는 뉴어크의 법원 10층에서 하루를 보냈다. 그 층은 주정부가 아동복지 사건에 대한 판결을 내리는 곳이다. 거기서 나는 항만에서 밤새 창고 일을 하고 온 한 가정의 아버지를 만났다. 올해 55세인 그는 몸이 너무 무겁다고 내게 말했다. 가끔 2교대로 일을 할 때면 잠들지 않으려고 또는 통증을 가라앉히기 위해 스피드볼─벤조디아제핀과 모르핀을 섞은 코카인. 가끔 헤로인을 섞기도 한다─을 흡입하곤 한단다. 그 역겨운 제조법이 당국의 독성학 보고서에 낱낱이 까발려져 있는 스피드볼 때문에 그는 마약을 일삼는 사람처럼 보였다. 하지만 실제로는 녹초가 된 노동 빈곤층일 뿐이었다. 당국은 이 아버지가 자신의 세 자녀를 홀로 보살피지 못할 거라고 생각했고, 심각한 정신질환이 있고 펜시클리딘을 복용하는 자녀들의 어머니는 상황이 더 안 좋았다. 그래서 아버지는 세 자녀 중 위의 두 자녀를 자신의 양모에게 넘기고 당국이 막내만이라도 키울 수 있게 허락하기를 바라는 도박을 했다. 당국은 그의 희망 사항을 들어주었다. 법정 바깥에서 이 아버지는 자신의 국선변호사와 포옹을 했다. 변호사는 이 판결을 진짜 승리라고 여겼다. 뉴어크 법원 10층에서 승소란 이런 모습이다. 셋째를 혼자, 가난 속에서 키울 기회를 손에 넣기 위해 다른 두 아이를 포기하는 것.

엄밀하게 말하면 음식과 주거 같은 생필품을 감당할 능력이 없을 때 그 사람을 "가난하다"고 여긴다. 공식빈곤척도(Official Poverty Measure) — 빈곤선 — 의 설계자는 사회보장국(Social Security Administration)에서 일했던 몰리 올샌스키(Mollie Orshansky)라고 하는 관료였다. 올샌스키는 만일 빈곤이 근본적으로 기초적인 물자를 감당하지 못하는 소득 상태라고 하면, 그리고 음식보다 더 기초적인 건 없다고 한다면, 두 가지 정보로 빈곤을 계산할 수 있다고 생각했다. 하나는 해당 연도의 식품 가격이고, 다른 하나는 한 가족이 음식에 쓴 예산의 비중이다. 올샌스키는 아주 기초적인 식비 지출이 미국 가정의 예산에서 약 3분의 1을 차지한다는 사실을 확인했다. 가령 4인 가족이 1965년에 식비로 1년 동안 1000달러가 필요하면 1년에 3000달러(2022년 초를 기준으로는 약 2만 7000달러) 이하로 버는 가족은 가난하다고 간주하는 것이다. 다른 생필품을 포기하고 소득의 3분의 1 이상을 식비로 지출하게 될 것이므로. 올샌스키는 그해 1월에 자신의 연구 결과를 발표하면서 이렇게 썼다. "그러므로 암담한 빈곤의 원 안에서 살고 있거나 최소한 그 가장자리에서 맴도는 사람이 총 5000만 명─이 중 2200만 명은 어린이다─이다." 이 숫자는 부유한 미국인들에게 충격을 안겼다.[01]

오늘날의 공식빈곤척도는 여전히 올샌스키의 계산을 근거로 하되 매년 인플레이션을 감안해서 업데이트된다. 2022년 빈곤선은 1인의 경우 연간 1만 3590달러, 4인 가족의 경우 연간 2만 7750달러다.

앞서 말했듯 가난한 사람들의 삶만을 살펴봐서는 어째서 미국에 이렇게 많은 가난이 존재하는지 이해할 수 없다. 하지만 가난이라는 문제의 성격을 더 잘 이해하려면, 그리고 그 이해관계를 파악하려면 거기서 시작해야 한다. 가난은 변변찮은 소득의 문제이기만 한 게 아니기 때문이다. 시인 레일리 롱 솔저(Layli Long Soldier)의 표현을 빌리면 그것은 그저 "수면 위에 뜬 기름"이다.[02]

내가 크리스털 메이베리를 만난 건 밀워키에서 살면서 퇴거와 미국의 주거 위기에 대한 나의 지난번 책 집필에 필요한 조사를 하고 있을 때였다. 크리스털은 1990년 봄에 조산아로 태어났다. 그를 임신한 어머니가 강도를 만나 뒤에서 열한 차례나 칼에 찔렸고, 그 강도의 공격은 진통을 촉발시켰다. 어머니와 딸 모두 목숨은 건졌다. 크리스털의 어머니가 칼에 찔린 건 그게 처음이 아니었다. 크리스털이 기억할 수 있는 가장 오래전부

터 아버지는 어머니를 때렸다. 아버지는 크랙 코카인을 피웠고 어머니도 그랬다. 어머니의 어머니도.[03]

크리스털의 어머니는 남편을 떠날 방법을 찾았고, 얼마 후 남편이 장기 복역에 들어갔다. 크리스털과 어머니는 다른 남자와 그의 부모가 사는 집으로 옮겼다. 이 남자의 아버지는 크리스털을 성추행하기 시작했다. 크리스털은 이 사실을 어머니에게 알렸지만 어머니는 크리스털이 거짓말을 한다고 몰아세웠다. 크리스털이 유치원에 들어간 지 얼마 되지 않아 어린이를 학대로부터 보호하는 일을 담당하는 정부 기관인 아동보호국(Child Protective Services)이 끼어들었다. 크리스털은 다섯 살에 위탁가정에 보내졌다.

크리스털은 그룹홈 수십 곳과 위탁부모의 집을 전전했다. 이모 집에서 5년 동안 살다가 돌려보내지기도 했다. 그 후 어디에 가서도 크리스털은 8개월 넘게 지내지 못했다. 사춘기가 된 크리스털은 그룹홈에 있는 다른 소녀들과 싸웠다. 이 때문에 폭행으로 기소됐고 오른쪽 광대뼈 부분에 흉터가 남았다. 사람들과 그들의 집, 반려동물, 가구, 식기 들이 그에게 잠시 왔다가 다시 떠나갔다. 그나마 음식은 이보다 안정적이었는데, 크리스털은 거기서 위안을 얻기 시작했다. 살이 쪘다. 체중 때문에 수면무호흡증이 생겼다.

크리스털은 16세가 되었을 때 고등학교를 그만뒀다. 17세에 임상심리학자에게 검사를 받았고, 양극성장애, 외상후스트레스장애, 반응성애착장애, 경계선 지적 기능 등등의 진단을 받았다. 18세가 되자 나이 때문에 더 이상 위탁양육을 받을 수가 없었다. 그 시점까지 크리스털은 25곳이 넘는 위탁기관을 거친 상태였다. 크리스털은 정신질환 때문에 생활보조금(Supplemental Security Income, SSI) 수급 대상으로 선정됐다. 나이가 많거나, 시각장애가 있거나 그 외 장애가 있는 저소득층에게 정부가 주는 지원금이었다. 크리스털 앞으로 한 달에 754달러, 1년이면 9000달러가 조금 넘는 돈이 나왔다.

크리스털은 그룹홈에서 일어난 싸움 때문에 폭행으로 기소된 전력이 있어서 저소득층 주택 서비스 대상에서 2년간 제외됐다. 제외되지 않았더라도 어차피 6년 치가 차 있는 대기 명단 끝에 이름을 올려놓는 게 다였겠지만. 크리스털은 민간 시장에서 생애 첫 아파트를 얻었다. 다 허물어져 가는 침실 두 개짜리 집이었다. 이 아파트는 그 도시에서 가난하기로 손꼽히는 흑인 동네에 있었지만, 크리스털 본인이 흑인이었고 이미 다른 히스패닉과 흑인 동네의 아파트에서는 거절당한 터였다. 크리스털이 내야 하는 임대료는 소득에서 73퍼센트를 차지했고, 얼마 안가 임대료가 밀렸다. 이사한 지 불과 몇 달 만에 첫 번째 공식적인 퇴거를 경험했다. 이 퇴거는 기록에 남았고, 그러면 앞으로 주거지원을 신청해도 거절당할 공산이 커졌다. 크리스털은 퇴거를 당한 뒤 홈리스 쉼터에서 한 여성을 만났고 이 새 친구와 함께 또 다른 아파트를 얻었다. 그러다가 크리스털은 이 새 친구의 친구를 창에서 밀쳤고, 그러자 집주인에게 쫓겨났다.

크리스털은 쉼터에서, 친구들과 교회 사람들과 여러 밤을 보냈다. 밤에는 걷고 낮에는 버스나 병원 대합실에서 잠을 자며 길거리에서 생활하는 법을 배웠다. 처음 보는 사람에게 의지해서 생존하는 법을 배웠다. 버스 정류장에서 만난 한 여성과 한 달 동안 같이 살기도 했다. 사람들은 크리스털에게 끌렸다. 크리스털은 사교적이고 유머가 있었고, 손뼉을 치며 스스로를 우스개 소재로 삼아 즐거움을 주는 사랑스러운 습관이 있었다. 크리스털은 사람들 앞에서 노래를 불렀다. 주로 찬송가를.

크리스털은 자신의 생활보조금이 항상 안전하다고 믿었다. 생활보조금이 중단될 일은 없다고, 시간을 되돌릴 수 없는 것처럼. "생활보조금은 항상 들어와요." 크리스털이 말했다. 그러던 어느 날 돈이 들어오지 않았다. 크리스털은 미성년일 때 생활보조금 수급 승인을 받았는데 성인이 되자 재평가에서 부적격 판정이 나온 것이다. 이제 크리스털의 유일한 소득원은 푸드스탬프(빈곤층과 저소득층이 음식을 구입할 수 있도록 일정한 자격을 충족하면 현금을 지원하는 프로그램—옮긴이)였다. 혈장을 기부하려고 해 봤지만 정맥이 너무 가늘었다. 교회, 그리고 위탁가정과 남아 있던 관계는 빠르게 바닥을 드러냈다. 몇 달이 지나도 생활보조금이 회복되지 않자 크리스털은 길거리 생활을 하며 매춘을 했다. 한 번도 아침형 인간이었던 적이 없던 크리스털은 출근 중인 남자들을 낚을 수 있는 아침이 일하기 가장 좋은 때라는 걸 배웠다.

크리스털, 그리고 그와 비슷한 처지의 사람들에게 가난은 물론 돈 문제이지만 온갖 문제들이 가차 없이 눈덩이처럼 커지는 것이기도 하다.

가난은 통증, 육체적 통증이다. 몸을 굽혀서 노인과 환자를 침상과 변기에서 들어 올려야 하는 재택 간병인과 공인 간호조무사에게는 허리통증으로 체감된다. 우리의 주문을 받고 물건의 바코드를 찍는 동안 서 있어야 하는 계산원들에게는 발과 무릎의 고통으로 체감된다. 암모니아와 트리클로산이 들어 있는 제품으로 우리의 사무실 건물, 집, 호텔 객실을 청소하는 청소원들에게는 피부발진과 편두통으로 체감된다.

미국의 육류 포장 공장에서는 매주 두 건, 신체 절단 사고가 일어난다. 어떤 이의 손가락이나 손이 전기 실톱에 잘려 나가는 것이다. 아마존 물류 창고에서 일하는 집화원들은 애드빌(항염증제—옮긴이)과 타이레놀이 공짜로 나오는 자판기를 쓸 수 있다. 슬럼 주택가에서는 곰팡이균과 바퀴벌레의 알레르기 유발 성분이 어린아이들의 폐와 기도로 침투해서 천식을 퍼뜨리고, 어린이들의 작디작은 중추신경계와 뇌에 돌이킬 수 없는 피해를 초래하는 납중독이 비일비재하게 일어난다. 가난은 석유화학 공장과 쓰레기 소각장 인근에 거주하는 사람들의 세포에 생기는 암이다. 가난하게 살아가는 어린이 가운데 충치치료를 제때 받지 못하는 경우가 네 명 중 약 한 명꼴이다. 그러다가 상황이 악화되면 날카로운 통증에 시달리고 얼굴과 심지어는 뇌로 감염이 번질 수도 있다. 공공보험은 치과 치료비 가운데 극히 일부만을 충당해 주기 때문에 많은 가족이 치과를 정기적으로 찾을 여력이 없다. 부담적정보험법(Affordable Care Act: 2014년까지 전 국민의 의료보험 가입을 목표로 2010년에 통과된 법. '오바마케어'라고도 한다—옮긴이)이 통과되고 10년이 지났지만 아직도 보험이 전혀 없는 미국인이 3000만 명에 이른다.[04]

가난은 인공항문 수술 뒤에 차는 배변 주머니와 휠체어이고, 사람을 불구로 만들어 놓은 뒤에도 교활한 고통을 안기는 심야의 테러와 총알이다. 시카고에서는 2020년 한 해 동안 총기 폭력 사건으로 722명이 목숨을 잃고 3339명이 부상을 당했다. 일부의 추정에 따르면 미국의 총격 피해자 열 명 가운데 여덟 명이 목숨을 건지지만 트라우마 때문에 힘들게 살아야 하는 경우가 많다. 가난한 이들은 어린 시절 경험한 폭력을 시작으로 삶 전반이 폭력으로 얼룩지곤 한다. 매사추세츠에서 출소한 남성과 여성 표본 가운데 40퍼센트 이상이 어린 시절에 살인을 목격한 적이 있었다. 뉴저지의 아동보호국이 조사한 부모 표본 중에서는 34퍼센트 이상이 어린 시절에 가정폭력을 겪었고, 17퍼센트가 성폭력 피해자였다.[05]

가난은 트라우마를 남긴다. 그런데 사회는 그걸 치료하는 데 투자하지 않기 때문에 가난한 사람들은 각자의 방식으로 자신의 고통에 대처할 때가 많다. 내 친구 스콧은 어릴 때 성폭력을 당했다. 성인이 된 그는 알약들을, 그다음에는 펜타닐(마약성 진통제의 일종―옮긴이)을 발견했다. 그는 한 번에 20달러를 내고 평화를 구입했다. 40대가 된 그는 약을 끊고 몇 년을 그렇게 버티다가 다시 약에 빠져서 호텔 방에서 혼자 죽어 갔다. 나의 예전 룸메이트 킴벌, 또는 많은 사람이 아는 이름대로 부르자면 우(Woo)는 마약에는 전혀 손대지 않았고 술도 가끔씩만 마셨다. 하지만 어느 날 우리가 밀워키에서 같이 지내던 낡아 빠진 복층 아파트에서 그는 못을 밟았고, 거기에 신경을 쓸 여력이 없어서 상처를 방치했다가 아래쪽 다리를 잃었다. 당뇨 때문에 감염이 악화되어 목숨이 위태로워졌기 때문이다.[06]

가난은 통증일 뿐만 아니라 불안정이기도 하다. 지난 20년 동안 임차인들의 소득은 하락했지만 임대료는 치솟았다. 그런데도 연방정부는 수급 자격이 되는 가정 네 곳 중 한 곳에만 주택을 지원한다. 빈곤선 이하인 임대주택 가정 대부분은 최소한 소득의 절반을 주택비로 지출하고, 네 곳 중 한 곳은 임대료와 공과금에만 소득의 70퍼센트 이상을 지출한다. 이런 여러 가지 요인들이 겹치면서 미국은 저소득 임차인들이 퇴거를 비일비 재하게 겪는 나라가 됐다. 아비규환이 일상이 됐다. 미국에서는 평균적으로 1년 동안 360만 장이 넘는 퇴거 통지문이 문에 붙 거나 거주민에게 전달되는데, 이는 2010년 금융위기가 극에 달 했을 때 착수된 압류의 수와 거의 맞먹는다. 무장한 집행관들이 집 앞에 늘어서 있고 직전까지 거주하던 가족이 지켜보는 가운 데 퇴거 운반원들은 신속하게 일을 처리한다. 샤워커튼, 바닥에 놓여 있던 매트리스, 냉동실에 있던 고기 토막, 찬장에 있던 빵 같은 모든 물건을 들어내서 창고에 넣고 잠가 버리거나(보통은 보관료가 밀리면 곧장 쓰레기장행이다) 도로 연석에 높게 쌓는다. 그러고 나면 사람들은 최선을 다해 다시 시작한다.[07]

요즘에는 일자리 시장 역시 우리에게 매일 다시 시작할 것 을 요구한다. 새롭게 만들어지는 일자리의 절반이 첫해에 사라 진다. 어느 정도 안정이 보장된 상태로 등장했고 심지어 노동조 합까지 있던 일자리들이 임시 계약직(gig)으로 탈바꿈했다. 우 버 기사만이 아니다. 병원에도, 대학에도, 보험회사에도 그런 임시직들이 있다. 제조업 분야—아직도 많은 사람이 견실하고 안정된 양질의 일자리가 솟아나는 곳이라고 오해하는—는 이 제 100만 명 이상인 임시직 노동자를 고용한다. 민간 부문에서 특히 남성의 경우 장기 고용이 지속적으로 하락했고, 향후 수

년 동안 임시직 일자리는 그 어떤 일자리보다 빠르게 늘어날 것으로 예상된다. 임금이 단기간 동안 늘어나거나 줄어드는 정도를 말하는 소득 변동성(income volatility)은 1970년 이후로 두 배가 되었다. 이제 수많은 미국 노동자의 임금은 워낙 불안정해서 매년만이 아니라 매달, 심지어는 매주 거칠게 등락을 거듭한다. 미국은 시장 밑바닥에서 아무런 특전도, 고용 안정성도 없는 불량한 저임금 일자리가 등장하는 걸 환영해 왔다. 소매업, 레저업, 환대업, 건설업 같은 일부 업계는 인력의 절반 이상이 매년 교체된다. 청년들은 학업을 마치고 불확실성이 심각하게 두드러진 경제로 흘러들어 가고, 노동자들은 자신이 손쉽게 교체될 수 있는 소모품임을 빠르게 체감한다.[08]

가난은 상황이 점점 더 나빠질 거라는 끊임없는 두려움이다. 미국인의 3분의 1은 버스 운전사, 농부, 교사, 계산원, 요리사, 간호사, 경비, 사회복지사로 일하며 이렇다 할 만한 경제적 안정을 누리지 못하고 살아간다. 아직도 많은 이가 "빈민"으로 공식 집계되고 있지 않은데, 그렇다면 마이애미나 포틀랜드에서 1년에 5만 달러로 두 아이를 키우려고 발버둥 치는 이들을 뭐라고 불러야 할까? 주택바우처를 받을 자격은 안 되지만 주택담보대출도 받을 수 없을 때는 뭐라고 말해야 할까? 임대료가 월급의 절반을 가져가 버리고, 학자금대출을 갚느라 월급의 4분의 1을 써야 하는 상황은? 어떤 달엔 빈곤선 저 아래로 추락했다가 다음 달에는 뭐가 더 나아졌다는 느낌도 없이 그 위로 조금 올라갈 때는? 실제 현실에서는 빈곤선 위에도 숱한 가난이 존재한다.[09]

　그리고 그보다 훨씬, 훨씬 아래에도 많은 가난이 있다. 이 자유로운 자들의 땅에서, 당신은 저 밑으로 곤두박질쳐서 룸펜 프롤레타리아트(글자 그대로 풀자면 "누더기 프롤레타리아트") 대열에 합류할 수도 있다.[10] 최신 국가 데이터에 따르면 미국인은 열여덟 명 중 한 명꼴로 "지독한 빈곤(deep poverty)" 속에 살고 있다. 이는 지면을 파고들어 가는 수준의 결핍을 말한다. 빈곤선의 절반 이하에 해당하면 지독한 빈곤으로 간주한다. 2020년에는 이 지독한 빈곤의 기준선이 1인의 경우 연간 6380달러, 4인 가족의 경우 1만 3100달러였다. 그해에 미국인 약 1800만 명이 이 조건 밑에서 목숨을 부지했다. 미국에서 지독한 빈곤을 겪는 어린이는 500만 명 이상으로 그 비중이 다른 어떤 선진국보다도 많다.[11]

　경제학자들은 미국에서 한 사람이 최소한의 기본 생필품을 구입하려면 하루에 약 4달러는 있어야 한다고 추정한다. 이 수치가 세계은행이 인도나 방글라데시 같은 나라에서 최하위 빈곤층을 규명하려고 사용하는 하루 1.9달러 빈곤선에 상응한다고는 하지만 이런 나라들은 생활비가 훨씬 적게 든다. 노벨경제학상 수상자 앵거스 디턴(Angus Deaton)은 2018년에 이 최저선을 토대

로 하여 하루 4달러 이하로 버티는 미국인 530만 명이 "국제적
인 기준으로 봤을 때 절대적으로 가난하다"고 밝혔다. 디턴은
"물질적인 가난과 부실한 건강 때문에 아프리카나 아시아 사람
들만큼이나 힘들게 또는 그보다 더 힘들게 살아가는 미국인이
수백만 명"이라고 썼다.[12] 보장된 현금 복지가 끝난 뒤 몇 년 동
안 미국에서는 다른 침울한 지표들을 가진 극빈층이 충격적일
정도로 늘어났다. 1995년부터 2018년까지 보충영양지원프로그
램(Supplemental Nutrition Assistance Program, 푸드스탬프)의 수혜를
받지만 현금 소득이 전혀 없다고 보고한 가구의 수는 약 28만
9000세대에서 120만 세대로 늘어났다. 미국인 50인 중 약 한 명
꼴이다. 미국 공립학교들의 보고에 따르면 거주지가 없는 어린
이의 수는 2007년 79만 4617명에서 2018년 130만 명으로 증가
했다.[13] 한때 맨발에 배가 볼록 나온 아이들이 사는 머나먼 나라
에만 존재한다고 생각했던 그런 극심한 빈곤이 미국에서 단단
한 밑바닥층을 이루고 있다는 증거가 점점 많아지는 추세다.

가난은 자유의 상실이다. 그 어떤 나라나 시대에도 미국 같
은 수감 시스템은 없었다. 미국에서는 날마다 약 200만 명이 구
치소와 교도소에 앉아 있다. 그와 별도로 370만 명은 보호관찰
또는 가석방 상태다. 정의, 법과 질서 같은 수감 시스템의 추상
적인 표현 이면에는 미국에서 현재 수감 중이거나 과거 수감 경
험이 있는 사람들 가운데 압도적인 다수가 아주 가난하다는 사

실이 숨어 있다. 고등학교를 마치지 못한 흑인 남성 열 명 중 약 일곱 명이 30대 중반에 이를 즈음이면 인생의 일정 기간을 감옥에서 보내게 된다. 감옥은 사람들에게서 인생의 황금기를 강탈한다. 말년의 나른하고 느린 시간뿐만 아니라 한창때의 고동치고 뜨거운 시간들까지 가져가 버린다. 물론 감옥 안에서도 사람들은 여전히 가난하다. 감옥 안 일자리로 벌 수 있는 돈은 주마다 다르지만 평균적으로 시간당 14센트에서 1.41달러 사이다. 미국은 가난한 사람들을 중심업무지구에서 멀리 떨어진 이동주택 단지와 육교 밑으로 떠밀기만 하는 게 아니다. 구치소와 교도소에 밀어 넣어 사실상 사라지게 만든다. 국가 통계조사 대부분이 수감자를 셈하지 않다 보니 미국이 진보하고 있다는 희망적인 통계가 잘못 제시되는 실정이다. 빈곤 조치들은 정신병동, 사회복귀센터, 홈리스 쉼터에 있는 사람들은 말할 것도 없고 구치소와 교도소에 있는 모든 이를 배제한다. 그것은 다시 말해서 공식 통계가 수백만 명인 가난한 미국인들을 놓치고 있다는 뜻이다.[14]

가난은 정부가 당신의 편이 아니라 당신의 적이라는 느낌이다. 당신의 나라가 다른 사람들의 이익을 위해 설계되었다는 느낌, 당신은 관리와 처리의 대상이고 구타당하고 수갑이 채워질 운명이라는 느낌이다. 19세기 말과 20세기 초 도시들은 "꼴사나운 걸인들"이 공공장소에 있지 못하게 금지하는 "흉물방지

법(ugly laws)"을 통과시켰다. 20세기 전반기에는 부랑죄와 배회 금지 법령을 이용해서 가난한 사람들을 공원 벤치와 길거리 모퉁이에서 쫓아냈다. 오늘날에도 여전히 지자체 규정에 따라 경찰이 공공장소에서 눈에 띈다는 이유만으로 노숙자를 체포할 수 있다. 비참한 가난을 범죄로 몰아가는 것이다. 최근 몇 년 동안 미국에서 총격으로 목숨을 잃은 사람들 가운데 경찰관의 총에 맞은 사람이 열두 명 중 한 명꼴이었다. 흑인 어머니는 네 명중 세 명꼴로 아이들이 자신의 안위에 눈이 먼 사람들에게 짐승 취급을 당하지 않을까 걱정한다. 이런 아이들 중에서 우리가 기억하는 이름은 타미르(Tamir), 조지(George), 에릭(Eric) 정도뿐이고 나머지는 잊어버렸거나 애당초 거명되지도 않았다.[15]

가난한 사람들은 경범죄 기소와 소환의 형태로 국가에 시달린다. 자녀 양육비를 지불하지 않았거나, 지하철 개찰구를 뛰어넘었거나, 마리화나를 피우다 걸린 대가다. 하나의 경범죄는 꼬리에 꼬리를 물고 다른 경범죄로 이어질 수 있다. 법원 출석일을 잊어버리거나, 돈을 내지 못하면 또 다른 제재 조치로 난타당하고 벌금이 가중된다. 그러다가 결국 법원의 판결과 부채가 눈덩이처럼 불어난다. 사법기관은 가난한 사람들에게 과중한 벌금과 요금을 부과한다. 종종 기소와 투옥 대신 돈을 내게하기도 한다. 돈을 내지 못하면 법원은 영장을 발부하고, 민간 징수원을 동원하고, 심지어 응징으로 구금시키기도 한다. 범죄로 기소되어서가 아니라 돈을 내지 못하거나 보석금을 마련하지 못해서 오늘날 많은 사람이 구치소에서 나가지 못하고 있다. 사람들은 심지어 법 집행기관과 가벼운 접촉만 해도 위축된다. 정치학자 베슬라 위버(Vesla Weaver)는 경찰이 멈춰 세운(하지만 체포당하지는 않은) 사람들은 투표에 참여할 가능성이 낮음을 보여 주었다. 위버는 형사·사법 시스템은 "사람들에게 위축된 형태의 독특한 시민성을 교육시킨다"라고 적었다.[16]

가난은 당혹감과 수치심을 일으킨다. 과거 프랑스 사회학자 외젠 뷔레(Eugène Buret)는 비참함은 "가난이 안긴 도덕적 감정"이라고 말했다. 한나절을 기다렸는데 당신이 등장하자 짜증을 부리는 사회복지사와는 10분짜리 면담을 하는 게 고작인 복지 사무소의 새로울 것도 없는 수모 대행진 속에서, 당신은 비참함을 느낀다. 창문에는 금이 가고 찬장에는 바퀴벌레가 버글대는데 집주인은 그 책임을 당신에게 뒤집어씌우는 아파트로 귀가할 때, 당신은 비참함을 느낀다. 가난한 사람들이 얼마나 손쉽게 영화와 텔레비전 프로그램에서, 대중음악과 아동 도서에서 누락되는지를 볼 때, 그리고 이런 말소가 당신이 더 넓은 사회와는 무관한 사람임을 상기시킬 때 당신은 비참함을 느낀다. 사위가 적막해지면 당신은 당신에 대한 거짓말을 믿기 시작할는지 모른다. 당신은 공공장소가 당신을 위해 만들어진 게 아니라고 믿고 공원과 해변을, 쇼핑 지구와 스포츠 경기장을 피한다. 가난은 당신의 삶을 소진시킬 수 있지만, 가난이 정체성으로 받아들여지는 일은 거의 없다. 오늘날에는 누군가에게 당신이 파산했다고 털어놓는 것보다는 차라리 정신질환을 고백하는 게 사회적으로 더 용납받을 만한 행동이다. 반빈곤 법안을 제안할 때 정치인들은 그게 "중간계급"에게 도움이 될 거라고 말한다. 임금인상이나 주거 정의를 위해 사람들을 움직일 때 사회운동가들은 자신이 "노동자"나 "가족들"이나 "세입자"나 "다수"를 위해 싸우는 거라고 말한다. 가난한 사람들이 거리로 나설 때는 보통 가난이라는 표현을 사용하지 않는다. 어차피 빈민의 권리를 위해 휘날리는 깃발 같은 건 없다.[17]

    가난은 쪼그라든 삶과 인성이다. 그것은 당신의 사고방식을 바꾸고 당신이 잠재력을 온전히 발현하지 못하게 막는다. 그것은 당신이 어떤 결정에 쏟아야 할 정신적인 에너지를 위축시켜서 다른 모든 희생을 감수하고 가장 최근에 있었던 스트레스 요인—납기일이 지난 가스 요금이나 실직 같은—에만 온 정신을 쏟게 만든다. 누군가가 총격으로 목숨을 잃으면 같은 구역에 사는 어린이들은 그 사건 이후 며칠 동안 인지 테스트에서 훨씬 낮은 수행 능력을 보인다. 폭력은 이들의 마음을 짓누른다. 시간이 지나고 영향이 사그라들 때쯤 또 다른 이가 쓰러진다.[18] 가난 앞에선 누구든, 결핍에 시달려 본 적이 없는 우리에게는 무분별해 보이는, 심지어는 명백히 어리석은 결정을 내릴 수 있다. 병원 대합실에서 시계를 쳐다보며 좋은 소식이 전해지기를 기도하며 앉아 있어 본 적이 있는가? 그렇게 응급실 앞에 붙들려 있다 보면 다른 모든 걱정과 책임은 사소하게 느껴진다(실제로도 그렇다). 이런 경험은 가난한 삶과도 비슷하다. 행동과학자 센딜 멀레이너선(Sendhil Mullainathan)과 엘다 섀퍼(Eldar Shafir)는 이것을 "대역폭 세금(bandwidth tax)"이라고 부른다. 그들은 "가난함은 밤을 꼬박 새우는 것보다 사람의 인지능력을 더욱 감소시킨다"라고 말한다. 가난에 사로잡혀 있을 때 "우리는 삶의 나머지 부분에 마음을 쓸 여력이 없다". 가난은 사람들에게서 안정과 안락만 박탈하는 게 아니라 지적 능력 역시 앗아 간다.[19]

하지만 가난은 공평하게 적용되지 않는다. 인종적 약점 때문에 심해지거나 인종적 특권 때문에 약화될 수도 있다. (그러면 인종과 계급 중에서 어느 것이 더 중요한가? 어느 것이 사회적 불평등의 근원이고 어느 것이 곁가지인가? 어느 기원이 당신에게, 당신의 심장이나 두뇌에 더 중요한가?) 흑인의 가난, 히스패닉의 가난, 미국 선주민의 가난, 아시아계 미국인의 가난, 백인의 가난은 모두가 다르다. 흑인과 히스패닉계 미국인은 백인 미국인에 비해 가난할 가능성이 두 배 높다. 켜켜이 누적된 인종적 유산도 문제지만 오늘날의 차별 역시 무시 못 할 원인이다. 흑인의 실업률은 백인 실업률의 두 배에 가깝다. 그리고 연구에 따르면 흑인 구직자들은 오늘날에도 노동시장에서 30년 전과 별 차이 없는 수

준의 차별을 겪고 있다. 한 세대가 지나도록 아무런 진전이 없었던 것이다.[20]

가난한 백인 가정은 가난한 흑인과 히스패닉 가정에 비해 빈곤 수준이 덜한 동네에 거주하는 경향을 보인다. 미국의 대도시 지역 가운데 백인이 빈곤율이 40퍼센트 이상인 동네에서 거주하며 극단적으로 집약된 불이익을 경험하는 곳은 없다. 하지만 많은 가난한 흑인과 히스패닉 가정은 미국 전역에서 이런 조건에서 살아간다. 이는 가난한 백인 아이들 대부분이 가난한 흑인과 히스패닉 아이들에 비해 더 질 좋은 학교에 다니고, 더 안전한 동네에 거주하고, 경찰의 폭력을 더 적게 경험하고, 더 품위 있는 집에서 잠을 잔다는 뜻이다. 가난은 사람에게만 해당되는 게 아니다. 동네에도 깃든다. 그래서 가난한 흑인과 히스패닉 가정은 개인의 가난과 동네의 가난이 맞부딪힐 때 빚어지는 고난을 경험할 가능성이 훨씬 높다. 미국의 가난한 흑인 남성의 기대수명이 파키스탄과 몽골 남성과 비슷한 핵심적인 이유는 바로 이것이다.[21]

오늘날 흑인 가정과 백인 가정의 빈부격차는 1960년대와 별반 차이가 없다. 흑인이 이 나라의 땅과 부에 접근하지 못하도록 시스템 차원에서 저지하던 유산은 세대를 거치며 그대로 이어졌다. 생애 최초 주택 구매자 대부분은 부모로부터 계약금을 지원받는다. 이런 부모들 중에는 자신의 집을 담보로 돈을 빌려 자식에게 도움을 주는 경우가 많다. 제2차세계대전 이후 정부가 백인 동네에서 주택을 구매할 때 주는 보조금에 힘입어 집을 구매한 이들의 부모가 이들을 위해 집을 담보로 도움을 주었듯.[22] 2019년 백인 중위 가정의 순자산은 18만 8200달러였지만, 흑인 중위 가정은 2만 4100달러였다. 고졸자가 가장인 평균적인 백인 가정은 대졸자가 가장인 평균적인 흑인 가정보다 더 부유하다.[23]

　　가난은 물질적 결핍과, 만성통증과, 투옥과, 우울증과, 중독 등등이 겹겹이 누적된 형태일 때가 많다. 가난은 직선이 아니다. 사회적 병폐들이 단단하게 엉킨 매듭이다. 가난은 범죄, 건강, 교육, 주택 등 우리가 관심을 갖는 모든 사회문제와 관계되어 있다. 그러므로 미국에서 가난이 끈질기게 이어진다는 것은 수백만 가정이 세계 역사상 가장 부유한 나라에서 안전과 안정, 품위를 거부당한다는 뜻이다.[24]

②

Poverty,

우리는 왜 더 많이
진보하지 못했는가

By America

지난 50년 동안 과학자들은 인간의 게놈 지도를 완성했고, 수천 년 동안 인간을 괴롭히던 천연두를 물리쳤다. 같은 기간 동안 미국의 영아사망률과 심장질환 사망자는 약 70퍼센트 감소했다. 일반 미국인은 수명이 10년 가까이 늘었다. 기후변화가 실존적 위협으로 인식됐고 인터넷과 스마트폰이 발명됐다.[01] 그러면 가난에서는 어떤 진보가 있었을까? 연방 정부의 빈곤선을 기준으로 측정했을 때 1970년에는 미국 인구의 12.6퍼센트가 가난했고, 20년 뒤인 1990년에는 13.5퍼센트, 2010년에는 15.1퍼센트, 2019년에는 10.5퍼센트가 가난했다. 지난 반세기 동안 가난한 미국인의 비중을 그래프로 표현했을 때 완만한 언덕을 닮은 선이 그려진다. 이 선은 여러 해를 거치며 위로, 아래로, 그러다가 다시 위로 곡선을 그린다. 행정부가 민주당이냐 공화당이냐에는 별 영향을 받지 않고 불황일 때 우상향하다가 호황일 때 우하향하는 추세를 보인다. 진정한 개선은 보이지 않는다. 기나긴 정체만 있을 뿐.

가난이 이렇게 개선되지 않은 건 어떻게 설명할 수 있을까?

가난한 사람을 계산하는 방식을 탓할 수는 없다. 척도가 달라도 당혹스러울 정도로 똑같은 결과가 나오니까.[02] 그렇다면 어쩌면 가난이 경험되는 방식으로, 더 정확히 말해서 가난의 경험이 시간에 따라 변화하는 방식으로 설명할 수 있을지 모른다. 수년에 걸친 빈곤을 아무리 공정하게 평가하려 해도 물질적 진보라는 기막힌 행진을 우회할 수는 없다. 최소한 20세기 초 이후로 많은 비평가가 어제의 사치재를 오늘날의 필수품으로 탈바꿈시킨 기술 진보 덕분에 서구에서는 카를 마르크스의 "궁핍화법칙(law of increasing misery)"—자본주의가 확대되고 착취가 심화되면서 노동자의 고난이 꾸준히 늘어날 거라는 생각—이 좌초됐다고 이야기했다. 조지 오웰은 양차 세계대전 사이의 시기에 젊은 남성들이 바리케이드를 만들고 더 나은 삶을 요구하는 대신 탄광에 가서 돈을 벌었던 것은 값싼 디저트류와 전기가 보급되면서 대중이 영화와 라디오를 누리게 됐기 때문이라는 과감한 주장을 펼치기도 했다.[03]

하지만 생활수준이 전반적으로 향상됐다고 해서 빈곤이 줄어들었다는 의미는 아니다. 40년 전에는 돈이 많은 사람들만 핸드폰을 살 수 있었지만 지난 몇십 년을 지나며 핸드폰 가격은 전보다 감당할 만해졌고, 이제는 많은 빈민을 포함해서 미국인 대부분이 핸드폰을 가지고 있다. 점차 핸드폰이 일자리, 주택, 연인을 찾는 데 필요해졌기 때문이다. 이 때문에 일부 관찰자들은 "일부 소비재(텔레비전, 전자레인지, 핸드폰)에 대한 접근은 가난한 사람이 어쨌든 그렇게까지 가난하지는 않다는 것을 보여 준다"라고 평가한다.[04]

하지만 그건 오해다. 핸드폰은 먹을 수 없다. 핸드폰을 생활임금과 맞바꿀 수도 없다. 핸드폰은 안정된 주택, 적정가격의 의료서비스, 적합한 양육을 보장해 주지 않는다. 사실 핸드폰과 세탁기 같은 물건의 가격이 떨어지는 동안 생필품 중에서도 의료비와 임대료 같은 가장 필수적인 항목들의 가격은 올랐다. 2000년부터 2022년까지 평균적인 미국 도시에서 연료비와 공과금은 115퍼센트 증가했다.[05] 글로벌 자본주의의 진앙에서 살고 있는 미국 빈민들은 다른 미국인들과 똑같이 대량생산된 저렴한 물건에 접근할 수 있다. 하지만 전기 요금을 낼 수 없고 주방이 딸린 집을 감당할 능력이 안 되는데 토스터 오븐이 무슨 소용일까? 마이클 해링턴이 60년 전에 표현한 대로 "미국에서는 괜찮은 집에 살거나 괜찮은 음식을 먹거나 괜찮은 치료를 받는 것보다는 괜찮은 옷차림을 하는 게 훨씬 쉽다".[06]

역동적인 나라인 미국이 그렇게 오랫동안 빈곤을 진정으로 개선하는 데에 별 진전이 없었다는 건 예상 밖일 수 있다. 달 착륙 이후, 비틀스가 해체된 이후, 베트남전과 워터게이트사건 이후 숱한 변화가 있었으니 말이다. 어쨌거나 빈곤 경감에서 우리는 50년간 제자리걸음이었다.

이런 우울한 상태를 처음으로 살펴보기 시작했을 때 나는 빈곤 경감이 제자리걸음인 것은 우리가 이 문제를 해결하려는 노력을 중단했기 때문이라고 생각했다. 나는 로널드 레이건 대통령(영국에서는 마거릿 대처 총리)의 선출 때문에 정부가 빈민에 대한 원조를 중단하고, 세금을 낮추고, 규제를 철폐하는 시대인 시장 근본주의 또는 "신자유주의"가 등장했다는, 진보주의자들 사이에서 인기 있는 생각을 받아들였다. 미국의 가난이 지속되는 것은 우리가 빈민을 위한 지출을 줄였기 때문이라고 생각했던 것이다.

하지만 나는 현실은 이보다 훨씬 복잡하다는 사실을 깨닫게 됐다. 레이건 대통령은 기업의 권력을 확대했고, 부자의 세금을 대대적으로 삭감했고, 일부 반빈곤 이니셔티브, 그중에서도 특히 주거에 대한 지출을 축소시켰다. 하지만 미국의 사회복지를 구성하는 많은 프로그램을 대대적이고 장기적으로 삭감하지는 못했다. 레이건 대통령이 1981년 사회보장 수당을 축소시키자고 제안했을 때 국회가 퇴짜를 놓았다.[07] 레이건이 집권하는 8년 동안 반빈곤 지출은 줄어들지 않았다. 오히려 그것은 증가했고 레이건이 퇴임한 뒤에도 계속 늘어났다. 사실 큰 폭으로 늘었다. 미국에서 자산조사 결과에 따라 지급하는 13가지 최대 규모의 프로그램—일정 소득수준 이하인 미국인에게 제공하는 보조금—에 대한 지출은 로널드 레이건이 대통령으로 선출되던 해에 1인당 1015달러였다가, 도널드 트럼프 행정부가 들어선 첫해에 1인당 3419달러가 되었다.[08] 237퍼센트 증가한 것이다.

이런 증가분에서 가장 큰 비중이 의료비 지출이었다는 점은 공인된 사실이다. 어쩌다 보니 미국은 전 세계에서 가장 비싼 의료시스템을 가지고 있는데도 보편적인 의료서비스가 없다는 기묘한 상황에 놓여 있다. 우리는 매년 현금 복지와 공공주택 같은 전형적인 반빈곤 프로그램보다 저소득층 의료비로 훨씬 많은 돈을 지출한다. 가령 2021년 연방정부는 저소득층의 의료비를 보장해 주는 메디케이드(Medicaid)에 5210억 달러를 지출한 반면, 극빈 노동자들(과 특히 자녀가 있는 노동자)에게 혜택이 돌아가는 근로장려세제(Earned Income Tax Credit, EITC)에는 610억 달러를 지출했다.[09]

그렇지만 의료서비스와 직접적으로 관련이 없는 프로그램에 대한 복지지출도 지난 40년 동안 상당히 증가했다. 계산에서 메디케이드를 제외할 경우 자산조사 결과에 따라 지급하는 프로그램에 대한 정부투자가 1980년부터 2018년 사이에 1인당 630달러에서 1448달러로 130퍼센트 증가한 것을 알 수 있다.[10] "신자유주의"는 이제 좌파의 용어로 굳어졌지만 나는 최소한 빈민에 대한 지원에서 연방정부 예산 문서상으로는 그 흔적을 찾지 못했다. 미국 정부가 시간이 흐르면서 인색해졌음을 보여

주는 증거는 존재하지 않는다. 오히려 그 반대다.[11]

이 때문에 어째서 미국의 빈곤이 개선되지 않고 있는가는 더 미궁으로 빠지게 된다. 연방정부의 구호책이 늘어났음에도 빈곤율은 여전하니 말이다. 어떻게 이럴 수 있을까?

나는 그 이유 중 하나가 가난한 사람들에게 배정된 정부 원조의 상당량이 이들에게 전혀 닿지도 않는다는 데 있다는 사실을 알게 됐다. 어째서 그런지를 파악하려면 복지정책을 살펴봐야 한다. 복지가 아동부양세대부조(Aid to Families with Dependent Children) 프로그램을 통해 집행됐을 때는 거의 모든 자금이 한부모가정에 현금지원 형태로 사용됐다.[12] 하지만 1996년 빌 클린턴 대통령이 아동부양세대부조를 빈곤가정일시부조(Temporary Assistance for Needy Families, TANF)로 전환하는 복지 개혁을 단행하면서 이 프로그램은 주정부에 자금 분배 방식에 대한 상당한 재량권을 넘기는 정액 교부금으로 바뀌었다. 그 결과 주정부는 이 빈곤가정일시부조 기금을 사용하는 데 상당히 창의적인 방식을 내놓았다.

전국적으로 2020년 빈곤가정일시부조로 배정된 1달러 가운데 가난한 가정이 직접 받은 돈은 22센트에 불과했다. 빈곤가정일시부조 자금을 기초적인 현금지원으로 절반 이상 지출한 곳은 켄터키와 컬럼비아특별구뿐이었다. 복지재정 316억 달러

중에서 가난한 사람들 수중에 현금 형태로 쥐여 준 금액은 71억 달러뿐이었다.[13] 그럼 나머지 돈은 어디로 갔을까? 일부는 직접 교육 지원금과 양육비 보조 같은 다른 방식으로 들어갔다. 청소년 사법행정 자금, 금융 문해력 증진, 그 외 빈곤 경감과는 별로 상관없는 각종 활동에도 빈곤가정일시부조 자금이 들어갔다. 오클라호마는 1999년부터 2016년까지 가난하든 아니든 그 주에 속한 모든 사람을 대상으로 워크숍을 개최하고 상담 서비스를 제공하는 등의 오클라호마 결혼 이니셔티브에 7000만 달러 이상의 빈곤가정일시부조 자금을 지출했다. 애리조나는 복지재정을 가지고 혼전 순결 성교육을 진행했다. 펜실베이니아는 빈곤가정일시부조 자금으로 임신중지 반대 성향의 위기 임신 센터를 지원했다. 메인은 이 돈을 가지고 기독교 여름 캠프를 후원했다.[14]

  미시시피의 사례는 더욱 가관이다. 2020년에 공개된 389쪽짜리 감사보고서에 따르면 미시시피주의 극빈층 가정에 지원하기로 배정된 미시시피 복지부(Department of Human Services, DHS) 재정이 집회와 교회 콘서트에서 복음주의 찬양 공연을 위해 가수를 고용하고, 지역 비영리조직 대표와 그의 두 가족을 위해 닛산 아르마다, 쉐보레 실버라도, 포드 F250을 구입하고, 심지어는 은퇴한 NFL 쿼터백 브렛 파브(Brett Favre)에게 하지도 않은 연설 비용으로 110만 달러를 지불하는 데 사용됐다. (나중에

파브는 이 돈을 돌려줬다.) 여기서 끝이 아니다. 복지부 계약 업체들은 빈곤가정일시부조 자금을 대학 풋볼 티켓, 사립학교, 주의 입법자들이 무료로 다닐 수 있는 12주 피트니스 캠프(130만 달러), 그리고 서던미시시피대학교 건강센터 기부금(500만 달러)으로 펑펑 써 댔다. 복지 자금은 전직 프로레슬러 테드 디비아시(Ted DiBiase)—현역 레슬러 시절 "밀리언 달러 맨"이라는 별칭을 사용하던 그는 『모든 남자에게는 가격이 있다(Every Man Has His Price)』라는 회고록을 썼다—가 운영하는 종교 단체에 연설과 레슬링 이벤트라는 명목으로 흘러들어 가기도 했다. 디비아시의 가격은 210만 달러였다. 이 밀리언 달러 맨의 아들인 브렛 디비아시는 당시 미시시피 복지부 차관이었다. 그 말고도 직원 다섯 명이 사기와 횡령 혐의로 기소됐다.[15]

주정부는 매년 빈곤가정일시부조 자금을 반드시 전액 지출해야 할 필요가 없다. 그래서 다 쓰지 않고 남겨서 다음 해로 넘긴다. 2020년 주정부가 사용하지 않은 복지 자금의 형태로 보유한 재정은 약 60억 달러였다. 네브래스카는 9100만 달러를 깔고 앉아 있었다. 하와이는 3억 8000만 달러로, 그 주의 모든 가난한 어린이에게 1만 달러를 줄 수 있는 돈이었다. 1위는 7억 9000만 달러를 쌓아 둔 테네시주였다. 그해 미국에서 테네시주보다 아동빈곤율이 높은 주는 아홉 개 주뿐이었다. 아동빈곤율이 가장 높은 주는 약 28퍼센트를 기록한 미시시피주였다. 코스타리카

의 아동빈곤율과 같은 수준이다.**16**

　사회보장장애보험(Social Security Disability Insurance, SSDI)도 마찬가지다. 이 보험은 직장에 다니는 동안 사회보장 기금에 돈을 낸 이력이 있는 장애인에게 일정액을 제공한다. 1996년에 장애 신청을 한 미국인은 약 128만 명이었고, 2020년에는 300만 명에 육박했다. 이런 흐름의 원인은 인구학적 변화—특히 인구 증가와 베이비부머의 고령화—인 것으로 보인다. 하지만 사회보장국의 신규 장애 인정 건수는 가파른 신청 증가세를 따라잡지 못했다. 1996년부터 2010년까지 신청 건수는 130퍼센트 증가했지만 신규 인정 건수는 68퍼센트 증가하는 데 그쳤다. 많은 미국인이 장애를 이유로 도움을 얻고자 했지만 정부는 이를 더 어렵게 만들었다. 1990년대 중반에는 신규 장애 신청 가운데 약 절반이 승인을 받았지만 요즘에는 약 3분의 1 정도가 승인을 받는다.**17**

　나는 친구 우가 다리가 절단된 뒤 장애 인정을 받으려고 애쓰는 과정을 지켜보았다. 까불거리는 유머로 호감을 살 줄 아는 우는 사람들을 아주 좋아했다. 그가 좋은 경비원이 될 수 있었던 건 그런 사교적인 성격과 180센티미터가 넘는 키, 그리고 XXL 사이즈 셔츠를 입는 우람한 체격 때문이었다. 밀워키 노스사이드의 월셋집에 같이 살던 시절 그는 나를 앤디라고 불렀고 나더러는 자신을 레드라고 부르라고 했다. 영화 〈쇼생크 탈출(Shawshank Redemption)〉에 나오는 친구들(영화에서 앤디는 나처럼 백인이고, 레드는 우처럼 흑인이었다)처럼. 우는 그 영화를 항상 "쇼댕크 감축(Shawdank Reduction)"이라고 불렀다.

나는 병원에서 휠체어에 탄 우를 보았다. 다리 절반에 임시 깁스가 되어 있고 그 밑을 지지대가 받치고 있었다. 우가 갑자기 작아 보였다. 우리는 같이 울었다. 우가 마치 "보여?"라고 말하기라도 하는 듯 자신의 잘린 다리 옆에 두 손을 올려놓고 있었으므로. "난 글러 버렸어, 맷." 우는 계속 이렇게 말했다.

퇴원 후 우는 목발을 짚고 걷는 법을 배우기 시작했고 장애 신청을 했다. 그는 41세였다. 그 나이에 자격을 얻으려면 사회보장 크레디트가 20점이어야 하는데, 이는 공식적인 일자리에서 5년간 일한 경력과 같다. 우는 5년이 훨씬 넘는 기간 동안 통상적인 전일제보다 훨씬 많이 일했지만—2교대로 경비 일을 꾸준히 했다—문제는 사회보장번호가 나오는 그런 자리가 아니었다는 점이다. 그래서 우는 대안적인 장애 프로그램인 생활보조금을 신청했다. 사회보장장애보험이 그렇듯, 생활보조금 신청도 대부분 반려된다.[18] 나는 우의 서류작업을 도왔지만 그의 첫 시도는 실패였다. 우는 놀라지 않았다. "맨날 이런 식이라니까." 그는 내게 말했다. 그런 다음 장애 전문 변호사에게 전화를 걸었다.

가난한 동네에서는 장애 신청을 할 때 마치 여러 번 떨어지는 게 일반적인 절차라는 듯 숱하게 신청하다가 결국 변호사를 고용해야 한다는 게 상식이다. 성공 수수료를 챙기는 변호사들은 고객이 처리를 기다린 몇 개월에 대해 받는 소급분의 4분의 1까지 가져갈 수 있다. 수년간 장애 신청이 승인될 가능성이 적어지자 변호사에게 의지해서 신청에 무게를 더하려는 신청자들이 늘고 있다. 2001년에는 총 4억 2500만 달러에 달하는 17만 9171건의 지불이 장애와 기타 수당을 신청한 사람들을 대리한 "신청 대리인", 그러니까 주로 변호사들에 의해 이루어졌다. 2019년에는 39만 809건, 총 12억 달러였다.[19]

우는 두 번째 신청을 할 때는 변호사를 대동하고 법원에 직접 나가서 처리했다. "변호사는 거창한 표현을 썼지만, 휠체어가 제대로 먹힌 거지." 우가 이렇게 회상했다. 판사 앞에서 그가 보낸 시간은 총 5분이었다. 우는 소급분으로 3600달러를 받아서 휠체어용 중고 밴을 샀다. 이 밴은 3년간 굴러다니다가 불이 났다. 그의 변호사가 수당으로 400달러를 가져갔다. 지금 우는 생활보조금으로 매달 800달러를 받는데 이는 그가 일해서 받던 돈에 턱없이 못 미친다. 그는 변호사가 돈을 받아 갔다는 데 개의치 않는다. "나 같은 장애인이 있어야 먹고사는 사람이잖아." 우는 내게 말했다. 하지만 나는 매년 10억 달러가 넘는 사회보장기금이 사람들의 장애 수당으로가 아니라 장애 수당을 받으려고 고용한 변호사들에게 지불된다는 사실을 납득할 수가 없

다.**20**

빈곤 관련 정부지출이 두 배 이상 늘었는데도 성과가 거의 없다면 그 이유 중 하나는 미국의 사회복지가 새는 바가지이기 때문이다.**21** 반빈곤 프로그램에 1달러가 할당된다고 해서 이 1달러가 최종적으로 빈곤가정에 도달하는 것은 아니다. 그래도 여전히 어째서 빈곤이 이렇게까지 끈질기게 이어지는가라는 의문은 완전히 해결되지 않는다. 어쨌든 미국 최대의 사회복지 프로그램 가운데 다수가 사람들에게 직접 돈을 분배한다. 보충영양지원프로그램 예산의 약 85퍼센트가 푸드스탬프 재정으로 바로 들어가고, 메디케이드와 심지어 생활보조금의 약 93퍼센트가 수혜자에게 바로 전달된다.**22** 그렇다면 다른 힘들도 작동한다는 의미일 것이다.

미국 역사에서 이주자들은 경제 불안의 희생양 역할을 해왔다. 1877년의 한 신문 칼럼은 "중국인들은 하나의 계층으로서 우리나라에 저주이자 해악"이라고 말한다. "그들은 백인 노동력을 대체했고 백인 남성과 그 가족의 입으로 들어갈 빵을 빼앗았다." 1900년대 초 미국 본토 출신 백인들은 이탈리아인 이민자가 구직활동을 하고 일을 열심히 한다며 분통을 터뜨리다 못해 마을에서 몰아내려고 집단 폭행과 린치를 가하기도 했다. 오늘날에는 이주자들이 임금을 떨어뜨리고 본토 태생 노동자

들을 밀어낸다며 손가락질하는 보수주의자들이 유구한 미국 전통을 이어 가고 있다.[23]

이론상 이주자들은 최소한 세 가지 방법으로 한 나라의 빈곤율을 끌어올릴 수 있다. 첫째, 이들은 가난한 상태로 들어와서 계속 그 상태에 머물며 새로운 하층계급을 형성한다. 둘째, 이들은 임금을 떨어뜨림으로써 본토 태생자들을 더 가난하게 만들 수 있다. 셋째, 이들은 반빈곤 투자의 효과를 희석시켜 사회안전망에 부담을 줄 수 있다. 지난 반세기 동안 미국에서는 해외 태생 인구가 급격하게 늘었다. 1960년에는 미국에서 20인 중 한 명이 다른 나라 태생이었다. 그런데 지금은 여덟 명 중 한 명이다. 미국은 이제 지구상의 다른 어느 나라보다 이주자가 많다. 반빈곤 원조가 늘어났는데도 빈곤율이 그대로인 것은 이 때문일까?[24]

여러 세대 전에 대서양을 건넌 유럽 이주자들이 그랬듯 오늘날 미국에 들어오는 많은 이주자는 가난하다. 이런 유입자들과 이들의 자녀가 계속 가난할 경우 이주의 증가는 빈곤율을 끌어올릴 수 있다. 만일 이것이 사실이라면 이주자가 가장 많이 유입되는 주는 빈곤율이 크게 증가했을 것이다. 오늘날 해외 태생 미국 인구 가운데 거의 절반이 캘리포니아, 텍사스, 플로리다 단 세 주에 거주한다. 그럼 이 세 주는 점점 많은 이주자를 받으면서 더 가난해졌을까? 아니다. 그렇지 않다. 1970년부터

77

2019년까지 캘리포니아에서는 이주자 인구의 비중이 약 18퍼센트, 텍사스에서는 14퍼센트, 플로리다에서는 13퍼센트 늘어났다. 하지만 같은 기간 동안 캘리포니아의 빈곤율은 아주 미미하게 늘었을 뿐이고(0.7퍼센트), 오히려 텍사스와 플로리다에서는 빈곤이 각각 5퍼센트와 4퍼센트 줄어들었다. 지난 반세기 동안 가장 많은 이주자가 유입된 주들은 가난해지지 않았고, 텍사스와 플로리다의 경우는 오히려 더 잘살게 됐다.[25]

캘리포니아, 플로리다, 텍사스에 가난한 이주자들이 대거 정착했지만 이들 주가 더 가난해지지 않은 것은 이주자들이 미국에서 매우 높은 경제적 이동성을 보여 주기 때문이다. 특히 이주자들의 자녀가 그렇다. 이주자 출신 농부, 접시 닦이, 세탁부를 부모로 둔 소프트웨어엔지니어, 의사, 변호사가 얼마나 많은가? 이주자가 집중되어도 더 많은 빈곤으로 이어지지 않은 큰 이유는 바로 이런 집단적인 성공 때문이다.[26]

하지만 이들의 성공이 다른 노동자들을 희생시키는 건 아닐까? 이주자들이 본토 태생 미국인들과 경쟁해서 임금을 끌어내리고 더 많은 사람을 가난으로 몰아넣는 건 아닐까? 우리가 이 문제에서 확보할 수 있는 최고의 연구에 따르면 이주가 임금에 미치는 장기적인 영향은 상당히 적고, 고용에 미치는 영향은 훨씬 적다. 이주자들이 일자리를 놓고 본토 태생 노동자들과 경쟁을 벌이는 경우에 대한 연구 결과는 파악하기가 쉽지 않고 미심

찍기까지 하지만, 이주자들은 일자리를 놓고 주로 다른 이주자들과 경쟁한다. 그러니까 새로운 유입자에게 가장 크게 위협받는 노동자는 그보다 먼저 들어온 유입자라는 말이다.[27] 많은 미국인의 임금이 정체되긴 했지만 그건 이주자들의 탓이 아니다.

미등록 이주는 최근 몇 년 들어 둔화됐다. 멕시코의 인구 고령화와 경제 안정 덕분에 유입을 유도하는 힘이 시들해지고, 국경의 경비가 나날이 삼엄해지면서 **이주를** 밀어내는 힘이 거세졌기 때문이다. "국경의 위기" 운운하며 열변을 토하는 정치인들도 미등록 이주자 증가 추세가 15년 전인 2007년에 꺾이기 시작했다는 걸 아주 잘 안다. 하지만 고용주들은 경쟁력 있는 임금을 제시해 본토 출생 노동자들을 고용하는 방식으로 미등록 이주자 노동력 감소에 대응하지 않았다. 대신 일자리를 자동화하고(기계를 사용하고), H-2A 비자(한시적인 농업노동자용 비자—옮긴이)를 가진 다른 이주자들을 고용하고(미국인들은 이주자용 일자리를 얻으려고 기를 쓰지 않는다), 아니면 그냥 가게 문을 닫아 버렸다.[28]

이주자들이 노동시장에 영향을 미치지 않더라도 복지수당에 크게 의지함으로써 나라를 더 가난하게 만들 수도 있지 않을까? 하지만 극빈한 이주자들은 미등록 상태여서 푸드스탬프, 비응급 메디케이드, 사회보장 등 숱한 연방 프로그램의 혜택을 받지 못한다. 이주자들은 평균적으로 일생 동안 연방의 복지수당으로 받는 것보다 미국 정부에 세금으로 내는 돈이 더 많다.[29] 반대의 상황이라 해도 이주자가 전체 정부지출에 미치는 영향은 미국의 부유층이 사회복지제도에 가하는 스트레스에 비하면 완전히, 심지어 헛웃음이 나올 정도로 미미하다. 하지만 너무 앞서 나가고 싶지는 않다. 여기서는 미국의 형편없는 빈곤 경감 실적이 이주 노동력 탓이 아니라는 걸 확인하는 걸로 충분하다.

가족 형태의 변화에 책임을 돌리는 건 어떨까? 가난한 미국 아이들 대부분이 생물학적 양친 모두와 한집에서 자라던 시절이 있었다. 1959년에는 가난한 가족의 약 70퍼센트가 결혼한 부부로 구성됐다. 오늘날에는 가난한 아이들 대부분이 싱글 맘의 자녀이다 보니, 가난한 동네의 교회 설교자들은 결혼식보다 장례식에 갈 일이 훨씬 많다. 결혼한 부부로 구성된 경우에는 열일곱 가족 중 하나꼴로 가난한 데 반해 싱글 맘으로 이루어진 경우에는 세 가족 중 하나꼴로 가난하다.[30] 이런 격차 때문에 일각에서는 한부모가정이 미국에서 가난의 주요 원인이라는 결론을 내리기도 한다.

하지만 그렇다면 어째서 아일랜드나 이탈리아나 스웨덴에서는 한부모가정이 가난의 주요 원인이 아닐까? 민주주의 체제를 갖춘 부유한 18개국을 대상으로 한 한 연구는 미국 바깥에서는 편모 가정이 일반 가정보다 더 가난하지 않음을 확인했다. 빈곤율이 낮은 나라는 특히 싱글 맘이 가장인 세대를 비롯해서 모든 시민에게 혜택이 돌아가는 보편적인 프로그램을 통해 국민에게 가장 많이 투자하는 곳들이다. 우리가 유급 육아휴직, 적정가격의 보육 서비스, 보편적인 어린이집처럼 한 부모가 직장 생활과 가정생활을 균형 있게 할 수 있도록 도와주는 프로그램에 투자했더라면 이런 모범을 따를 수 있었을 것이다. 하지만 우리는 점차 주간돌봄서비스와 여름 캠프 같은 프로그램을 민영화하면서 사실상 이런 현대의 필수 프로그램들을 부자들의 전유물로 만들어 버렸다. 이 때문에 많은 한 부모가 다시 학업을 이어 가거나 풀타임으로 일하기가 불가능해졌다. 결혼을 하지 않고 아이를 키우는 것은 개인의 선택일 수 있지만 많은 한 부모와 그 자녀가 가난이라는 굴레에서 벗어나지 못하는 것은 사회의 선택이다.[31]

　미국에서는 결혼이 사치품 비슷한 것이 됐다. 결혼은 어느 정도 경제적 안정에 이를 수 있다는 믿음이 있을 때 이루어진다. 하지만 이런 "결혼 관문"을 넘지 못하면 결혼의 연을 맺지 않는다. 그러므로 가난한 사람들 내에서 혼인율이 낮은 것을 가난의 주원인으로 지목하는 것은, 원인과 결과를 혼동하고 부유한 사람들 내에서 주택 보유율이 높은 것을 부유함의 주원인으로 지목하는 것과 비슷하다. 주택 보유는 경제적 안정으로 귀결되는 게 아니라, 더 큰 경제적 안정으로 귀결된다. 보통은 자신이나 부모가 어느 정도 돈을 모은 뒤에야 집을 살 수 있다. 결혼도 마찬가지다.[32] 결혼은 이미 안정된 사람들의 안정을 더 강화하는 경향이 있다. 양친으로 이루어진 가정이라는 부르주아적 모델은 부르주아를 만들어 낸 바로 그 물건, 그러니까 돈이 있어야 가능하다.[33]

만일 우리가 실제적인 경제 기회를 가난한 미국인들에게 확대할 경우 결혼은 보통 자연스럽게 뒤따른다. 1990년대 중반에 밀워키에서 시행된 뉴호프(New Hope) 프로그램을 생각해 보자. 이 프로그램은 가난한 동네 주민들이 적정가격의 의료보험과 육아 서비스에 접근할 수 있도록 지원하는 한편, 소득을 향상할 수 있는 임금 보조금을 제공했다. 뉴호프가 시행되고 나서 5년이 지났을 때 임의로 선발된 프로그램 참가자는 그렇지 않은 사람들보다 임금이 상당히 높고 일자리도 더 나았다. 그리고 결혼도 두 배 가까이 더 많이 했다. 뉴호프는 연애 관계 상담이나 워크숍—이런 프로그램들은 사실 효과가 거의 전무하다—이 아니라 함께 삶을 꾸릴 수 있는 경제적 안정의 발판을 제공함으로써 혼인율을 향상시킨 여러 프로그램 중 하나다.[34]

하지만 이런 프로그램들은 일시적인 실험이었고, 미국의 많은 사회정책은 예나 지금이나 가족에 대놓고 적대적이다. 가장 반가족적인 사회정책은 대량 투옥에 불을 지핀 정책들이었다. 감옥에 있는 사람들 대부분이 부모다. 남자들은 수만 명, 수십만 명씩, 그러다가 수백만 명씩 가족과 생이별을 했다. 가장 큰 대가를 치른 것은 가난한 흑인과 히스패닉 가정이다.[35] 독일 같은 다른 나라들은 투옥된 시민들이 구금 시설 밖에서 가족을 방문할 수 있도록 허락하지만 미국의 수감 시스템은 모든 관계를 끊어 놓으려고 설계된 것 같다. 한 추정에 따르면 미국에서 싱글인 사람이 투옥되지 않을 경우 결혼 건수가 무려 30퍼센트 증가할 수도 있다.[36] 투옥에 집착하는 미국은 숱하게 많은 가난한 사람이 자식, 배우자, 사랑하는 이에게 전화를 거는 것조차도 엄격하게 통제하며 이들을 가족과 생이별시켰고, 사회로 돌려보낼 때는 안 그래도 어두운 구직 및 주택 마련 가능성에 재를 뿌리는 범죄 기록을 딸려 내보낸다. 미국 역사에서 정부를 등에 업고 시행된 제도 중에 대량 투옥보다 더 반가족적인 것은 단 하나, 노예제뿐이었다.

미국의 많은 복지정책 역시 반가족적으로 설계되어 있다. 생활보조금은 수급자가 친척과 거주할 경우 감액된다. 자녀를 둔 어머니가 임대계약을 위반한 채 자녀의 아버지와 함께 거주할 경우에는 임대 보조금이나 공공주택 거주 자격을 잃을 수 있다. 연인 관계에 있는 두 사람이 각각 푸드스탬프에 신청할 경우 결혼한 부부가 신청할 때보다 더 많은 금액을 할당받는다.[37] 근로장려세제는 또 어떤가. 엄마가 1년에 3만 달러를, 아빠가 1

만 5000달러를 버는 4인 가족이 있다고 해 보자. 아빠가 단독으로 근로장려세제를 신청할 경우에는 최대 금액(2020년 기준 5920달러)을 받을 수 있지만, 이들이 결혼했을 경우 이 가족은 겨우 2000달러 정도를 받는 데 그친다. 그렇다면 어느 쪽이 더 "친가족적인" 결정일까? 결혼을 하지 않고 상당히 더 많은 돈을 받는 쪽? 아니면 결혼을 하고 더 적게 받는 쪽?[38]

그릇된 인상을 남길 의도는 없다. 이렇게 설계된 복지 프로그램이 결혼을 억제하는 데 결정적인 역할을 한다는 증거는 많지 않다. 부실한 일자리, 손에 넣기 힘든 대학 졸업장, 대량 투옥, 감당하기 어려운 육아 비용이 훨씬 더 중요하다.[39] 하지만 나는 어째서 많은 선출직 관료가 이 나라의 심각하고 끈질긴 가난에 대한 해법으로 결혼을 거론하고 있는데도, 연방정부가 복지정책을 이렇게 만들어 놨는지 이해할 수가 없다.

일부 논평가들은 폭넓은 경제정책, 사회정책이 결혼 결정에 미치는 영향은 안중에도 없이, 결혼을 좋은 삶을 위한 교육용 설명서에 들어가는 기본 메뉴처럼 생각한다. 가령 젊은 사람들은 간단한 세 단계만 거치면 미국에서 가난을 피할 수 있다는 소리를 밥 먹듯이 듣는다. 먼저 고등학교를 졸업할 것, 그다음에는 전일제 일자리를 가질 것, 마지막으로 시간을 두고 기다렸다가 결혼을 해서 아이를 가질 것. 보수성향의 싱크 탱크인 미국기업연구소(American Enterprise Institute)가 발표한 한 보고서는 이 세 단계를 "성공의 연쇄"라고 부른다. 한 연구는 2007년에 이 연쇄를 완수한 사람 가운데 가난한 사람은 단 2퍼센트뿐인 반면, 이 세 규칙을 모두 위반한 사람은 76퍼센트 가난하다고 밝혔다.[40]

그게 그렇게 단순한 문제면 좋겠다. 하지만 데이터를 파 보면 세 규칙을 모두 어긴 사람보다 모두 지킨 사람 중에 가난한 사람이 더 많고, 성공의 연쇄에 집착하던 미국 흑인이 똑같은 조건의 미국 백인에 비해 가난에서 빠져나가지 못했을 가능성이 더 높다는 사실을 알게 된다. 그리고 이 연쇄에서 거의 모든 "성공"을 책임지는 단계는 결혼이 아니라 전일제 일자리 확보라는 사실도 알게 된다. 문제는 많은 한 부모가 아이 돌봄 비용 때문에 더 많이 일을 할 여력이 안 된다는 데 있다.[41] 교육이나 일자리나 결혼이 중요한 건 사실이지만, 가난한 사람—가령 크리스털 같은—에게 고등학교를 졸업하고 좋은 일자리를 얻고 결혼을 하라고 요구하느니 차라리 다시 태어나라고 말하는 게 더 나을 수도 있다.

한부모가정의 실질적인 문제는 어째서 그 많은 가난한 부모가 싱글인가가 아니라, 어째서 우리는 그 많은 한 부모를 가난 속에 허우적대도록 내버려두고 있는가다. 가족의 형태에 관계없이 모든 가족이 결핍에 시달리지 않는 나라, 한부모가정이라고 해서 가난이라는 징역에 처해지지 않는 나라가 더 낫지 않은가?**42**

　나무는 울퉁불퉁 비틀어진 뿌리를 엄청나게 내놓기 때문에 땅속을 파고들어 뻗어 나가는 각각의 뿌리를 추적하는 건 나름의 의미가 있다. 이주나 가족과의 관계 속에서 빈곤에 대한 다양한 설명 방식들의 장점을 평가하는 것은 유용한 훈련일 것이다. 하지만 나는 그러다 보면 언제나 다른 모든 곁뿌리들의 근원인 중앙의 원뿌리로 돌아가게 된다는 사실을 발견했다. 이 책에서 그 원뿌리란 바로 가난이 상처이고 고난이라는 단순한 진실이다. 수천만 미국인이 가난해진 것은 역사의 실수나 개인적인 행동 때문이 아니다. 가난이 끈질기게 이어지는 것은 그걸 바라고 좋아하는 사람들이 있기 때문이다.

P
o
v
e
r
t
y
,

우리는 어떻게
노동자를 싸게 부려 먹는가

B
y

A
m
e
r
i
c
a

우리는 보통 가난이 누군가에게는 이익이
되는 상황이라고 이야기하지 않는다. 이보다는 책임 소재를 흐
리는 이론을 더 좋아하는 것 같다. 물론 가난이 훨씬 덜한 나라
의 국민들에 비해 미국인들이 훨씬 질 낮은 존재라는 듯, 가난
한 사람들의 비참함은 그 사람들 책임이라는 식의 낡은 시각이
남아 있다. 하지만 요즘에는 구조적인 설명, 그러니까 고장 난
제도나 거대한 경제적 변동에서 폭넓은 빈곤의 유래를 찾는 설
명 방식이 더 유행이다.

미국의 빈곤을 설명하는 인기 있는 이론으로는 공장폐쇄와
그 주변 지역공동체의 황폐화를 유발한 탈산업화가 있다. "탈산
업화"라니 이런 유체 이탈 화법이 또 있을까. 이 표현은 마치 숲
이 나무좀의 공격을 받듯 미국에서 탈산업화가 이루어졌다는,
이유는 잘 모르겠지만 뭐 그런 일이 벌어졌다는 식의 인상을 준
다. 이런 화법에서 가난은 사회학자 에릭 올린 라이트(Erik Olin
Wright)의 표현을 빌리면 "사회적 원인의 부산물"이다. "누구도
이 재난을 의도하지 않았고, 사실상 그 누구도 여기서 이익을

얻지 않는다."[01]

하지만 가난한 사람들에게 불리한 환경이 수십 년 동안 지속되었다면 의도적으로 설계된 거라고 봐야 하지 않을까? "시스템 차원의" 문제들—시스템 차원의 인종주의, 빈곤, 여성혐오—은 결국 현실적이든 관념상이든 자기 이익이라는 동기에서 조용히 내려진 숱한 개별 결정들로 이루어지는 게 아닐까? "시스템"은 우리로 하여금 웨이터에게 팁을 주지 않거나, 우리 동네에 저렴한 주택이 들어서는 걸 반대하는 투표를 하도록 강요하지 않는다. 그렇지 않은가?

사람들은 가난에서 온갖 방식으로 이익을 얻는다. 이보다 명백한 사회적 사실은 없다. 하지만 누군가 이런 말을 입에 올리면 긴장감이 가득해진다. 그걸 거론한 사람은 무례한 사람이 된다. 사람들은 의자에서 자세를 고쳐 앉고, 어떤 사람은 그 사람을 조용히 시키려 할 것이다. 마치 공공장소에서 모든 사람의 눈에 보이지만 보이지 않는 것처럼 행동하는 무언가—눈이 하나인 남자, 자동차에서 오줌을 싸는 개—를 지적하는 어린이를 어머니가 쉿 하며 조용히 시키려 하듯, 또는 유리창에 던져진 벽돌처럼 난폭할 정도로 선명하고 깊은 도덕적 진실을 헤집는 포괄적인 자본주의 비판을 들먹이는 청년을 진지한 어른들이 조용히 시키려 하듯. 그 사람은 그저 자명한 사실을 짚는 것일 뿐인데도 사람들은 그 사람이 계급 전쟁을 선동한다며 비난한다.

착취 이론을 가지고 빈곤을 설명하면 사람들은 물론이지와 하지만과 아니야를 동시에 떠올리게 되고, 그래서 혼란스러운 반응이 터져 나온다. 한편으로 작고한 작곡가 스티븐 손드하임(Stephen Sondheim)이 했던 말처럼 "세계사는, 자기야, 누가 먹히고 누가 먹느냐야"다. 씨족, 가족, 부족, 민족국가가 충돌하면 한쪽이 궤멸되거나 노예화되거나 식민화되거나 강탈당해서 다른 한쪽의 배를 불린다. 패자의 등을 밟고 한쪽이 더 높은 자리에 올라선다. 어째서 오늘날의 빈곤을 다른 무언가의 결과로 생각해야 하는가?02 한편으로 보면 그건 이제 과거지사다. 과거에 일어난 착취는 아무런 거리낌 없이 토론할 수 있으면서 오늘날 우리가 어떻게 서로를 쥐어짜고 있는가로 대화가 넘어가면 자꾸 버벅대며 난감해한다는 사실을 생각해 보라. 아마 우리가 매우 화가 나고 극단적인 형태의 착취만 떠올리기 때문인지도 모르겠다. 농장에서 일하는 흑인 노예나, 광산에 보내진 어린 소년들이나, 면직물 공장에서 일하는 어린 소녀들처럼 말이다. 어쩌면 우리는 영웅적인 진보의 서사에, 특히나 인종적인 진보의 서사에 사로잡혀 있는지 모른다. 심리학자 제니퍼 리치슨(Jennifer Richeson)의 말을 인용하면 마치 역사가 "한 방향으로만 회전하는 톱니바퀴"라는 듯이.03

아니면 우리가 착취 개념을 사회주의와 연결시키고, 그런

교리와는 (또는 최소한 사회주의의 미학과는) 엮이고 싶지 않은 걸 수도 있다. 수년 전 나는 하버드대 케네디행정대학(Kennedy School of Government)에서 「구도심 착취하기(Exploiting the Inner City)」라는 제목의 논문을 발표했다. 가난한 동네에서 임대주들의 사업전략을 분석한 논문이었다. 내용은 간단했다. 일부 임대주들이 아주 가난한 가족에게 낡은 집을 임대해서 생계를 유지하는 (그리고 때로는 큰돈을 버는) 방식을 보여 주는 내용이었다. 내 발표가 끝나자 한 원로 학자가 상당히 충격받은 표정을 지었다. "당신은 마르크스주의자의 길에 빠져들고 있군요." 그가 말했다. "당신도 그걸 알고 있죠?"

나는 그렇게 생각하지 않았고 그건 지금도 마찬가지다.[04] 자유가 줄어들면 착취에 취약해질 가능성이 커진다. 애리조나, 코네티컷, 켄터키 같은 주의 재소자들은 교도소 전화로만 사랑하는 이에게 전화를 걸 수 있고, 주 지역 내에 전화를 걸 경우 15분에 5달러를 내야 한다. 수감 상태가 아닌 사람들은 이런 조건을 절대 받아들이지 않을 것이다. 더 나은 대안이 있으니까. 미등록 노동자들은 노동법의 보호를 받지 못하기 때문에 3분의 1 이상이 최저임금에 못 미치는 돈을 받고 약 85퍼센트가 초과근무수당을 받지 못한다. 많은 미국 시민, 또는 공식적인 절차를 거쳐 국경을 넘은 사람들은 이런 임금 조건에서는 일을 하지 않을 것이다. 그렇게 할 필요가 없으니까. (미등록 노동자들이 그런 노동조건을 스스로 선택했을까? 성인일 때 이주했다면 그렇다, 자신들이 선택한 게 맞다. 하지만 절박한 사람들이 착취적인 조건을 받아들이고 심지어 그걸 찾아 나선다고 해서 그 조건이 착취가 아닌 것은 아니다.)[05]

사람들이 의자에서 더욱 들썩인다. 어떤 사람은 그것보다 더 복잡한 문제,라고 말할 것이다. 물론 사회문제 대부분이 복잡하지만 복잡함 속에 몸을 숨기는 것은 비판적 지성의 증거라기보다 사회적 지위의 반영에 더 가깝다. 배고픈 사람들은 빵을 원한다. 부유한 사람들은 전문가 집단을 불러 모은다. 복잡함은 강자의 피신처다. 『분노의 포도』에서 소작농의 집을 관통해서 일직선으로 이랑을 만들라는 명령을 받은 트랙터 기사가 생각난다. 이 농부는 "당신이 가까이 오기만 해도 토끼 쏘듯 쏴 버릴 거야"라고 위협했다. 하지만 트랙터 기사는 자신을 대신할 사람이 줄을 서 있다고 설명하면서 "문제는 내가 아니오. 내가 할 수 있는 건 아무것도 없소"라고 대답했다. 게다가 그는 상관으로부터 명령을 받았고, 상관은 은행으로부터 명령을 받았으며, 은행은 "동부에서 명령을 받고", 그렇게 명령의 책임은 꼬리에 꼬리를 물었다. 문제는 복잡했다. "하지만 그건 어디서 끝나지? 우린 누굴 쏠 수 있는 거야?" 농부는 트랙터 기사가 외면하려는 진실을 폭로하며 이렇게 물었다. 그 진실은 바로 우리가 즐겨 말하듯, 그의 가족이 "시대의 피해자"라거나, "운이 나빴다"거

나, "사회적 소외계층"이 아니라 포위공격을 당하고 있다는 것
이다. 그는 한 사람의 가난은 다른 누군가의 이윤임을 분명하게
이해했다. 그 부분에서는 복잡할 게 전혀 없었다.[06]

몇 년 전 나는 취업비자로 미국에 와서 영주권을 취득한 과
테말라 출신의 훌리오 파예스(Julio Payes)를 만났다. 그는 인구
가 1만 2000명쯤 되는 캘리포니아 에머리빌(Emeryville)에 살았
다. 오클랜드와 버클리 사이에 위치한 도시였다. 2014년 훌리
오는 두 개의 전일제 일자리에서 일주일에 80시간을 일했다. 24
시간 맥도널드 매장 야간 근무로 하루를 시작하는 그는 그곳에
서 밤 10시부터 오전 6시까지 햄버거와 프렌치프라이를 날랐
다. 이 야간 근무가 끝나면 샤워를 하고 휴식을 취할 수 있는 두
시간이 주어졌다. 그다음에는 에어로텍(Aerotek: 직업 소개소—옮
긴이)에 출근해서 아침 8시부터 오후 4시까지 그곳에서 보내 주
는 곳이면 어디든 가서 임시직으로 일했다. 그 일이 끝나면 그
는 최대한 많이 잠을 잤다. 그러고 나서 다시 맥도널드로 출근
했다. 훌리오는 잠들지 않으려고 커피와 소다수를 물처럼 들이
켰다.[07]

"좀비가 된 기분이었어요." 훌리오가 내게 말했다. "힘이 하
나도 없고 항상 슬퍼요." 하지만 어머니와 두 동생이 같이 사는,
가구도 없는 방 한 개의 비용을 대려면 일주일에 7일, 하루 16시

간씩 일해야 했다. 훌리오의 삶은 일을 하거나 잠을 자거나 둘 중 하나인 듯했다. 그 중간은 아무것도 없이. 한번은 당시 여덟 살인 동생 알렉산더가 훌리오에게 자기가 돈을 모으고 있다고 말했다. "내가 형의 시간을 한 시간 사고 싶어." 알렉산더는 형 에게 이렇게 말했다. "나랑 한 시간 놀아 주는 데 얼마야?" 훌리 오는 동생을 바라보다 울음을 터뜨렸다. 그로부터 얼마 되지 않 아 그는 식료품점 복도에서 탈진해서 쓰러졌다. 그는 24세였다.

훌리오가 들것 신세를 지게 된 것은 그의 고용주들이 돈을 너무 적게 주었기 때문이다. 꼭 그래야만 했을까? 이 직접적인 질문을 경제학계의 좀 더 건조한 표현으로 바꿔 보면 이런 식이 된다. 우리가 가난한 노동자의 임금을 올릴 경우 실직이 증가할 까?

수년간 이 질문에 대해 경제학자들은 "십중팔구 그렇다" 는 대답을 내놓았다. 1946년 《아메리칸이코노믹리뷰(American Economic Review)》에는 미네소타대학교의 35세 경제학자 조 지 스티글러(George Stigler)가 쓴 「최저임금 입법의 경제학(The Economics of Minimum Wage Legislation)」이라는 제목의 논문이 실렸 다. 인플레이션 때문에 최저임금 40퍼센트가 턱없이 낮은 금액 이 됐고 사람들은 시간당 60센트 또는 75센트까지 인상을 요구 했다. 이는 2022년 6월 달러화 기준으로 하면 9.51달러와 11.88 달러에 해당한다. "경제학자들은 이런 유형의 입법에 큰 목소리를 내지 않아 왔다"라고 스티글러는 밝혔다. "나의 기본적인 논지는 그들이 큰 목소리를 낼 수 있고, 내야 하며" 최저임금 인상이 나쁜 발상이라는 데 "이례적인 합의에 도달해야 한다는 것이다". 스티글러는 고용주들이 노동자의 임금을 올려 줘야 한다면 노동자를 더 적게 고용하게 되어 실업이 발생하는데, 그렇다면 임금이 형편없는 일자리라도 있는 게 실직보다는 더 낫다고 믿었다.[08]

이 젊은 경제학자는 사실에 의거한 게 아니라 "가설적인 데이터", 그러니까 자신의 이론을 실증하려고 발명한 수치적인 이야기를 가지고 이 결론에 도달했다. 다른 경제학자들은 스티글러의 단순하면서도 우아한 추론에 설득됐고, 자신의 교과서에 이 추론을 박아 넣었다. 최저임금 인상이 실업률 증가로 이어질 거라는 예상은 경제학의 정설이 됐다.[09]

하지만 이 추론은 50년이 다 되도록 검증이 이루어지지 않았다. 그러다가 스티글러가 노벨경제학상을 받고 난 뒤 10년이 지난 1992년에 뉴저지주가 최저임금을 올렸고 이웃한 펜실베이니아주는 올리지 않았다. 이를 통해 임금인상이 일자리에 미치는 영향을 가늠할 수 있는 검증의 장이 자연스럽게 마련됐다. 이를 위해 프린스턴대학교의 경제학자 데이비드 카드(David Card)와 앨런 크루거(Alan Krueger)는 임금인상 전과 후에 두 주의 패스트푸드 식당 410곳을 조사했다. 이들은 뉴저지주가 최저임금을 인상한 뒤에도 패스트푸드점 일자리가 줄어들지 않았음을 확인했다. 최소한 이 사례에서는 스티글러가 틀렸다.[10] 그 후 몇 년 동안 경제학자들은 유사한 연구 수백 개를 잇달아 진행했고, 그 다수가 최저임금 인상은 고용에 미미한 영향을 미친다는 사실을 확인함으로써 카드와 크루거의 충격적인 논문의 주요 결론을 지지했다.[11]

민주당 지지자들은 최저임금이 인상되면 노동자들이 쓸 돈이 많아지기 때문에 지출이 늘어나서 일자리가 창출된다는 쪽을 지지한다. 공화당 지지자들은 스티글러의 입장대로 최저임금을 인상하면 일자리가 줄어들 거라며 조바심한다. 두 입장 모두 이를 뒷받침하는 연구가 있지만, 다수의 증거는 최저임금 인상이 고용에 미치는 영향은 크지 않다고 시사한다.[12] 훌리오는 실업자 신세를 면하기 위해 빈곤 임금을 받으며 고생할 필요가 없었다. 만일 덴마크의 맥도널드에서 그릴을 맡았더라면 에머리빌에서 받는 돈보다 두 배는 더 받았을 것이다.[13]

늘 이렇게 형편없었던 건 아니었다. 1940년대 말부터 1970년대 말까지 미국 경제는 성장했고 풍요를 나눠 가졌다. 정직한 노동은 두둑해진 지갑으로 돌아왔는데, 그게 가능했던 큰 이유는 노동조합의 힘과 관련이 있었다. 1950년대와 1960년대 내내 전체 미국 노동자의 약 3분의 1이 노동조합원이었다. 때는 바야

호로 한때 포드사의 폭력배들에게 잔혹하게 구타당했던 월터 루서(Walter Reuther)가 이끄는 미국자동차노조(United Automobile Workers)와, 강력한 미국노동연맹(American Federation of Labor)과 산업별노조회의(Congress of Industrial Organizations)의 시대였다. 미국노동연맹과 산업별노조회의는 도합 약 1500만 명인 노동자를 대변했는데, 이는 당시 캘리포니아 인구보다도 많은 수였다. 이 노동자들은 격렬하게 투쟁했다. 농장노동자조합(United Farm Workers)의 1965년 델러노(Delano) 포도 파업과 보이콧은 장장 5년 동안 이어졌고 미국 대중의 마음을 사로잡았다. 1970년 한 해에만 조합원 240만 명이 조업 중단, 비공인 파업, 사측과의 긴박한 대립 상황에 참가했다. 이들의 노력은 결실로 이어졌다. 노동자의 월급이 올랐고, 고위 경영자의 보수가 억제됐으며, 미국은 현대사에서 경제적으로 가장 공정한 시대를 맞았다.[14]

하지만 노조는 백인 남성의 피난처일 때가 많았다. 제2차 세계대전 이후 백인 여성 대부분은 집 밖에서 일자리를 갖지 않았고, 반대로 많은 흑인 여성은 생계를 위해 일자리를 갖지 않을 수 없었다. 흑인 여성들은 대체로 노조 등의 대의 기구 같은 건 전혀 없는 상태에서 돌봄 역할—식모와 유모, 가정부—로 돈을 벌었다. 노동 조직은 흑인 남성에게 여전히 적대적인 상태였다. 1946년의 한 연구는 30퍼센트에 달하는 공식적인 노조 정책이 흑인 노동자를 노골적으로 차별했다는 사실을 확인했다. 1960년대에는 철도증기선노조(Brotherhood of Railway and Steamship Clerks)와 전미목수노조(United Brotherhood of Carpenters and Joiners of America)가 조직 내에서 인종 분리 정책을 시행했다. 노조들은 흑인 노동자들을 배제함으로써 미국 노동운동이 그 완전한 잠재력을 실현하지 못하도록 저지한 것이다.[15]

경제성장은 둔화하는데 인플레이션은 수그러들 기미를 보이지 않는 스태그플레이션 위기가 고통스럽게 이어지던 1970년대에는 상황이 더욱 악화됐다. 노조들은 자멸적인 인종주의로 자기 무덤을 팠고, 경제변동 속에서 더욱 힘을 잃어 갔다. 제조업 부문이 지속적으로 위축되면서 노조는 전통적인 권력 기반을 잃었다. 엎친 데 덮친 격으로 정적들의 공격까지 받았다. 노조가 힘이 빠지자 산업계의 이해당사자들이 기회를 감지했다. 기업 로비스트들은 양당에 깊이 침투하여 경기침체를 노동계의 탓으로 돌리고 정책입안자들이 노동보호정책을 후퇴시키도록 압력을 가하는 선전 활동을 펼쳤다.[16]

1981년 연방항공국(Federal Aviation Administration)과의 계약 협상이 결렬된 뒤 1만 3000명인 노조 소속 항공관제사들이 업무를 중단하면서 미국의 노동정책이 시험대에 올랐다. 노동자들이 업무 복귀를 거부하자 레이건 대통령은 이들을 전원 해고했다. 대중은 이에 별다른 반응을 보이지 않았고, 미국의 기업들은 노조를 분쇄해도 별다른 역효과가 없을 수 있다는 교훈을

얻었다. 1985년 스팸과 딘티무어 비프스튜로 명성이 자자한 호
멜식품(Hormel Foods)이 미네소타 오스틴 공장노동자의 시급을
10.69달러에서 8.25달러로 삭감했고, 이에 파업이 벌어지자 대
체인력을 고용하는 악랄한 방법으로 이를 무력화했다. 당시 한
관찰자는 "만일 미국 대통령이 파업 참가자를 교체할 수 있으면
이건 사회적으로 용인되어야 한다"라고 말했다.[17] 그리고 실제
로 업계가 하나둘 그 뒤를 따랐다. 세계무역이 활발해지고 공장
들이 문을 닫으면서 노조는 와해됐고 기업은 노조가 계속 힘을
쓰지 못하게 손을 썼다.

　오늘날에는 미국 노동자 열 명 중에서 약 한 명 정도만 노
조에 가입되어 있는데 대부분이 소방관, 간호사, 경찰 등 공공
부문 노동자들이다. 거의 모든 민간 부문 종사자(94퍼센트)가
노조에 가입하지 않은 상태다. 노조에 속하지 않은 노동자의
약 절반이 기회가 주어진다면 조직에 가입하겠다고 말하고 있
는데도 말이다. 하지만 그런 바람은 대체로 실현되지 못한다.
고용주들은 노조 와해 전문 기업 고용에서부터 파업 찬성에 투
표할 경우 일자리를 잃을 수 있다고 직원들을 위협하기에 이
르기까지, 단체교섭을 저지하기 위한 다양한 전략을 마음껏 구
사한다.[18] 이런 전략들은 모두 합법이다. 그런데 기업들은 여기
에 만족하지 않고 노동자들에게 노조를 조직하려고 했다간 폐
업해 버릴 거라고 위협하는 등 노조를 방해하는 불법적인 행

동도 서슴지 않는다. 2016년부터 2017년까지 전미노동위원회 (National Labor Relations Board)는 고용주의 42퍼센트를 노조의 캠페인 기간 동안 연방법을 위반한 혐의로 기소했다. 이 중 약 3분의 1의 사건에서 노조 활동을 빌미로 노동자를 불법 해고한 일이 있었다.

그들은 노조가 경제의 앞길을 가로막는다고, 우리 배가 전속력으로 달리지 못하게 막는 버거운 짐과 같다고 말했다. 그들은 기업이 이 모든 낡고 거추장스러운 노조를 치워 버리면 경제가 활기를 띠고 모두의 배를 불리게 해 줄 거라고 말했다. 하지만 그런 일은 일어나지 않았다. 노조의 부정적인 영향은 터무니없이 과장됐다. 그리고 이제는 노조가 가령 이직률을 낮춤으로써 기업 생산성을 올리는 역할을 한다는 증거도 있다.[19] 미국 경제는 노조가 가장 맹위를 떨치던 제2차세계대전 직후보다 지금이 더 생산성이 낮다. 노조조직률이 더 높은 나라를 비롯, 다른 부유한 나라들의 경제성장 역시 둔화했지만, 미국에서 노동자의 권력을 위축시킨다고 해서 경제성장이 힘을 얻는다거나 더 많은 사람이 번영을 누리지는 않는다는 사실은 분명하게 드러났다. 에릭 포즈너(Eric Posner)와 글렌 와일(Glen Weyl)은 『래디컬 마켓(Radical Markets)』에 이렇게 적었다. "우리는 불평등을 감내하면 경제적 역동성이 살아날 거라고 약속받았다. 우리는 불평등을 얻었지만 역동성은 사실상 줄어들고 있다."[20]

노동자들이 권력을 잃으면서 일자리도 더 나빠졌다. 노조는 노동자의 임금과 수당 인상으로 이윤을 억제해 왔다. 하지만 노동자의 권력이 약해지면서 이윤 억제 효과가 사라졌고, 그 결과 예측 가능한 일이 빚어졌다. 1979년 이후로 개인소득 하위 90퍼센트—하위 10퍼센트, 20퍼센트, 혹은 50퍼센트가 아니라 <u>90퍼센트</u>다—는 연 소득이 겨우 24퍼센트 성장하는 데 그쳤지만, 상위 1퍼센트인 소득자는 임금이 두 배 이상 늘었다. 제2차 세계대전 이후 수십 년 동안 통상 노동자(ordinary workers)의 인플레이션 조정 임금["실질임금(real wages)"이라고 하는 임금]은 매년 2퍼센트씩 올랐다. 하지만 1979년 이후부터 실질임금은 매년 0.3퍼센트씩 오르는 데 그쳤다.[21] 놀랍게도 많은 미국인의 실질임금은 40년 전과 지금이 거의 똑같다. 1960년대 말에 대학이나 직업시장에 진입한 미국인의 90퍼센트는 자신의 부모보다 더 많이 벌었지만, 1990년대 말이 되면 이 비율은 50퍼센트로 떨어졌다. 이제 미국인 대다수는 경제적 사다리를 타고 올라가지 못한다. 오늘날의 너무나도 많은 젊은이에게 미래는 가시밭길이다.[22]

오늘날 산업화된 나라에서 매우 낮은 임금을 주는 곳 중 하나가 미국이고, 이로 인해 노동 빈곤층이 대거 늘어났는데 이들은 대부분 35세 이상이다. 고졸 노동자는 인플레이션을 감안해서 계산했을 때 1979년에 비해 2017년 소득이 2.7퍼센트 감소했다. 고졸 이하의 학력을 가진 노동자는 소득이 10퍼센트 가까이 감소했다. 식료품을 비닐봉지에 담거나 아이스크림을 뜨는 저임금 노동자들은 주로 10대가 아니다. 호텔 샤워실과 화장실을 청소하고, 음식 주문을 받고, 부지런히 테이블을 치우고, 24시간 어린이집에서 아이들을 돌보고, 장과류의 열매를 따고, 쓰레기통을 비우고, 한밤중에 식료품 선반에 물건을 채우고, 고객 서비스 전화에 응대하고, 고속도로에서 뜨거운 아스팔트를 평평하게 다지고……. 그렇다, 식료품을 비닐봉지에 담고 아이스크림을 뜨는 일을 하는 건 성인들, 그것도 자녀가 있는 부모들일 때가 많다.[23]

사람들이 보수가 형편없는 일자리를 갖는 건 그저 열심히 공부하지 않은 데 따른 결과일 뿐일까? 오늘날의 경제에서 대졸 노동자가 대졸 이하의 학력을 가진 노동자보다 훨씬 많이 버는 것은 사실이다. 하지만 미국에 질 나쁜 일자리가 확산한 주된 원인은 많은 사람에게 제대로 된 자격증이나 좋은 일자리를 가질 만한 교육이 부족한, 소위 기술 불일치가 아니다. 우리는 저임금에 시달리는 학생들을 위한 펠 그랜트(Pell Grant: 연방 정부의 무상 장학금—옮긴이) 프로그램과 여타 이니셔티브를 확대해 왔다. 1970년 소득분포상 하위 25퍼센트에 속하는 가정의 청년 가운데 대학에 등록한 비중은 3분의 1에 못 미쳤다. 그런

데 2020년에는 그 비중이 거의 절반에 이르렀다. 하지만 이 기간 동안 미국에서 임금이 괜찮은 일자리의 비중이 줄어들었고 빈곤 일자리, 그중에서도 청년층의 빈곤 일자리 비중이 늘었다. 2020년 학사학위 이상을 가진 25~64세 전일제 노동자 가운데 3분의 1 가까이의 소득이 미국 중위소득(5만 9371달러)에 못 미쳤다. 25~34세 미국인 가운데 약 절반이 학사학위 이상을 가지고 있는데, 네덜란드, 스위스, 프랑스 등 빈곤율이 훨씬 낮은 다른 부유한 민주국가 여럿도 이와 같은 수준이다. 독일의 경우 같은 나이대에서 대졸자는 35퍼센트밖에 안 되지만 아동빈곤율은 미국의 절반이다.[24]

이 나라의 경제문제는 교육 문제로 환원할 수 없고, 오늘날의 잔혹한 일자리 시장을 세계화와 기술변화 탓으로 돌릴 수도 없다. 국제무역의 가속화처럼 거역할 수 없는 대세라는 프레임으로 설명되는 경제적 힘들은 1994년 북미자유무역협정(North American Free Trade Agreement, NAFTA) 같은 정책 결정의 결과일 때가 많다. 기업들이 공장을 멕시코로 옮기기가 용이해지고 미국의 일자리 수십만 개가 사라진 것은 바로 이 북미자유무역협정 때문이다. 세상은 변했지만 이런 변화는 다른 나라에서도 똑같이 일어난다. 하지만 벨기에, 캐나다, 이탈리아 등 많은 나라에서는 미국 같은 임금 침체와 소득불평등의 격화가 나타나지 않았다. 어째서 그럴까? 이들 나라에서는 노조가 약해지지 않았기 때문이다.[25] 다시 말해서 경제적 불평등은 권력과 직결된 문제다.

질 낮은 저임금 일자리는 자본주의의 유감스러운 부산물일지언정 오늘날 일부 친기업 인사들이 옹호하듯 어쩔 수 없는 대세는 아니다. (자본주의의 가장 초창기 옹호론자였던 존 스튜어트 밀이 이 말을 들었더라면 분통을 터뜨렸을 것이다. 자유로운 사람과 자유로운 시장을 열렬히 옹호한 그는 결핍의 만연이 자본주의의 특징이라면 자신은 공산주의자가 되었을 것이라고 말하기도 했다.)[26] 하지만 태생적으로 자본주의에서 노동자들은 최대한 많은 임금을 얻으려고 하고 자본가들은 최대한 적게 주려고 한다. 전체 구도에서 노조가 빠져나가자 기업들은 20세기 중반에 상식으로 여겨지던 안정된 고용, 승진과 임금인상의 기회, 어느 정도 혜택이 제공되는 나쁘지 않은 보수 등과 같은 관행을 허물어뜨려 나갔다. 사회학자 제럴드 데이비스(Gerald Davis)의 표현을 빌리면 우리 조부모에게는 커리어가 있었고, 우리 부모에게는 일자리가 있었다면, 우리에게는 단발적인 업무가 있을 뿐이다. 어쩌다 보니 미국 노동계급과 노동 빈곤층은 이렇게 흘러와 버렸다.[27]

제2차세계대전 직후 기업들이 탄탄대로를 달리던 시절에는 사실상 모든 노동자가 평생 한 직장을 다녔지만, 오늘날의 기업들은 이제 독립적인 계약자에게 업무를 외주화한다. 마이크로소프트에서 바닥 청소를 하거나, 셰러턴에서 침구를 세탁

하거나, 아마존을 위해 배달 일을 하는 노동자는 보통 마이크로 소프트나 셰러턴이나 아마존의 직원이 아니다. 구글에서 소프 트웨어엔지니어들은 구글 직원이지만, 채용 담당자, 제품검사 원, 행정 직원 들은 구글에 고용된 계약 업체 소속이다. 구글은 전일제 직원보다는 임시직과 계약직 노동자에게 더 많이 의지 한다. 전 세계에서 애플 제품을 만들고 판매하는 데 기여하는 약 75만 노동자 가운데 애플에 직접 고용된 사람은 약 6만 3000명 정도뿐이다. 이런 쪼개진 또는 "갈가리 찢어진" 일자리가 등장 하기 전만 해도 큰 기업들은 모든 직원을 위해 임금과 복리후생 을 표준화시켰다. 이는 평등에 기여하는 효과가 있어서 가령 자 동차 회사에서 임금을 인상하면 그 회사 수위의 임금도 같이 올 랐다. 오늘날에는 임시직 소개소들이 누가 더 값싼 노동력을 제 공할 수 있는지를 놓고 경쟁을 벌인다. 일자리 알선업체 온컨트 랙팅(OnContracting)은 구글과 애플 같은 미국 첨단기술 기업들 이 자신들의 서비스를 이용함으로써 일자리당 매년 평균 10만 달러를 절약할 수 있다고 추산한다. 기업들이 점점 독립적인 계 약자에 의지하자 임금이 침체되고 노동자들의 승진 기회가 아 주 협소해졌다. [저임금 일자리의 상향 이동률(mobility rate)은 1990 년대 이후로 꾸준히 떨어졌다.] 마이크로소프트에서 일하지만 그 회사에 고용되어 있지 않다면 어떻게 마이크로소프트에서 사 다리를 타고 오를 수 있겠는가?[28]

　많은 고용주가 이제는 노동자들이 임금과 수당을 놓고 논의하지 못하도록 분위기를 조장하거나 노골적으로 금지한다. 이런 공개적인 논의는 저임금 노동자들로 하여금 자신들이 저임금 상태라는 것을 알아차리게 만든다는 것을 알고 있기 때문이다. 기업들은 일을 그만두고 나서 몇 개월, 심지어는 몇 년 동안 경쟁업체에서 일하지 못하게 금지하는 경쟁 금지 조항(noncompete clauses)에 서명하도록 요구하기도 한다. 경쟁 금지 조항은 회사의 지식재산을 보호하는 용도로 쓰이는 게 아니라 저임금 종사자들을 위협하고 이들에게 남은 몇 안 되는 권력 중 하나인 그만둘 권리를 위축시키는 용도로 사용된다. 만약 당신이 지피 루브(Jiffy Lube: 자동차 오일 교환 전문점―옮긴이)의 한 지점에서 일하는 기술자인데 근면하고 친절하고 신속하게 일처리를 잘하는 사람이라고 가정해 보자. 옆 동네에 있는 또 다른 지점의 프랜차이즈 소유주가 당신에 대한 소문을 듣고 당신에게 승진을 제안하며 자기 가게로 데려가고 싶다 해도 불가능하다. 이 지점의 소유주가 회사와 서명한 상호 스카우트 금지 합의(no-poaching agreement) 때문이다. 거대 프랜차이즈 회사 대부분이 이런 합의가 들어간 계약을 한다.[29] 이 전략의 목적은 경쟁을 최대한 제한하는 것이다. 경쟁은 선택을 낳고 선택은 착취를 어렵게 만드니까.

　기그 노동의 등장은 규범의 연장도, 규범으로부터의 탈출도 아니다. 자신들이 해야 할 일을 노동자들에게 뒤집어씌울 새로운 방법을 찾아내려는 기업들의 변함없는 몸부림이다. 우버(Uber), 도어대시(DoorDash), 태스크래빗(TaskRabbit) 같은 플랫폼들은 자신의 노동자들(앗, 죄송, "독립적인 계약자들")이 업무상의 책임을 더 많이 떠맡도록 강요—이들은 자기 자동차를 제공해야 하고, 자기 돈으로 휘발유를 구입해야 하고, 알아서 보험에 들어야 한다—하면서 동시에 더욱 강도 높게 감시한다. 영국과 네덜란드 등의 일부 국가들은 우버 운전사들을 전일제 노동자로 분류한다. 그래서 이들은 최저임금과 유급휴일 같은 기본적인 보호를 받을 수 있다. 반면 헝가리와 태국처럼 우버를 완전히 금지하는 나라도 있다. 하지만 미국에서는 우버 운전사와 여타의 기그 노동자들은 보통 병가, 초과근무수당, 휴가, 노동자 보상 같은 게 없다. 최저임금법이나 고용조건을 규제하는 전미노동관계법(National Labor Relations Act)의 적용을 받지 않는 경우도 많고 실업보험 대상자도 아니다. 미국에서는 21세기로 접어들면서 이런 종류의 일자리가 임시직 같은 다른 여타의 노동 방식과 함께 급격하게 늘었다.[30]

기업들은 노동의 성격을 대대적으로 탈바꿈하는 데 만족하지 않고 그것을 관장하는 규칙까지 비틀어 버렸다. 산술적인 돈벌이에 정치적인 완력이 더해진 것이다. 미국에서 (퍼부은 돈만 가지고 측정했을 때) 가장 힘 있는 로비 세력은 미국상공회의소

(U.S. Chamber of Commerce)다. 이들은 법인세율과 최저임금 인상 안에 반대하는 움직임을 조직했고 노동자들이 노조를 꾸리기 쉽게 만들려고 설계된 법안에 반대하고 나서기도 했다. 2022년 미국상공회의소는 정부 정책에 영향력을 행사하려고 3500만 달러 이상을 퍼부었고 노조는 다 합쳐서 2500만 달러 정도를 썼다. 하지만 미국상공회의소는 친기업 조직 중 하나에 불과하다는 사실에 유의해야 한다. 로비에 가장 많은 돈을 쓰는 상위 100개 조직 가운데 다섯 개를 뺀 나머지 모두가 기업의 이익을 대변한다. 2022년에는 기업 세 곳─메타(Meta), 아마존, 컴캐스트(Comcast)─의 로비 비용을 더한 것이 모든 노조의 로비 비용보다 더 많았다. 이런 돈은 기업 로비스트들이 국회의사당과, 주 입법처와, 시의회 사무실을 동시에 활보하고 다니면서 법안 수백 개를 밀어붙일 수 있게 해 준다. 2016년 우버는 로비스트 370명을 동원해서 44개 주를 누비도록 했다. 택시 노조가 여기에 맞서 뭘 할 수나 있었을까?[31]

　시장 장악력이 커진 기업들은 임금을 낮추고 생산성을 높이기 위해 총력을 기울였다. 노동자들은 날이 갈수록 자신들이 받는 돈보다 훨씬 많은 가치를 기업에 제공하고, 고용주들은 피고용자들을 쥐어짤 새로운 방법을 꾸준히 모색한다. 인간보다 훨씬 까다로운 사장이 알고리즘이라는 사실이 입증됐다. 적시

스케줄링(Just-in-time scheduling)에 박차를 가하는 이런 알고리즘은 사장이 수요에 따라 가용 인력을 미세하게 조정할 수 있게 했고 그 결과 노동시간이 예측 불가능해지고 급여가 주 단위로 들쭉날쭉해졌다. 기업들은 노동자의 키보드 타자 현황과 마우스 클릭 수를 기록하고 임의의 간격으로 스크린숏을 찍는 프로그램을 도입했고 심지어는 열과 움직임을 감지하는 기기를 사용하기도 한다. 창고 노동자, 계산원, 배송 기사, 패스트푸드점 매니저, 원고 편집자, 그 외 수백만 가지 종류의 노동자—심지어는 치료사와 호스피스 담당 사제—가 이제는 타임닥터(Time Doctor)나 워크스마트(WorkSmart) 같은 이름의 소프트웨어를 통해 모니터링당한다. 민간 대기업 대부분은 노동자의 생산성을 추적하는데, 노동자가 화장실을 사용하거나 고객을 응대하는 시간을 포함한 "유휴시간"에 대해 일정한 금액을 월급에서 공제하는 일도 심심찮게 일어난다. 이런 기술 진보로 노동자의 효율성과 불안정성이 증대됐다. 당신은 이제 더 많은 이윤을 생산하지만 당신이 누릴 수 있는 지분은 줄어들었다. 그리고 교과서에 정의된 착취는 정확히 이런 모습이다.[32]

경제학자들은 이로 인해 노동자들이 얼마나 많은 대가를 치르는지 그 가격을 산정할 수 있는 방법을 개발했다. 2018년의 연간 중위 피해 금액은 3만 500달러였다. 그해에 출간된 한 논문에서 연구자들은 완벽한 경쟁시장에서라면 그 금액이 4만

1000달러에 더 가깝고, 무려 9만 2000달러에 달할 수도 있다고 추산했다. 잠시 아득해지는 숫자다. 시장이 지금보다 더 공정해 지기만 해도 소득이 최소 3분의 1 늘어난다니. 하지만 대기업들 이 경쟁업체를 인수하거나 업계에서 몰아내면서 점점 몸집을 불릴수록 노동자들의 선택지는 갈수록 줄어든다. 많은 노동자 가 터무니없이 낮은 임금을 받으면서도 그 사실을 인지조차 하 지 못한다. 그걸 인지하는 쪽은 누구일까? 바로 사장과 투자자 들이다.[33]

저임금에 시달리는 숱한 미국인들이 빈곤의 나락에 떨어지 지 않게 막아 주는 것은 노동이 아니라 정부다. 정부는 이런 가 족들이 (메디케이드를 통해) 의료서비스에 접근할 수 있도록 거 들고 (푸드스탬프로) 끼니를 챙길 수 있도록 거들고 (근로장려세 제로) 소득을 끌어올린다. 미국 회계감사원은 최근 11개 주의 데이터를 분석해서 약 1200만 미국 노동자가 메디케이드에 의 지해서 의료보험을 해결하고 900만 명이 푸드스탬프를 받는 집 에 살고 있다는 사실을 확인했다. 각 프로그램에 등록된 노동자 대부분은 그해 일정 기간 동안 전일제로 직장을 다녔고 약 절반 은 1년 내내 전일제로 일했다.[34] 2020년 노스캐롤라이나에서는 푸드라이온(Food Lion) 노동자 열일곱 명 가운데 한 명꼴로 푸드 스탬프에 의지했고, 매사추세츠에서는 스톱앤드숍(Stop&Shop) 노동자 열 명 가운데 약 한 명꼴로, 오클라호마에서는 달러제너

럴(Dollar General)에서 일하는 노동자 일곱 명 가운데 약 한 명꼴로 메디케이드에 등록되어 있었다.[35]

노동 빈곤층을 위한 미국 최대의 반빈곤 프로그램은 근로장려세제다. 2021년 2500만 노동자와 그 가족들이 이 보조금을 받았고 평균 수령액은 2411달러였다.[36] 근로장려세제는 미국에서 매우 오래된 반빈곤 프로그램 중 하나인데, 양당의 강력한 지지가 이것을 가능케 한 큰 힘이다. 하지만 근로장려세제가 이렇게 폭넓은 지지를 구가하는 주요한 이유는 그것이 기업에게는 후한 공돈 같은 기능을 하기 때문인지 모른다. 근로장려세제를 가장 소리 높여 지지하는 부류는 다국적기업인데, 이 프로그램이 사실상 이들의 저임금을 보조해 주기 때문이다. 월마트는 직원들이 근로장려세제를 청구할 수 있도록 도와주는 이니셔티브를 만들었고 대기업들이 노동자에게 이 혜택을 고지하는 것을 의무화하는 법안을 지지했다. (그리고 월마트에는 노조를 조직하려는 낌새가 조금이라도 있을 시에는 이를 짓밟을 수 있도록 기업 제트기를 통해 어느 매장이건 출동할 준비가 되어 있는 특별 기동대도 있다.) 세계 최대 규모의 요식업 협회인 전미식당협회(National Restaurant Association)와 미국상공회의소는 근로장려세제의 확대를 요구해 왔다. 미국상공회의소의 제휴 기관인 경쟁력 있는 노동력 연구소(Institute for a Competitive Workforce)가 발행한 한 보고서는 노동자들에게 근로장려세제를 확실히 알리도록 고용주들을 독려한다. 왜냐하면 "직원들에게 이 혜택을 소개함으로써 직원들에게 도움을 주고 스스로도 도움을 받을 수 있기" 때문이다.[37]

노동비용이 하락하면 기업의 이윤이 증가한다. 월 스트리트가 노동자의 임금을 인상하는 기업을 발 빠르게 난타하는 건 그래서다. 2015년 월마트가 대중의 압력 때문에 신입 사원의 시급을 최저 9달러로 인상하겠다고 발표했을 때 투자자들은 주식을 내던졌다. 주가는 10퍼센트 하락했고 200억 달러에 달하는 시장가치가 사라졌다. 월마트 역사상 가장 큰 하루치 손실이었다. 2021년에도 똑같은 일이 벌어졌다. 월마트가 15달러를 위한 투쟁(Fight for $15)의 요구에 화답한 아마존 등의 기업과 발을 맞추기 위해 평균 시급을 15달러로 인상한다는 서약을 하자 주주들이 월마트에서 손을 뗐고 목요일 오전에 주가가 6퍼센트 하락한 것이다. 투자자들은 월마트에게, 그리고 다른 모든 주식거래 회사들에게 똑똑히 메시지를 전했다. 임금을 인상하면 대가를 치르게 될 거라고.[38]

여기서 득을 보는 건 누구일까? 물론 주주들이다. 그럼 누가 주주인가? 맨해튼 고층 건물 중역실에 말쑥한 정장 차림을 하고 모여 있는 남자들이라고 생각하고 싶겠지만 틀렸다. 미국에서 절반 이상의 세대가 주식시장에 이해관계가 있다(물론 여기에 부유한 가정 상위 10퍼센트가 전체 주가의 80퍼센트 이상을 소유하고 있다는 말을 덧붙이긴 해야겠지만 말이다). 주주는 우리들이다. 개인연금, 퇴직연금 401(k)와 403(b), 그 외 여러 종류의 투자자산이 있는 운 좋은 53퍼센트의 우리가. 또는 529플랜(비과세 혜택이 있는 학자금용 투자상품—옮긴이)을 이용해서 교육비를 대 주는 부모가 있거나, 기본 자산을 가지고 기숙사 비용과 해외 연수 비용을 대 주는 대학에 등록한 우리가. 쌓아 놓은 저축액이 점점 늘어날 때, 우리는 누군가의 보이지 않는 희생 덕에 호강하는 건 아닐까?[39]

소비자 역시 노동자 착취의 혜택을 누린다. 이제 우리는 클릭 몇 번만 하면 차량과 식료품과 배달 음식과 심부름꾼을 부를 수 있다. 모두 특가로. 우리는 이제 익명화된 저임금 노동력이 부자들의 분부를 따르는 새로운 하인 경제(servant economy)의 주인이 됐다. 이제 "우버"는 동사다. 미국인들은 아마존을 미국에서 가장 믿을 만한 기관 중 하나로 꼽는다. 그보다 상위는 군대밖에 없다. 이런 회사들이 계속 승승장구하는 것은 우리가 그들을 사랑하기 때문이다. 나는 이렇게 많은 시간이 흘렀는데도 내가 떠올리는 어떤 물건이든 24시간이면 문 앞까지 오게 만들 수 있다는 사실에 아직 적응이 잘 안 된다. 이건 우리가 가진 것 중에서 마법에 가장 가깝다.[40]

점점 많은 사람이 각자의 가치에 맞춰 쇼핑을 하고 있는데도 경제정의가 우리의 최우선 가치에 들어 있는 것 같지 않다. 우리는 내가 사는 채소가 특정 지역산이고 유기농이라는 건 알지만 무슨 사연 때문에 농장 노동자들이 그 채소들을 수확하게 되었는지는 묻지 않는다. 비행기표를 살 때는 해당 비행의 탄소 배출량을 통보받지만 승무원들이 노조에 가입되어 있는지는 알 길이 없다. 우리는 반인종주의 마케팅을 하는 회사에게 구매로 보답하지만, 정작 이런 마케팅이 이 회사의 쓰레기 같은 노동 관행을 어떻게 가리고 있는지는 눈치채지 못한다. 노동자에 대한 부당한 대우는 그 자체로 일종의 인종주의일 때가 많은데도[경제학자 밸러리 윌슨(Valerie Wilson)과 윌리엄 대리티 주니어(William Darity, Jr.)는 2000년 이후로 흑백 간의 임금격차가 늘어났고, 그 결과 오늘날에는 평균적인 백인 노동자들이 1달러를 벌 때 평균적인 흑인 노동자는 약 74센트를 번다는 사실을 보여 주었다]. 우리는 각자의 정치적 색채를 드러내려면 어떤 커피를 마셔야 하는지, 어떤 신발을 신어야 하는지는 알고 있으면서 어떤 행동이 노동자 처우 개선으로 이어지는지에 대해서는 무지할 때가 많다. 그런 변화를 가능하게 하는 행동이 있기만 하다면 말이다. 나의 가족은 홈디포(Home Depot: 대규모 집수리 용품점—옮긴이)가 2020년 대선 결과에 불복하는 공화당 입법가들에게 두둑하게 기부한다는 사실을 알고 난 뒤 자체적인 불매운동에 돌입했다. 하지만 에이스하드웨어(Ace Hardware: 또 다른 집수리 용품점—옮

긴이)의 급여와 직원 복지에 대해서는 아직 알아보지 못했다.[41]

홀리오가 식료품점에서 쓰러졌을 즈음 에머리빌 시의회는 시의 최저임금 인상을 검토하기 시작했다. 오클랜드는 최저 시급을 9달러에서 12.25달러로 인상하는 투표안을 막 통과시킨 뒤였고 에머리빌 역시 그와 동일한 변화를 도모하고자 했다. 그러자 루스 앳킨(Ruth Atkin) 시장은 시가 더 나아갈 수 있는 방법이 없는지 질문하기 시작했다. 현실적인 생활임금을 시행하면 어떨까? 이 가능성을 접한 홀리오는 기도에 들어갔다. 성령이 그에게 임해서 춤추고 소리치게 만드는 일요일과 수요일 부흥회에서 기도했다. 조용할 때 집에서 기도했다. "하나님은 정의를 믿어요." 홀리오가 내게 말했다. "나는 신앙이 있어요. 하지만 정치도 있죠." 홀리오는 행진을 비롯해 집단의 힘을 보여 주는 여러 행사에 참여하며 15달러를 위한 투쟁에 적극 나섰다. "우리가 처음으로 파업했을 때는 너무 떨렸어요." 그가 내게 말했다. 하지만 근무복을 입고 집결지에 갔다가 각자의 근무복을 입은 다른 패스트푸드점 노동자 수천 명을 맞닥뜨렸을 때 그는 자신의 목소리를 찾았다. 마치 교회에 있는 것 같았다.

2015년 5월, 어느 화요일 밤, 에머리빌 시의회는 시의 최저 시급을 2019년까지 거의 16달러로 올린다는 안을 표결로 확정했다. 2022년 7월 에머리빌 시의 최저 시급은 미국 최고 수준인

17.68달러로 정해졌다.

2019년 겨울 내가 훌리오와 이야기를 나눴을 때 그는 버거킹에서 시급 15달러를, 어떤 큰 호텔에서는 객실 도우미로 15.69달러를 받으며 일하고 있었다. 이제 일이 몰리지 않을 때는 주당 48시간 정도, 일이 몰릴 때는 60시간을 일하는 그는 전보다 적게 일하고도 생활이 가능했다. 잠을 더 많이 잤고 공원에서 산책을 했다. "내 인생에 큰 영향을 미쳤어요." 그가 내게 말했다. "기분이 나아졌어요."

가난한 노동자들은 임금이 인상되면 건강이 크게 좋아진다. 여러 연구는 최저임금이 인상되면 아동방임률, 미성년자 음주율, 10대 출산율이 내려간다는 사실을 확인했다.[42] 흡연 역시 감소한다. 거대 담배 회사들은 오랫동안 저소득층 주거지역을 공략해 왔지만, 최저임금 인상이 저소득 노동자들의 흡연율을 감소시킨다는 확실한 증거가 있다. 임금인상은 가난의 고통을 완화시켜 사람들을 흡연의 굴레에서 해방시킨다.

빈곤에 동반되는 만성적인 스트레스는 우리 몸에도 영향을 미친다. 한 연구는 2008년부터 2012년 사이에 뉴욕시가 겨우 7달러를 조금 넘는 수준인 최저 시급을 15달러로 인상했더라면 그 기간에 발생한 조기 사망을 5500건까지 예방할 수 있었으리라고 결론 내렸다. 최저임금 인상은 항우울제이자, 수면 보조제이자, 스트레스 완화제다. 미국에서 뇌에 여유 공간이 있고 목소리가 큰 일부 대중은 빈곤에서 벗어나려면 당사자들이 행동을 바꿔야 한다고 믿는 듯하다. 더 좋은 일자리를 얻어라. 아이를 그만 낳아라. 돈 문제에 대해 더 똑똑한 결정을 내려라. 하지만 실은 그와 정반대다. **더 나은 선택의 발판은 경제적** 안정이다.**43**

홀리오는 임금이 인상된 뒤 만일을 대비해 저축을 하고 알렉산더와 더 많은 시간을 보내기 시작했다. 종종 학교가 파할 때 동생을 데리러 가기도 한다. "전에는 내가 노예처럼 느껴졌어요." 홀리오가 내게 말했다. "근데 이제는, ¿Cómo se dice, más seguro?(뭐라고 하죠? 더 안전하다를?)" 세이퍼(safer), 그가 말했다. "전보다 더 안전하다고 느껴요."

우리가 더 많은 부와 값싼 물건을 즐기려고 노동자들에게 생활임금을 허락하지 않을 때 노동자들은 무엇을 거부당하는가? 행복, 건강, 생명 그 자체. 이것이 우리가 바라는 자본주의인가? 우리에게는 이 정도의 자본주의밖에 허락되지 않는가?

④

P
o
v
e
r
t
y
,

우리는 어떻게 가난한 사람들이 더 많은 비용을 치르도록 강요하는가

B
y

A
m
e
r
i
c
a

착취는 숱한 방식으로 일어날 수 있다. 노동자는 자신이 생산한 것의 가치에 비해 적은 임금을 받을 때 노동착취를 경험한다. 그리고 소비자는 구입하는 것의 가치에 비해 많은 돈을 지불할 때 소비자 착취를 경험한다. 우리에게 마음껏 쓸 수 있는 자원이 없을 때 우리의 경제적 자유가 제한된다. 우리에게 재산이나 신용이 없을 때는 그게 있는 사람들에게 의지하게 되고, 그러면 착취하기 좋은 조건이 형성된다. 다른 사람의 불운은 나의 행운이므로. 누군가가 우리를 궁지에 몰아넣을 때 우리는 그들의 처분에 맡겨진다.[01]

임대주택 시장만큼 이 문제가 적나라하게 드러나는 곳은 없을 것이다.

18세기 말과 19세기 초에 사람들이 도시로 몰려들면서 도시의 토지 가격이 천정부지로 치솟았고, 임대주들은 부동산을 잘게 쪼개서 더 많은 세입자를 들이기 시작했다. 미국을 대공황에 빠뜨린 도화선이 된 1837년의 금융위기는 이런 부동산 쪼개기에 더욱 기름을 부었다. 지하실, 다락, 창고용 헛간이 방 한 개짜리 아파트로 변신했고, 이 재난과 다를 바 없는 침체기에도 가난한 사람들에게 세를 주는 건 쏠쏠한 사업이라는 사실이 입증됐다. 서부 대도시의 빈민들은 비싼 임대료를 냈다. 1800년대 중반 뉴욕시에 다세대주택이 등장하기 시작했을 때 그곳의 임대료는 잘사는 동네의 더 나은 아파트보다 30퍼센트나 더 높았다. 가장 가난한 슬럼에서마저.**02**

　　인종주의와 착취는 서로 자양분을 제공한다. 그래서 1915년부터 1970년까지 이어진 흑인 대이동(Great Migration) 시기에 북쪽으로 이주한 흑인 가족들은 클리블랜드와 필라델피아 같은 도시에 도착해서 이 사실을 새삼 다시 경험했다. 이들은 그곳에서 게토에 갇힌 채 그 누구도 원하지 않을 수준의 주거를 받아들여야만 했다. 흑인 가정이 거주 가능한 지역은 법에 명시되어 있었고 경찰이 그 집행을 맡았다. 게토의 임대주는 포로나 다를 바 없는 세입자 기반이 생겼고, 더 많은 임대료를 부과했다. 그렇게 해도 되니까. 이 대이동이 진행되던 오랜 기간 동안 흑인들은 과거 백인 세입자들이 최악의 도시 주거지에 지불했던 임대료의 두 배를 지불하는 경우도 종종 있었다. 1960년까지도 디트로이트의 중위 임대료는 백인보다 흑인에게 더 높았다. 이저벨 윌커슨(Isabel Wilkerson)은 『다른 태양의 온기(The Warmth of Other Suns)』에서 이 패턴을 이렇게 요약한다. "저임금에 가장 심각하게 시달리는 사람들은 누구도 신경 쓰지 않는 장소에서 많은 돈을 쥐어짜려고 애쓰는 부재 임대주들이 소유한 낡아 빠진 집에 살면서 가장 높은 임대료를 지불하지 않을 도리가 없었다." 북부 도시에서 흑인 인구가 늘어나자 부동산개발업자들은 게토 가장자리의 부동산을 매입한 뒤 그걸 쪼개 아파트로 만들어서 훨씬 많은 돈을 벌 수 있는 기회를, 최종적으로 거주 불가 판정을 받을 때까지 (또는 이미 그러고도 남을 만한) 낡은 주택 재고에서 최대한 많은 돈을 긁어모을 기회를 노렸다.[03]

미국에는 슬럼을 착취해 온 기나긴 역사가 있다. 슬럼은 돈이 됐고 그래서 돈은 슬럼을 만들었다.[04] 오늘날은 어떤가? 가난한 미국인들은 여전히 높은 주거비용에 시달린다. 임대료는 지난 20년 동안 세입자들의 소득보다 훨씬 빠르게 올라서 두 배 이상 늘어났다. 중위 임대료는 2000년 월 483달러에서 2021년 1216달러로 증가했다. 이 나라의 모든 지역에서 주거비가 치솟았다. 2000년 이후로 중위 임대료는 중서부의 경우 112퍼센트, 남부는 135퍼센트, 북동부는 189퍼센트, 그리고 서부는 192퍼센트 인상됐다.[05] 어째서 이렇게까지 빠르게 치솟았을까? 전문가들은 이 질문에 앵무새처럼 기계적인 대답을 내놓고 있다. 주택공급이 충분하지 않은데 수요가 너무 많다. 정부 규제와 용도 제한 때문에 건축비가 더 비싸졌고, 이런 비용이 세입자들에게 전가된다. 임대주들이 적당한 비율의 소득을 올리려면 임대료를 올릴 수밖에 없다. 정말 그럴까? 우리가 어떻게 알겠는가?

옛날 토지 소유주들은 돈과 이윤에 따라 움직였는데, 요즘에는 그저 보이지 않는 시장의 힘에 의해 조종당하고 정부 관료에게 멱살이 잡혀 있다는 건가?

우리에겐 더 많은 주택이 필요하다. 그걸 부정할 사람은 없다. 하지만 임대료는 아파트가 남아도는 도시에서도 급등했다. 2021년 말 앨라배마 버밍햄에서는 임대용 아파트의 19퍼센트 가까이가, 그리고 뉴욕 시러큐스에서는 12퍼센트가 공실이었다. 하지만 두 지역의 임대료는 지난 2년 동안 각각 약 14퍼센트와 8퍼센트 상승했다.[06] 데이터를 보면 최근 몇 년 동안 특히 가난한 동네에 있는 다세대 부동산의 경우 부동산 소유주의 임대 소득이 지출보다 훨씬 빠르게 늘어났다는 사실 역시 확인할 수 있다. 임대료 상승은 단순히 운영비 상승만을 반영하는 게 아니다.[07] 또 다른 역학도 작동한다. 가난한 사람들—특히 가난한 흑인 가족들—은 어디서 살지라는 문제에서 선택지가 많지 않고, 바로 이 때문에 임대주들은 이들에게 과도한 임대료를 뽑아낼 수 있다. 그래서 그렇게 한다.

나는 이 생각을 탄탄한 데이터로 뒷받침할 수 있는지 확인하려고 MIT의 교수 네이선 윌머스(Nathan Wilmers)와 함께 미국통계청(U.S. Census Bureau)이 실시한 임대주택금융조사(Rental Housing Finance Survey)의 대외비 정보에 접근했다. 이 조사에는 임대주의 소득과 경비에 대한 숱한 쟁점들과, 몇 개의 임대용

주택을 소유한 피라미, 대형 임대주택 건물 여러 채를 관리하는 큰손, 그리고 그 중간 모든 임대주의 실상이 담겨 있다. 이 데이터를 가지고 우리는 소득에서 경비를 제하는 방식으로 임대주의 이윤을 추정할 수 있었다.[08] 우리는 가난한 동네의 임대주들이 고정비를 임대료에서 제하고 나면 아파트 세대당 매달 약 300달러를 손에 쥔다는 사실을 확인했다. 중간층 동네의 임대주들은 아파트 세대당 매달 225달러를, 부유층 동네의 임대주들은 고정비를 제하고 나면 매달 250달러를 가져간다.[09]

하지만 어쩌면 저소득층을 상대하는 임대주들은 건물이 더 낡았기 때문에 관리비가 크게 들 수 있고 임대료 연체와 높은 공실률 때문에 정기적으로 손실이 발생할 수도 있다. 이런 임대주들은 임대료를 인상해서 이런 손실을 상쇄하는지도 모른다. 우리는 이 점 역시 감안해서 지붕 수리, 배관 문제, 보일러 수리, 깨진 유리창, 전기 시스템, 그 외 임대주들에게 닥치는 숱한 비용 문제에 들어가는 모든 돈을 계산했다. 또한 임대료 미납과 공실 역시 계산해 넣었다. 하지만 이 모든 경비—고정비(수도 요금, 세금, 보험)와 비고정비(변기 교체, 3개월간의 공실) 모두—를 제한 다음에도 여전히 가난한 동네의 아파트들은 매달 약 100달러의 이윤을 낳지만 부유한 동네에서는 50달러밖에 나오지 않는다는 사실을 확인했다. 미국 전체에서 가난한 동네의 임대주들은 그냥 조금 나은 정도가 아니다. 이 모든 비용을 감안하고 나면 이들이 일반적으로 만끽하는 이윤은 부유한 동네의 임대주들이 얻는 이윤의 두 배에 달한다.[10]

이 나라에서 가장 인기 높은 주택시장에서는 이 패턴이 완전히 정반대다. 뉴욕시에서는 사우스브롱크스보다는 소호의 임대주가 되는 게 더 좋다. 뉴욕시와 기타 고비용 대도시 지역은 예외적인 곳이다. 올랜도, 리틀록, 털사처럼 주택 가격이 좀 더 전형적인 도시에서는 사우스브롱크스 같은 저소득층 거주지역의 임대주가 되는 게 확실히 더 낫다. 미국에서 주택 가격이 매우 낮은 도시들은 특히 더 그렇다.

어째서 가난한 동네의 임대주들이 돈을 더 많이 버는 걸까? 이들의 고정비(특히 주택담보대출과 부동산세)는 잘사는 동네에 비해 상당히 적은 반면 이들에게 들어오는 임대료는 아주 조금 적을 뿐이기 때문이다. 주택 비용이 평균 또는 그 이하인 많은 도시—보스턴보다는 버펄로 같은—에서 극빈층 동네의 임대료는 중간층 동네에 비해 아주 파격적으로 싸지 않다. 2015년부터 2019년까지 인디애나폴리스 대도시 지역의 침실 두 개짜리 아파트의 중위 월세는 991달러였던 반면, 빈곤율이 40퍼센트 이상인 동네는 그보다 겨우 17퍼센트 적은 816달러였다. 극빈층 거주지역의 임대료는 이보다 더 낮긴 하지만 여러분이 생각하는 정도로 낮지는 않다.[11]

이 문제는 탐욕 같은 인성의 문제가 아니다. 가난한 사람들에게 세를 놓는 일부 임대주들은 다 쓰러져 가는 집에서 쥐어짤 수 있는 건 다 쥐어짠 뒤 그다음 집에서 그런 일을 반복하며 도시를 완전히 거덜 낸다. 지금 우리 앞에 놓인 주택문제는 몇 안 되는 이런 약탈적인 임대주의 책임인 경우가 많다. 가령 애리조나의 투손(Tucson)과 노스캐롤라이나의 페이엣빌(Fayetteville) 같은 도시에서는 퇴거가 가장 많이 일어나는 상위 건물 100채에서 이 도시 전체 퇴거 건수의 40퍼센트에 달하는 퇴거가 일어난다.[12] 나는 "슬럼의 왕"이라는 이름을 얻고도 남을 임대주들도 만나 보았지만, 저소득층 가정에 살 만한 집을 제공해 주려고 최선을 다하는 임대주들도 만났다. 낮은 임대료를 고수하는 소형 부동산 소유주들과, 우회 프로그램을 개발해서 퇴거율 제로를 달성하려고 애쓰는 대형 임대업자들을 만나기도 했다.

많은 부동산 소유주가 은퇴를 위해 모아 놓은 돈이 넉넉지 않거나, 직장 상사가 있고 업무 시간이 규칙적인 "정상적인" 일자리를 유지하는 데 별로 흥미가 없어서 부동산투자를 시작한다. 이런 상황에 있는 사람들이 임대주가 될 때, 이들은 전통적으로는 부업, 그러니까 "소극적인 소득"원이어야 하는 투자를 "적극적인 소득"원으로 전환하고, 이를 통해 생활비를 충당하고 걱정 없는 노년을 보내려고 한다. 이 때문에 임대주들은 자산을 혹사시키며 최대한 많이 벌어야 한다는 압박감에 시달린다. 이 자산이 누군가의 집이 아니기만 했더라도, 임대료 상승이 세입자가 더 가난해지는 결과로 이어지지만 않았더라도 이런 압박감은 별로 문제가 되지 않았으리라. 그렇다고 해서 평균적인 임대주들이 가령 회계사만큼 돈을 많이 번다는 뜻도 아니다. 하지만 일반적인 직장인이 버는 것만큼 벌려고 애쓰는 임대주—또는 성인기 대부분의 시간 동안 노후를 위해 저축을 하는 대신 임대주택에 투자하는 방식으로 안정감을 추구하는 사람—는 세입자를 쥐어짜야만 그렇게 할 수 있을 때가 많다는 것은 확실하다. 성공한 임대주는 그저 나쁜 사과가 아니다. 착취는 임대주의 탐욕만이 아니라 근검함에 의해서도 일어날 수 있다. 특히 모두가 그렇게 하고 있는 경우에는 말이다. 다시 말해서 "시장이 그걸 감당한다면".

어째서 가난한 가족들은 형편이 더 나은 동네의 임대료가 심하게 높지도 않은, 그런 동네로 이사하지 않을까? 이 질문은 가난한 가족이 부유한 가족과 똑같은 방식으로 이사한다는 전제를 깔고 있다. 더 나은 집, 더 나은 동네, 더 나은 학교를 위해. 하지만 가난한 가족들은 이사를 기회가 아니라 위기, 심지어는 트라우마로 경험할 때가 더 많다. 이들은 어쩔 수 없이—임대주가 이들을 퇴거시켜서, 시에서 자신의 집에 거주 불가능 판정을 내려서, 살고 있는 구역이 너무 위험해져서—힘든 상황에서 살던 집을 나와 허둥지둥 최악의 동네를 피해 자신들의 신청을 받아 주는 첫 번째 집으로 들어가곤 한다.[13] 최후의 보루였던 동네에서 다른 곳으로 이사하려고 시도할 때는 더 나은 동네로 진입하지 못하게 가로막는 숱한 장애물을 맞닥뜨린다. 가난한 세입자들은 종종 퇴거와 유죄 선고 이력이 있고, 신용이 나쁘거나 전무하며, 더 안전한 거래를 위해 서류에 이름을 올려 줄 공동 연서인을 구할 방법도 전혀 없다. 백인이 아닌 사람과 아이가 있는 사람은 임대주에게 차별을 당하기도 한다. 미국 주택도시 개발부(Department of Housing and Urban Development, HUD)는 1970년대부터 10년마다 대대적인 주택 차별 감사를 실시하고 있다. 이 연구는 인종을 제외한 모든 면에서 유사한 수백 쌍의 대응 행위자를 대상으로 여러 주요 도시의 동일한 아파트에서 실시된다. 이 연구, 그리고 이와 유사한 다른 연구를 최근 검토해 본 결과 세월이 흐르면서 차별 수준은 줄어들었지만 흑인 세입자들은 여전히 아파트를 물색할 때 어김없이 차별을 겪는다는 결론이 나왔다.[14]

가난한 세입자들은 주택 장만에서도 배제된다. 너무 가난해서 주택담보대출을 꼬박꼬박 갚을 수 없기 때문이 아니라—임대료를 낼 수 있으면 주택담보대출도 거의 확실히 갚을 수 있다—여러 요인들이 이들이 시도조차 하지 못하게 주저앉히기 때문이다. 나는 2021년 가을에 라키아 힉비(Lakia Higbee)를 만났다. 당시 라키아는 아마존 물류 창고에서 집화원으로 일하며 성인이 된 두 딸, 열여섯 살인 아들, 그리고 두 손녀와 함께 클리블랜드의 방 네 개짜리 집에서 생활하고 있었다. 임대료는 한 달에 950달러였다. 라키아는 나쁘지 않다고 생각했다. 창문이 너무 얇고 외풍이 심해서 한 달 난방비가 500달러나 나올 때도 있지만. 하지만 만일 라키아가 일반적인 조건으로 그 집을 샀더라면 매달 주택담보대출 납입금은 부동산세와 보험료를 포함해 약 577달러였으리라.[15] 그러면 남는 373달러를 모아서 창문을 교체하고도 남았을 것이다.

라키아의 신용점수가 나쁘지 않더라도, 그리고 라키아가 선금으로 낼 돈을 모을 수 있다 해도, 적정가격의 주택을 구입할 수 있는 주택담보대출을 받을 수 있는 가능성은 여전히 희박하다. 은행은 라키아가 감당할 수 있는 수준의 집에 돈을 대는 데는 관심이 없기 때문이다. 이런 주택담보대출에 접근할 방법이 없는 가난한 가족들은 충분히 돈을 내고 구입할 수 있는 집에서 높은 임대료를 내고 살아야 한다. 그리 멀지 않은 과거(1934~1968년)에는 연방정부가 가난한 동네와 흑인 동네에서 주택담보대출의 보증을 서 주지 않았기 때문에 은행은 그런 곳에서 영업을 하지 않았다. 오늘날에도 은행들은 이런 동네에서 영업을 많이 하지 않는다. 다른 동네에서 돈을 더 많이 벌 수 있으니까. 가난한 동네를 대출 불가 지역으로 지정하는 레드라이닝(Redlining)은 더 이상 미국의 공식적인 정책이 아닌지는 몰라도 가난하고 흑인이 다수인 동네, 심지어 그런 시 전체에서도 여전히 "주택담보대출 사막" 구실을 한다. 수백만에 달하는 가난한 세입자들이 착취적인 주택 조건을 받아들이는 것은 그들이 더 나은 조건을 감당할 능력이 안 돼서가 아니다. 더 나은 조건이 그들에게 제시조차 되지 않을 때가 많기 때문이다.[16]

고대 인도의 베다 문헌에도, 불교 경전에도, 유대교 율법에도 고리대금업을 삼가야 한다는 경고가 있다. 아리스토텔레스와 토마스 아퀴나스 모두 고리대금업을 꾸짖었다. 단테는 대부업자를 일곱 번째 지옥으로 보냈다. 이런 노력 중 어떤 것도 고리대금업을 막는 데는 크게 도움을 주지 못했지만 한 가지는 분명하게 보여 준다. 가난한 사람들을 빚의 굴레에 가두는 파렴치한 행위가 최소한 문자언어가 있던 시절부터 줄곧 존재했다는 사실을. 대부업은 어쩌면 노예제 다음으로 가장 오래된 착취 형태인지 모른다. 많은 작가가 미국의 빈민들을 보이지 않고, 그늘에 가려지고, 잊힌 존재로, "눈에 보이지 않거나" "다른" 존재로 그려 왔다. 하지만 시장은 가난한 사람들을 빼놓지 않고 주목해 왔는데, 돈 그 자체를 다루는 시장이 유독 그랬다.[17]

1980년대 금융시스템의 규제완화는 은행 간의 경쟁을 가열시켰다. 많은 은행이 수수료 인상과 고객에게 최저 잔고를 유지하도록 하는 방침으로 대응했다. 1977년만 해도 서비스 요금 없이 계좌를 유지해 주는 은행이 3분의 1 이상이었지만, 1990년대 초가 되자 고작 5퍼센트로 줄어들었다. 지역 은행들이 폐업하면서 거대 은행들은 더 커졌고, 미국 최대의 은행들이 2019년 고객들에게 초과 인출 수수료(overdraft fees: 잔고보다 많은 금액을 직불카드로 사용하거나 현금으로 인출할 때 내는 수수료―옮긴이)로 긁어모은 돈은 116억 8000만 달러였다. 계좌를 보유한 사람 가운데 단 9퍼센트가 이 수수료의 84퍼센트를 지불했다. 이 운 나쁜 9퍼센트는 어떤 사람들이었을까? 평균잔고가 350달러 이하인 고객들이었다. 가난한 사람들이 가난하다는 이유로 돈을 내야 했던 것이다.[18]

2021년 계좌에서 초과 인출을 하는 데 부과된 평균 수수료는 33.58달러였다. 은행이 하루에 다양한 요금을 부과하는 경우가 많다 보니 계좌에서 20달러를 초과 인출하는 데 결국 그 비용으로 200달러를 내게 되는 일도 드물지 않다. 은행은 도를 넘어설 정도로 돈을 쓴 이력이 있는 사람들에게는 계좌 발행을 거부할 수 있고 실제로 그렇게 하지만, 세계에서 가장 힘 있는 일부 금융기관에 꾸준한 소득 흐름을 창출해 주는 사람들이 바로 이런 고객이다.[19]

미국 역사에서 상당히 오랫동안 은행은 백인을 위해 존재했고, 심지어 오늘날에도 흑인이 은행 업무를 보는 것은 참혹한 경험일 수 있다. 은행 창구 직원들은 흑인 고객들의 정보를 모아 놓고 이들을 사기꾼으로 몰아세웠다. 흑인 고객들은 주택담보대출을 거부당하는 일이 그 어떤 인종 또는 민족 집단보다 많고, 겨우 얻어 낸 대출에서도 가장 높은 이자를 낸다. 2021년의 한 연구는 중간층 흑인 주택 소유주(소득이 7만 5000달러에서 10만 달러 사이인)가 소득 3만 달러 미만인 백인 주택 소유주보다 주택담보대출에 더 많은 이자를 낸다는 사실을 확인했다.[20] 연방예금보험공사(Federal Deposit Insurance Corporation, FDIC)에 따르면 2019년 미국에서 열아홉 세대 중 한 세대꼴인 700만여 가구에 은행 계좌가 전혀 없었다. 그리고 흑인과 히스패닉 가정은 백인 가정에 비해 은행 계좌가 없을 가능성이 다섯 배 가까이 높았다.[21]

배제가 있는 곳에는 착취가 있다. 계좌가 없는 미국인들은 자체적인 시장을 만들어 왔는데, 지금은 수천 개의 수표 현금 교환소(check cashing outlet)가 그런 시장 역할을 한다. 교환소의 공식은 간단하다. 첫 번째 단계는 저소득층 동네나 비백인 동네에 가게를 여는 것이다. 은행이 흑인 동네를 기피하고, 흑인 고객들 역시 은행에 발을 들이지 않겠다고 이를 갈면서 비주류 기관들이 그 틈새를 메꿨다. 어린이 야구단과 보이스카우트의 든든한 후원자였던, 수수하고 은근하게 자부심에 차 있는 지역 은행들은 **수표 현금화 가능**이라는 밝은 주황색과 빨간색 표지판이 달린 점포들로 대체됐다. 빈곤율이 높은 백인 동네보다 빈곤율이 낮은 흑인 동네에 고금리 소액 대출 점포와 수표 현금 교환

소득이 더 많다.[22]

두 번째 공식은 전통적인 은행 영업시간 보다 길게, 심지어는 24시간 주 7일 문을 열고 주말에도 영업하라다. 수표가 금요일에 들어올 경우 월요일까지 버틸 수 있는 사람이 많지 않기 때문이다. 셋째는 신용 확인이나 은행 계좌를 요구하지 말고 거의 모든 것─월급 수표, 정부 발행 수표, 개인 수표─을 현금으로 바꿔 주어라다.

마지막은 서비스에 비용을 매겨라다. 수표 현금 교환소는 수표의 종류에 따라 총액의 1~10퍼센트를 수수료로 떼어 간다. 이는 시급 10달러를 받으며 2주에 걸쳐 100시간을 일한 뒤 1000달러짜리 수표를 받은 노동자가 수표 현금 교환소에 가면, 자신이 번 돈을 현금으로 바꾸기 위해 10~100달러를 지불해야 한다는 뜻이다. 사실상 한 시간에서 최대 열 시간의 노동이 날아가는 것이다. (많은 노동자가 자동으로 수수료를 공제하는 전통적인 은행의 예측하기 어려운 착취보다는 이쪽을 더 선호한다. 매도 알고 맞는 게 더 나은 법이니까.) 대기업들도 이 짓에 가세했다. 월마트는 이제 수표를 최대 1000달러까지 현금으로 바꿔 줄 것이다. 2020년 미국인들은 순전히 수표를 현금으로 바꾸는 비용으로만 16억 달러를 지출했다. 만일 가난한 사람들이 비용을 들이지 않고 자기 돈에 접근할 수 있는 길이 있었더라면 팬데믹이 낳은 불황기가 이어지는 동안 10억 달러가 넘는 돈이 이들의 수중에

그대로 남아 있었을 것이다.[23]

신규 온라인 금융서비스 역시 금융 불안정에서 이윤을 뽑아내는 방법을 찾아냈다. 이들의 주 공략층은 더 어리고 기술에 능한 고객이다. 데이브(Dave)와 어닌(Earnin) 같은 앱들은 노동자들이 월급날이 되기 전에 약간의 월급을 미리 당겨쓸 수 있게 해 준다. 이런 앱들은 노동자가 값비싼 초과 인출 수수료를 내지 않도록 도움을 줄 수도 있지만 일부 이용자들은 수수료와 팁으로 대출금액의 연 이자보다 더 많은 돈을 내기도 한다. 사람들은 선지급 상품(pay-advance products)을 2018년에는 1860만 회, 2020년에는 5600만 회 사용했다. 애프터페이(Afterpay)와 클라나(Klarna) 같은 선매 후불 판매(Buy-now-pay-later, BNPL) 회사들은 소비자들이 온라인 상품을 구매할 때 무이자로 두 달에 한 번 납입할 수 있게 해 준다. 하지만 납입금이 밀리면 연체료가 발생하고 신용이 타격을 받을 수 있다. 선매 후불 판매 서비스 사용자 가운데 40퍼센트 이상이 최소한 한 번은 납입금이 밀린 적이 있었다.[24]

우리는 신용에 살고 신용에 죽는다. 집과 자동차 같은 큰 생필품을 살 때, 그리고 신용카드를 가지고 의료비를 지불하고 겨울용 재킷을 살 때처럼 작은 생필품이 필요할 때도 신용에 의지한다. 나의 어머니는 월급날이 될 때까지 어떻게든 버티려고 수표에 날짜를 늦춰서 적으시곤 했다. 신용카드 사용이 확산하

면서 이제는 더 이상 가게 주인에게 그렇게 할 수 있게 해 달라
고 허락을 구할 필요가 없어졌다.

가난은 연체를 낳고, 연체는 신용을 망칠 수 있다. 하지만
신용이 나쁜 건 신용점수가 전혀 없는 것만큼이나 골치 아픈
데, 미국에서는 성인 2600만 명이 신용점수가 전혀 없다. 또 다
른 1900만 명은 너무 빈약하거나 오래돼서 점수를 매기기 힘든
신용 이력을 가지고 있다.[25] 신용이 전혀 없거나 나쁠 경우 당
신은 아파트를 구하지 못하거나, 보험을 구입하지 못하거나, 심
지어는 일자리를 얻지 못할 수 있다. 고용주들이 고용 과정에서
신용을 확인하는 경우가 점점 많아지고 있기 때문이다. 그리고
불가피한 일이 일어날 때—당신이 직장에서 근무시간을 채우
지 못하거나 자동차에 시동이 걸리지 않을 때—고금리 소액 대
출 업계가 개입한다.[26]

미국 역사 대부분의 기간 동안 규제 기관들은 대출업체가
터무니없는 이자를 부과하지 못하도록 금지했다. 이런 제한 때
문에 은행들은 이자율을 6~12퍼센트 사이로 유지했고, 가난한
사람들을 별로 상대하지 않았다. 그래서 가난한 사람들은 급할
때는 귀중품을 들고 전당포나 고리대금업자를 찾아가야 했다.
하지만 1980년대에 금융 부문의 탈규제와 함께 엄격한 고리대
금 관련 규제가 사라짐으로써 대부업자들이 다시 화려하게 무
대에 등장했다. 이자율은 금세 300퍼센트로, 그다음에는 500퍼

센트로, 또 그다음에는 700퍼센트로 치솟았다. 갑자기 많은 사람이 가난한 사람들에게 돈을 빌려주는 사업에 관심을 갖게 됐다. 최근 몇 년 사이 17개 주가 강력한 고리대금업 규제를 다시 도입하여 이자율에 한도를 설정하고 고금리 소액 대출을 사실상 금지했다. 하지만 대다수 지역에서 대부업은 아직도 성업 중이다. 300달러를 2주 동안 빌릴 경우 연이율이 텍사스에서는 664퍼센트, 위스콘신에서는 516퍼센트, 캘리포니아에서는 460퍼센트에 달할 수 있다.[27]

고금리 소액 대출을 신청하려면 급여 명세서와 확실한 신원 보장이 필요하다. 그리고 은행 계좌도 있어야 한다. 이는 대부업계가 미국의 저소득층에게 서비스를 제공하지만 은행거래를 하지 못하는 밑바닥층은 상대하지 않는다는 단서일 것이다. (평균적인 고금리 소액 대출 고객은 연 소득이 3만 달러 정도다.) 보통 500달러 미만의 소액을 대출할 경우 100달러당 이자 또는 수수료가 부과된다. 100달러 대출액에 15달러를 내야 하는 건 나쁘지 않아 보일 수 있지만 이는 400퍼센트의 연이율과 같다. 대출 담당자는 상환일에 대금을 빼 갈 방법을 요구한다. 대출금 전액과 수수료를 은행 계좌 또는 선일자수표(Postdated check)로 꺼내 갈 수 있는 권리를. 대출 대부분은 기한이 다음 월급날까지 2~4주간이고, 그러므로 이들의 실명이 요구된다.[28]

상환일이 왔는데 어쩌다 보니 아직 돈을 갚을 상황이 안 되면 당신은 대출 연장을 요구하고, 그러면 또 비용이 추가된다. 만일 400달러를 60달러의 수수료(100달러당 15달러)를 내고 2주 동안 빌렸다면 대출 담당자는 원금 상환일이 돌아왔을 때 당신이 60달러의 수수료를 내면 기한을 연장해 줄지도 모른다. 그리고 그는 다시 수수료를, 가령 추가로 60달러를 요구할 것이다. 그러면 당신은 400달러를 빌리고서 120달러의 수수료를 내게 되는데, 이건 당신이 연장을 딱 한 번 했을 때의 이야기다. 고금리 소액 대출 다섯 건 중 네 건이 연장 또는 갱신된다. 고금리 소액 대출 서비스업체는 당신의 은행 계좌에 접근할 권한이 있기 때문에 대출수수료에 은행수수료까지 얹어서 당신 계좌에서 돈을 인출할 수 있다. 이제는 전체 고금리 소액 대출의 약 3분의 1이 온라인으로 발행되고, 온라인 대출을 받은 사람의 약 절반이 대부업체로부터 계좌에서 돈을 인출당한 경험이 있다. 대출인은 평균적으로 5개월 동안 375달러의 빚을 내고 수수료로 520달러를 지불한다. 물론 사람들이 계속 빚을 진 상태에 있는 것이 대출업체에게는 이상적이다. 이들은 이런 식으로 15달러의 수수료 수익을 150달러로 부풀린다.[29]

이런 비주류 금융산업의 상품들은 발등의 불을 끄는 데 급급한 취약계층의 마음 상태, 그리고 이런 고객들이 스스로 예상하는 것보다 더 오래 그 상태에 머물러 있으리라는 예측에 의지한다. 당신이 고금리 소액 대출업체 사무실에 들어설 때 당신

안중에는 당면한 현실 문제밖에 없다. 월세가 밀린 상태고, 집에서 곧 쫓겨날 처지다. 전기가 금방 끊길 예정이다. (실제로 이런 대출을 이용하는 열 명 가운데 일곱 명이 이런 이유로 대출을 받는다. 월세를, 공과금을, 그 외 기본적인 비용을 내려고.) 하지만 소액 대출업체의 관심은 당신의 미래다. 대출을 받은 지 14일이 지났을 때 대출금을 갚을 수가 없어서 다시 그 문으로 달려 들어오는 미래의 당신, 대출 연장 서류에 서명하는 당신, 다음 달에도 다시 거기에 서명하는 당신. 그들은 당신이 푼돈으로 끝나지 않을 거라는 걸 안다.

대출업체들은 입지, 영업시간, 대출 처리 시간 등을 놓고 경쟁을 벌인다. 하지만 수수료는 경쟁 대상이 아니다. 업체들은 자기 고객들이 너무 절박해서 꼼꼼히 따지지 않는다는 걸 알고 있다. 이는 높은 수수료를 깎아 줄 이유가 없고 대출인들은 어딜 가든 터무니없는 거래를 받아들인다는 뜻이다. 이런 점을 감안했을 때 시중은행들이 훨씬 낮은 수수료로 단기 대출상품을 제공해서 이런 업체들을 제치고 나갈 수도 있다. 한 추정에 따르면 시중은행들은 표준 시장가격보다 최대 여덟 배 낮은 수수료로 소액 대출상품을 제공하고도 수익을 남길 수 있다.[30] 하지만 지금까지도 그들은 아무런 관심을 보이지 않는다. 초과 인출 수수료로 저소득 고객들을 흡수하는 건 별개의 문제다. 이런 수수료를 주로 매우 가난한 고객들이 물긴 하지만 어쨌든 이

건 모든 사람들에게 적용되니까. 하지만 소액 대출업을 시작한다는 건 저소득층 고객 맞춤형으로 설계된 금융상품, 연이율이 40~80퍼센트이지만 동시에 심각한 평판상의 부담이 따르는 대출을 제공한다는 의미다. 지금까지 JP모건체이스(JPMorgan Chase)와 시티그룹(Citigroup)의 양복쟁이들은 그럴 만한 가치가 없다는 판단을 내렸다. (우리 대부분이 벼랑 끝에 몰렸을 때 그러듯) 고금리 소액 대출 이용자들이 가격에 민감하지 않고, 상업적인 시중은행 대부분이 가난한 사람들에게 서비스를 제공하는 데 흥미가 없는 상태가 계속될 경우, 이 시장의 실패는 고금리 소액 대출업체들의 배만 불리며 쭉 이어질 것이다. 소액 대출업체들이 높은 수수료를 부과하는 것은 가난한 사람들에게 돈을 빌려주는 것이 위험해서가 아니다. 몇 번을 연장해서라도 대출인 대부분이 돈을 갚는다. 소액 대출업체들이 가난한 사람들을 갈취하는 것은 그렇게 할 수 있기 때문이다.[31]

매년 초과 인출 수수료로 10억 달러 이상, 수표 현금화 수수료로 16억 달러, 고금리 소액 대출 수수료로 최대 98억 달러가 징수된다. 주로 미국의 저소득층으로부터 **매일** 징수되는 수수료는 6100만 달러 이상이다. 전당포와 자동차 담보대출, 임대 후 매입 거래 방식을 통해 징수되는 연 수입은 계산하지 않은 것이다. 1961년 제임스 볼드윈(James Baldwin)이 "가난하게 산다는 건 극도로 돈이 많이 드는 일"이라고 말했을 때 이런 비용들

은 상상하지도 못했으리라.³²

역사학자 키앙가야마타 테일러(Keeanga-Yamahtta Taylor)는 자신의 책『이윤 경주(Race for Profit)』에서 양질의 거래에서 배척당한 소외 집단을 악성 거래를 통해 주택 및 금융 계획 속으로 편입시키는 미국의 오랜 전통을 설명하면서 "약탈적인 포용"이라는 표현을 사용한다. 전통적인 은행 및 신용 시스템에서 배제된 빈민들은 수표를 현금으로 바꾸고 대출을 받을 수 있는 다른 방법을 찾아야만 했고, 이는 결국 당연하다는 듯 이들을 착취하는 결과를 낳았다. 어쨌든 이것은 완벽하게 합법적이고, 심지어 이 나라의 가장 돈 많은 시중은행들로부터 재정지원까지 받는다. 비주류 금융 부문은 주류 금융 부문에서 뻗어 나온 신용의 선이 없었더라면 존재하지 못했으리라. 웰스파고(Wells Fargo)와 JP모건체이스는 어드밴스아메리카(Advance America)와 캐시아메리카(Cash America) 같은 고금리 소액 대부업체에 돈을 댄다. 금융 약탈자는 꼬리에 꼬리를 물고 이어지고, 동부에서 시킨 일이다,라고 하면 끝이다. 모두가 자기 밥그릇만 챙긴다.³³

금융 부문은 하나가 아니다. 주택시장과 노동시장이 양분되어 있듯 두 곳―가난한 사람들을 상대하는 부문과 나머지 사람들을 상대하는 부문―이 있다. 이원화된 삶은 현행 질서에서 득을 보는 일부가 가난한 사람들이 노동자로서, 소비자로서, 대

출자로서 착취당한다는 사실을, 그리고 그 이유는 바로 우리가
그렇지 않기 때문임을 떠올리기 어렵게 만든다. 우리 사회의 많
은 요소는 기능을 못 하는 것이 아니라 이중구조로 되어 있다.
어떤 이들에게 주택은 재산을 증식시켜 주지만, 어떤 이들에게
는 재산을 탕진시킨다. 어떤 이들에게 신용에 대한 접근은 금
융 권력을 강화하지만, 어떤 이들에게는 금융 권력을 망가뜨린
다. 그렇다면 잘사는 미국인들이 가난한 사람들은 충동적이고
생각이 짧아서 어리석을 정도로 질 나쁜 거래를 받아들였다고
믿고 이들에게 당혹감, 심지어는 실망감을 느끼는 건 어느 정도
이해할 만하다. 하지만 그 거래가 이들에게는 유일하게 가능한
선택지라면 어떨까? 최선의 나쁜 선택을 할 수밖에 없는 사람
들에게 금융 문해력 교육을 하는 게 무슨 소용일까?[34]

빈곤은 단순히 충분한 돈이 없는 상태만이 아니다. 충분한
선택지가 없고, 그 때문에 이용당하는 상태다. 사람들이 빈곤의
수렁에서 헤어나지 못하도록 착취가 어떤 역할을 하는지를 간
과할 때 우리는 기껏해야 부실하고 최악의 경우에는 아무런 실
효성이 없는 정책을 설계하게 된다. 주거 위기는 해결하지 않고
입법을 통해 밑바닥층의 소득을 증대할 경우―가령 아동 세액
공제(Child Tax Credit: 동거 아동 한 명당 연 3000~3600달러의 세액을
공제해 주는 제도―옮긴이)를 확대하거나 최저임금을 인상함으
로써―결국에는 그 입법이 도움을 주고자 했던 가족이 아니라

집주인에게만 좋은 일일 때가 많다. 필라델피아 연방준비은행 (Federal Reserve Bank of Philadelphia)이 2019년 실시한 연구에 따르면 주정부가 최저임금을 인상했을 때 가족들은 처음에는 임대료를 내는 데 숨통이 트였다. 하지만 집주인들은 임대료를 인상함으로써 임금인상에 발 빠르게 대응했고, 이 때문에 정책 효과가 희석됐다. (코로나19 구제책이 시행된 이후에도 이런 일이 일어났지만, 논평가들은 이 문제를 혹독한 인플레이션 때문으로 설명하는 쪽을 더 선호했다.)[35]

토미 오렌지(Tommy Orange)의 첫 소설 『데어 데어(There There)』에서 한 남자는 미국 선주민 보존 구역의 자살 문제를 설명하면서 이렇게 말한다. "애들이 불이 난 건물 창문 밖으로 뛰어내리는 거지. 자기 죽음을 향해 떨어지는 거라고. 그런데 우린 걔네가 뛰어내리는 것만 문제라고 생각해."[36] 빈곤 논쟁은 이와 같은 근시안에 계속 시달렸다. 지난 반세기 동안 우리는 가난한 사람들 그 자체에만 초점을 맞추고—가령 그들의 노동윤리나 복지수당만 트집 잡으면서—빈곤 문제에 접근해 왔다. 진짜 중요한 문제는 불이 난 건데도. 우리가 차를 타고 판자촌을 지나칠 때마다, 아스팔트 냄새와 체취가 뒤범벅된 미국 빈민지역을 지나칠 때마다, 작업복 차림으로 버스에서 허물어지듯 곯아떨어진 사람을 볼 때마다, 우리가 던져야 하는 질문, 주문처럼 되뇌어야 하는 그것은 간단하다. <u>누구에게 이익인가?</u> '어째서 당신은 더 나은 일자리를 찾지 않는가? 어째서 당신은 이사하지 않는가? 어째서 당신은 그런 악성 대출을 끊어 내지 못하는가?'라고 물어서는 안 된다. 이렇게 물어야 한다. 이것은 누구의 배를 불리는가?[37]

P
o
v
e
r
t
y
,

우리는 복지에
어떤 식으로 의지하는가

B
y

A
m
e
r
i
c
a

코로나19 팬데믹이 미국을 강타하자 경제가 곤두박질쳤다. 사회적 거리 두기 지침으로 상점들은 문을 닫아야 했고, 수백만 명이 일자리를 잃었다. 2020년 2월부터 4월 사이에 실업률이 곱절에서 다시 곱절로 뛰었고, 사람들이 빵을 사기 위해 줄을 서고 은행가들이 자살을 하던 1930년대 이후로 유례없는 상황이 펼쳐졌다. 21세기 첫 10년 동안 이어진 대침체기 최악의 주(週)에 실업급여를 신청한 미국인이 66만 1000명이었는데, 2020년 3월 16일로 시작되는 주에는 330만 명 이상이 신청했다. 미국은 자유낙하 상태나 다름없었다.[01]

연방정부는 과감한 구제책을 내놓았다. 해고된 노동자들이 실업급여를 받을 수 있는 기간을 연장했고, 이 수당이 불충분하다는 걸 드물게 인정하고는 이를 보완할 보조금을 추가했다. 코로나19 팬데믹이 시작된 뒤 4개월 동안 미국의 실업자들은 원래 나오는 실업수당에 주당 600달러를 더해서, 기존에 나오던 금액의 거의 세 배를 받았다. 9월이 되자 정부는 이 추가금을 주당 300달러로 축소했다. 2021년 여름 미국상공회의소는 이 늘어난 실업수당의 수령자 네 명 가운데 한 명이 일자리에서 받던 것보다 실직하고 난 뒤에 더 많이 받고 있다는 추정을 내놓았 다.02

관대한 실업수당 덕분에—재난 지원금, 임대 보조금, 아동 세액공제 확대 등의 구제책과 함께—근 100년 만에 찾아온 최 악의 경기침체에도 가난이 심화하지 않았다. 오히려 줄어들었 다. 그것도 아주 크게. 코로나19 팬데믹 기간 동안 미국 경제에 서는 일자리 수백만 개가 사라졌지만, 2021년을 기준으로 가난 한 사람의 수는 2018년에 비하면 약 1600만 명이 줄었다. 가난 은 모든 인종과 민족 집단에서 줄었다. 도시에 살든 시골에 살 든, 젊은 사람이건 나이 든 사람이건, 줄었다. 어린이의 경우 가 장 많이 줄었다.03 정부의 신속한 조치는 경제적 재난만 막은 게 아니었다. 아동빈곤율을 절반 이상 떨어뜨리는 데 도움을 주 었다.

나는 이게 기뻐할 일이라고 생각했다. 몇 년씩 손 놓고 있 던 미국이 이제 마침내 빈곤율을 크게 줄였으니 말이다. 하지만 많은 사람이 별로 달가워하지 않았다. 목청 큰 일부 미국인들은 정부가 국민을 돕기 위해 많은 일을 하고 있는 게 못마땅한 듯 했다. 특히 이들은 미국의 굼뜬 경제회복이 늘어난 실업수당 때 문이라며 성토했다. 노스캐롤라이나 출신의 공화당 국회의원 데이비드 라우저(David Rouzer)는 폐점한 하디스 사진과 함께 "당

신들이 실업수당을 너무 오래 연장하고 여기에 1400달러라는
재난 지원금을 추가하면 이런 일이 벌어진다"라는 문구를 트위
터에 올렸다. 하원 소수당 원내총무 케빈 매카시(Kevin McCarthy)
는 실업수당이 "노동을 악마화하는 바람에 미국인들은 거대 정
부에 의존하게 될 것"이라고 썼다.《월스트리트저널》은 "코로
나 실업 대책으로 일손을 찾기가 불가능해지다"라는 칼럼을 실
었다. 기자들은 전국을 쑤시고 다니면서 소규모 자영업자들을
인터뷰했고 이들은 일손을 구하기 힘든 건 연방정부의 지원 대
책 탓이라며 입을 모았다. "직원들은 여전히 실업급여나 받으면
서 일을 하지 않으려고 했어요. 대체 이게 무슨 일인가 싶은 거
죠." 몬태나의 치코 온천 리조트 주인 콜린 데이비스(Colin Davis)
는 이렇게 말했다. "난 그냥…… 다들 언제 이렇게 게을러진 거
죠?"**04**

　이것이 이 상황에 대한 우리의 주류적인 해석이었다. 그럴
듯했다. 솔직히 하나 마나 한 소리이기도 했다. 미국인들은 일
터로 돌아가지 않을 것이었다. 사람들에게 집에 있으라고 돈을
준 것이었니까. 하지만 그것은 틀린 해석이었다. 그리고 그토록
많은 사람이 그렇게 생각했다는 사실은 우리가 정부로부터 도
움을 받는 문제에서 서로에 대해 최악의 상황을 상정하는 데 얼
마나 길들여졌는지를 보여 준다.

　2021년 6월과 7월 두 달 동안 25개 주는 확대된 실업급여

를 비롯, 코로나19 팬데믹 기간 동안 시행된 긴급 수당의 일부 또는 전부를 중단했다. 이로써 이들 주에서 취업률이 눈에 띄게 증가하는지 확인할 수 있는 기회가 생겼다. 수당이 일자리로 복귀하려는 의욕을 꺾는 게 맞다면 자연스럽게 나올 수 있는 예상이었다. 하지만 취업률은 전혀 크게 늘어나지 않았다. 노동부가 8월에 데이터를 공개했을 때 우리는 주별 취업자 수 경쟁에서 승부는 기본적으로 무승부라는 사실을 알게 됐다. 실업률이 가장 낮은 다섯 개 주(알래스카, 하와이, 노스캐롤라이나, 로드아일랜드, 버몬트)는 수당의 일부 또는 전부를 유지하고 있었다. 그리고 실업수당을 삭감한 주에서는 취업자 수가 눈에 띄게 늘어나지 않았다. 대신 이런 주에서는 사람들의 소득이 줄었기 때문에 소비자지출이 감소했고, 그래서 지역 경기가 둔화했다.[05]

다른 연구에서도 실업수당 때문에 노동자들이 집에서 지내는 거라는 증거는 나오지 않았다. 당시 일부 유럽 국가들에서는 심지어 실업수당을 별로 확대한 적이 없는데도 노동력부족 사태를 겪는 중이었다.[06] 어째서 우리는 다른 이유들을 찾을 수 있는데도 높은 실업률을 정부 원조 탓으로 돌리는 서사를 그렇게 순순히 받아들였던 걸까? 어째서 우리는 사람들이 아프다가 죽고 싶지 않아서 일터로 안 돌아가는 거라고는 생각하지 않았던 걸까? 일자리가 처음부터 너무 형편없었기 때문일 수도 있고, 성추행과 학대에 신물이 났기 때문일 수도 있고, 아니면 학교가

문을 닫은 상황에서 자녀들을 믿고 맡길 데가 없기 때문일 수
도 있는데. 많은 미국인이 일각에서 기대하는 것만큼 빠르게 일
터로 복귀하지 않는 이유를 물었을 때 어째서 우리의 대답은 그
사람들이 주당 300달러를 더 받으니까였을까?

  어쩌면 초기 자본주의 이후로 가난한 사람들을 게으르고
의욕 없는 자들로 보도록 사람들을 길들여 왔기 때문인지 모른
다. 전 세계의 초기 자본가들은 오늘날에도 여전히 산업계의 거
물들이 상대하는 문제를 해결해야 했다. 어떻게 대중을 공장과
도살장으로 밀어 넣어서 법과 시장에서 허용하는 가장 낮은 돈
을 받고 일하게 만들 것인가라는. 이 문제에 대한 자본가들의
해답은 굶주림이었다. "부유층 사람들을 행동하게 만드는 자
존감, 명예, 야망 같은 동기가 가난한 사람들에게는 거의 없다.
일반적으로 그들을 채찍질해서 노동으로 몰아갈 수 있는 건 굶
주림뿐이다." 잉글랜드의 의사이자 성직자인 조지프 타운센드
(Joseph Townsend)는 1786년 자신의 논문 「인류의 행운을 비는 한
사람이 쓴 구빈법 연구(A Dissertation on the Poor Laws, By a Well-
Wisher of Mankind)」에서 이렇게 적었다. 그리고 그가 주창한 입
장은 근대 초기 내내 상식으로, 그 뒤로는 관습법으로 자리 잡
게 된다. 타운센드는 이어서 굶주림의 "끝없는 압박"이 "산업에
가장 자연스러운 동기"를 제공한다고 말했다.[07]

가난한 사람들을 공장에 집어넣고 난 다음에는 내 재산을 보호할 법과, 범법자를 체포할 법집행자와, 이들을 처벌할 사법 시스템과, 이들을 가둘 감옥이 필요했다. 노동과 자본과 상품을 전 세계로 움직이게 하는 경제 시스템을 만들 생각이라면 국가의 주권을 지키는 상비군은 말할 것도 없고 무역의 흐름을 관장하는 관세 시스템과 정책이 있어야 했다. 큰돈에는 큰 정부가 필요했다. 하지만 큰 정부는 사람들에게 빵을 나눠 줄 수도 있었다. 초기 자본가들은 이 점을 간파하고 사지 멀쩡한 빈민에게 정부가 원조의 손길을 뻗기 오래전부터 정부 원조의 부정적인 영향을 놓고 목에 핏대를 올렸다. 1704년 잉글랜드의 작가 대니얼 디포(Daniel Defoe)는 빈민들이 구호금을 받으면 임금을 얻기 위한 노동을 하지 않을 거라고 주장하는 팸플릿을 발행했다. 이 주장은 1798년 그 유명한 『인구론(An Essay on the Principle of Population)』을 쓴 토머스 맬서스를 비롯, 선도적인 사상가들에 의해 거듭 되풀이됐다.[08] 자본주의 초창기 개종자들은 빈민 구호를 단순히 부담이나 나쁜 정책으로만 보지 않고, 노동자들이 실존적인 위협으로 소유주에게 의존하는 상태를 중단시킬 수 있는 무언가로 인식했다.

현대사회로 빨리 감기를 해서 올라와 봐도, 이런 신경증적인 주장을 똑같이 들을 수 있다. 핵심은 하나의 의존, 그러니까 시민들의 국가에 대한 의존 상태를 약화함으로써 또 다른 의존,

그러니까 노동자의 기업에 대한 의존을 지킨다는 것이다. (자본주의의 아이러니는 초기 미국인들이 독립을 저해하는 장애물로 파악하고—그들은 "임금 노예제"라고 불렀다—거부했던 노동이 이제는 독립을 거머쥘 수 있는 유일한 수단으로 인식된다는 점이다.) 미국식 안전망의 창시자인 프랭클린 루스벨트 대통령이 복지를 마약이라고, "인간 정신의 교묘한 파괴자"라고 일컬었을 때, 아니면 애리조나주 상원의원 배리 골드워터(Barry Goldwater)가 1961년 자신이 낸 "세금이 혼외 관계에서 태어난 아이들에게 들어가는 게" 마음에 들지 않는다고 말하며 "일자리도 없고 일할 생각도 없이 길거리에서 돌아다니는 전문적인 사기꾼"에 대해 불평했을 때, 아니면 1970년대 말 대통령 후보 선출 선거를 위해 캠페인을 벌이던 로널드 레이건이 청중에게 뉴욕시에 있는 공공주택 단지에서는 "층고가 3미터가 넘고, 길이가 4미터에 가까운 발코니, 수영장, 운동 센터가 딸린 아파트를 얻을 수 있다"며 수차례 떠들어 댔을 때, 아니면 1980년 미국정신의학협회(American Psychiatric Association)가 "의존성 인격장애(Dependent Personality Disorder)"를 공식적인 정신병으로 지정했을 때, 아니면 보수성향의 작가 찰스 머리(Charles Murray)가 1984년 큰 반향을 일으킨 자신의 책『루징 그라운드(Losing Ground)』에 "우리는 빈민을 위해 더 많이 제공하려고 노력했고 그래서 더 많은 빈민을 양산했다"라고 적었을 때, 아니면 1996년 빌 클린턴 대통령이 복지 프로그램은 "수백만 우리 동료 시민들을 위해 존재하면서 이들을 노동의 세계에서 탈출시키는 의존의 사이클"을 만들어 냈으므로 "우리가 아는 형태의 복지를 끝내는" 계획임을 발표했을 때, 아니면 도널드 트럼프 대통령의 경제자문위원회(Council of Economic Advisers)가 미국 최대의 복지 프로그램에서 노동을 수급 요건으로 승인하고 미국의 복지정책이 "자립의 감퇴"를 야기했다고 주장하는 보고서를 발간했을 때, 아니면 캔자스주의 상원의원 로저 마셜(Roger Marshall)이 2021년 6월에 자기 주의 해이한 노동시장에서 "첫 번째 장애물"은 사실상 "사람들에게 출근을 할 때보다 집에 있을 때 더 많은 돈을 주는 것"을 의미하는 실업급여라고 말했을 때, 이들은 한 세대에서 그다음 세대로 전해져 내려온 해묵은 사설—그걸 자본주의 선동이라고 한다—을, 그러니까 우리의 약(빈민 구호책)이 독약이라는 소리를 앵무새처럼 재탕하고 있었다. 그리고 그 메시지가 먹혔다. 이 나라 사람들 절반이 정부가 제공하는 사회 보조금은 사람들을 게을러지게 만든다고 믿는 것 같다.[09]

이런 원조의 혜택을 누가 누리는지에 관한 각자의 생각 역시 우리의 관점에 깊은 영향을 미친다. 여러 연구는 미국 대중이 가진 두 가지 유구한 믿음을 일관되게 밝히고 있다. 첫째, 미국인들은 복지 수급자 대부분이 흑인이라는 (잘못된) 믿음을 가지고 있다. 이 점에서는 자유주의자도, 보수주의자도 마찬가지다. 둘째, 많은 미국인이 여전히 흑인들은 노동윤리가 약하다는 믿음을 가지고 있다. 1972년 사회과학자들은 일반사회조사(General Social Survey)라고 하는 성인 대상 조사를 실시했다. 그리고 이 조사는 지금까지도 실시되고 있어서, 우리가 시간에 따른 인식의 흐름을 추적할 수 있게 해 준다. 1990년 이 조사는 미국인들에게 여러 다양한 집단이 얼마나 게으르다고 또는 근면하다고 생각하는지를 7점 기준으로 평가해 달라고 요청했다. 7점은 해당 집단에 있는 거의 모든 사람이 게으르다는 믿음을 의미했다. 그해 해당 문항에 대답한 미국인 가운데 백인이 전반적으로 게으르다고 생각한 (백인에게 5점, 6점, 7점을 준) 경우는 6퍼센트였지만, 흑인에 대해서는 44퍼센트가 그렇다고 답했다. 가장 최근인 2021년에 똑같은 조사를 해 본 결과 미국인 일곱 명 중한 명 이상이 여전히 흑인이 게으르다고 생각하는 것으로 나타났다. 반흑인 인종주의는 사회 보조금에 대한 미국인들의 적개심을 강화한다.[10]

정부의 빈민 구호책이 오히려 부정적인 영향을 낳는다는 주장은 오랫동안 개인적인 진술과 상식에만 의지했다. 다른 문제에서는 냉철한 경험론자였던 맬서스는 빈민 구호책이 사람들을 타락시킨다는 의견을 토로할 때는 객관적인 사실에 관심을 갖지 않고 "(내게는) 평범한 진술 이상은 더 필요한 게 없다"라고 말했다. 이와 비슷하게 2021년 한 언론인이 미국기업연구소에서 경제정책 연구를 책임지는 경제학 박사 마이클 스트레인(Michael Strain)에게 어떤 근거로 "누군가는 마약을 사거나 술을 사거나 라스베이거스에 가서 탕진할 수 있으므로 나는 납세에 별 열정이 없다"라고 확신에 찬 발언을 하게 되었는지 묻자 스트레인은 "이건 증거가 필요 없는 주제"라고 응수했다.[11]

하지만 그렇지 않다. 미국 노동통계청(Bureau of Labor Statistics, BLS)은 그간 자산조사 결과에 따라 지급하는 정부 보조금을 수령하는 가족의 소비 패턴을 꼼꼼하게 추적해 왔다. 맥 빠질 정도로 당연하게 이 가족들은 보조금을 생필품 구입에 지출한 비중이 다른 가족에 비해 높았고, 오락, 술, 담배 등에 지출한 비중은 낮았다. 또한 노동통계청은 소득분포 상위 20퍼센트인 가정이 하위 20퍼센트인 가정에 비해 술에 두 배 더 많은 비용을 지출한다는 사실도 밝혔다. 이는 어제오늘의 일이 아니다. 1899년 사회학자 소스타인 베블런(Thorstein Veblen)은 술과 약물 구입 비용을 근거로 부유한 사람들은 "알코올음료와 마약류"를 좋아하고 가난한 사람들은 "강제된 금욕 생활"을 하게 된다는 글을 남긴 바 있다.[12]

보조금이 상당히 증액될 때 가난한 사람들이 어떻게 반응하는지도 살펴볼 수 있다. 연구자들은 최근 캘리포니아 스톡턴(Stockton)에서 실행된 보편기본소득(Universal Basic Income, UBI)의 결과를 평가했다. 먼저 스톡턴시의 저소득층 동네에서 주민

125명을 임의로 선정하여 매달 아무 조건 없이 500달러를 지급했다. 이들은 그 현금으로 무엇을 했을까? 대단히 재미없는 일을 했다. 이들은 이 돈을 식료품점과 코스트코(Costco)에서 쓰거나, 공과금을 내고 자동차를 수리하는 데 썼다. 담배나 술을 구입한 금액은 1퍼센트 미만이었다.[13]

내가 밀워키의 가난한 동네에 살았을 때 만났던 사람들—곤경, 심지어는 무주택 상태를 종종 감내해야 했던 사람들—에게 충격을 받은 것 중 하나는 그들 대부분은 그저 담배 한 대에 의지해 고통을 삭이려 한다는 사실이었다. 나는 헤로인에 중독된 사람들도 알았고, 주변에는 주류 판매점도 많이 있었지만, 내 이웃 대부분은 지극히 멀쩡한 정신으로 가난을 대면했다. 솔직히 실망이었다. 나는 곤두선 신경을 무디게 만들고 싶었고, 그래서 맥주나 위스키를 한잔하려고 할 때면 밀워키의 친구들은 동조하지 않았다. 한번은 내가 여섯 캔짜리 맥주 한 팩을 사려고 주류 판매점에 들르자 크리스털은 나를 이렇게 꾸짖기도 했다. "당신이 술 마시는 줄 몰랐는데요." 나는 차에 있던 다른 사람들을 쳐다보았다. 크리스털, 그리고 크리스털이 구세군 홈리스 쉼터에서 만난 버네타, 그리고 시카고의 공공주택에서 버네타의 아이들을 키워 준 버네타의 어머니. 우리는 일요일 저녁 식사를 같이 만들 계획이었다.

"아, 누구든 뭐 필요한 거 있어요?" 나는 이렇게 물었다.

다들 고개를 저었다. 누구도 술을 마시지 않았던 것이다. 그들은 뭘 부탁해야 하는지도 몰랐으리라. 나는 마치 내가 우리의 저녁 식사에 폐를 끼치기라도 한 듯한 기분으로 내가 마실 맥주를 샀다.[14]

우리에게는 복지 의존성에 대한 확실한 데이터도 있다. 이 문제로 여론이 시끄러웠던 1980년대와 1990년대에 연구자들은 연구 조사에 착수했다. 그들은 증거를 많이 찾아내지 못했다. 복지에 의존하던 젊은 어머니들 대다수가 프로그램을 시작하고 나서 2년을 채우기 전에 복지에서 손을 뗐다. 이런 어머니들 중 대부분은 구직기간 동안 또는 이혼 후처럼 상황이 안 좋을 때면 한 번씩 일정 기간 동안 복지수당에 다시 의지했다. 장기간 동안 수급을 받는 이들도 있었지만 이는 일부 예외적인 경우였다. 복지제도가 가장 인심이 후했을 때도 사람들은 의존의 늪에 빠지지 않았다. 《사이언스》에 실린 한 리뷰는 "복지 시스템은 복지에 대한 의존도를 높이기보다는 일시적인 불행이 닥쳤을 때 보험으로 기능한다"라고 결론 내렸다.[15] 그때나 지금이나, 복지수당에 의지하며 빈둥대는 사지 멀쩡한 성인 무직자는 보기 드물다. 한 연구에 따르면 미국에서 가난한 사람 백 명 가운데 오직 세 명만이 알 수 없는 이유로 노동시장과 단절된 노동 가능 연령의 성인이다.[16]

이 데이터를 파고들어 보면 문제는 복지 의존성이 아니라 오히려 복지 회피라는 게 금세 드러난다. 간단히 말해서 많은 가난한 가정이 충분히 활용할 수 있는데도 보조금을 이용하지 않는 것이다. 빈곤가정일시부조 대상 가족 가운데 실제로 신청하는 경우는 4분의 1뿐이다. 푸드스탬프 수급 자격을 갖춘 미국 고령자 가운데 실제로 서명을 하고 수령하는 경우는 절반에 못 미친다(48퍼센트). [메디케이드와 어린이의료보험프로그램(Children's Health Insurance Program)의 형태로] 정부 의료보험을 이용할 수 있는 부모 중에서 실제로 여기에 등록하는 경우는 다섯에 하나꼴이고, 근로장려세제를 신청할 자격이 되는 노동자는 다섯 명에 한 명꼴로 신청하지 않는다.[17] 복지 회피는 호황에도 불황에도 별다른 변화 없이 이어진다. 대침체가 극에 달했을 때 미국인 열 명 중 한 명이 무직 상태였지만 수급 대상자 가운데 실제 실업수당을 탄 경우는 세 명 중 한 명뿐이었다.[18]

미국의 저소득층이 청구하지 않은 정부 보조금 총액에 대한 공식적인 추정치는 없지만, 그 금액은 1년에 수천억 달러에 달한다. 근로장려세제를 신청하지 않은 저소득 노동자들이 남겨 놓은 돈을 생각해 보자. 이 돈을 받을 수 있는 약 700만 명이 신청을 하지 않아서 1년에 총 173억 달러를 날린다. 여기에 사람들이 푸드스탬프(134억 달러), 정부 의료보험(622억 달러), 구직기간 중 실업급여(99억 달러), 그리고 생활보조금(389억 달러)

을 타 가지 않아서 남은 돈을 더해 보자. 이것만 해도 사용되지 않은 보조금이 약 1420억 달러에 달한다.[19]

이것이 얼마나 골치 아픈 문제인지 정책통들이 사회 프로그램 "수급률"이라고 부르는 것을 신장시킨다는 목표를 가진 행동과학의 하위 분야가 등장했을 정도다. 심리학자, 경제학자들은 더 많은 저소득층들이 자신들에게 배당된 돈을 타 갈 수 있게 만든다는 일념하에 정교한 실험을 설계하고, 콘퍼런스를 조직하고, 박사학위논문을 지도하고, 동료 검토를 거친 연구를 발표하고, 책을 쓰기까지 했다.

복지 의존이 사실이라면 이런 일이 있을 수 없다. 만일 미국의 가난한 사람들이 시스템에서 마지막 푼돈까지 긁어내는 방법을 정말로 알고 있다면 어째서 매년 수십억 달러에 달하는 보조금을 그냥 남겨 놓겠는가? 정치인, 전문가 들이 가난한 사람들의 장기간에 걸친 복지 중독에 대해, 또는 전직 공화당 국회의원 폴 라이언(Paul Ryan)의 표현을 빌리면 "사지 멀쩡한 사람들이 의존과 현실 안주에 빠져들도록 얼러 주는 해먹" 같은 역할을 하는 사회안전망에 대해 분노의 불길을 뿜어 댈 때, 이들은 단단히 오해하고 있거나 거짓말을 하는 것이다.[20] 미국 빈민들은 복지에 의존하는 데 끔찍하게 서툴다. 나는 그들이 더 능숙하면 좋겠다. 그리고 같은 국민으로서 우리가 다국적기업들이 우리에게 감자칩과 자동차 타이어를 사게 만들려고 쏟는 것과 같은 양의 사고와 창의성과 집념을 발휘해서, 가난한 가족들을 이들의 굶주림과 곤경을 덜어 주려고 만들어진 프로그램에 연결시켜 주면 좋겠다.

　반면 나머지 우리, 그러니까 보호받는 계급에 속하는 우리는 점점 복지 프로그램 의존도가 높아졌다. 2020년 연방정부는 주택 소유자 보조금으로 1930억 달러 이상을 썼다. 이는 저소득 가구의 직접적인 주택보조금에 들어간 금액(530억 달러)을 훨씬 넘어서는 수치다. 이런 보조금을 누리는 가정은 대부분 억대 연봉을 받는 백인 가정이다. 가난한 가정은 운이 좋아서 정부 소유의 아파트에 살게 되더라도 곰팡이와 심지어는 납 성분이 들어간 페인트를 면하지 못할 때가 많은데, 부유한 가정은 첫 번째 집과 두 번째 집에 대해 주택담보대출 이자 감면을 신청하는 실정이다. 가난한 가정의 부모에게 지급되는 현금 복지는 일생 동안 5년으로 한정되어 있지만, 주택담보대출 이자 감면을 신청하는 가정은 그 대출 기간 동안 그렇게 할 수 있는데, 이게 보통 30년이다. 15층짜리 공공주택과 담보대출이 있는 교외 주택 둘 다 모두 정부 보조금이 들어가 있지만, 그렇게 보이고 느껴지는 건 한쪽뿐이다.[21]

　연방정부가 제공하는 모든 공공보조금을 계산할 경우 (국내총생산 대비) 미국의 사회복지는 프랑스 다음으로 세계에서

161

두 번째로 큰 규모다. 하지만 이는 정부 보조금을 받아서 고용주가 제공하는 퇴직금, 학자금대출과 529플랜, 아동 세액공제, 주택 소유자 보조금처럼 빈곤선보다 훨씬 잘사는 미국인들에게 쏠리는 보조금을 포함시켰을 때 이야기다. 만일 이런 세금 우대 조치를 제외하고 저소득층을 겨냥한 프로그램만을 국내총생산 대비로 계산할 경우 빈곤 경감에 대한 우리의 투자는 다른 부유한 국가들에 비해 훨씬 적어진다. 미국의 사회복지는 편파적이다.[22]

미국인은 노동을 통해 스스로 먹고사는 "독립형(makers)"과 정부 보조금에 의지해서 근근이 살아가는 "의존형(takers)"으로 양분되지 않는다. 사실상 모든 미국인이 일정한 형태의 정부 보조금에서 득을 본다. 공화당원도, 민주당원도 같은 비율로 정부 프로그램에 의지하고, 백인 가정, 히스패닉 가정, 흑인 가정도 마찬가지다.[23] 실업수당은 누구나 받는다.

정치학자 수잰 메틀러(Suzanne Mettler)는 자신의 책 『정부-시민 단절(The Government-Citizen Disconnect)』에서 미국 성인의 96퍼센트가 일생 중 한 시점에 주요 정부 프로그램에 의지한 적이 있다고 보고한다. 부유층, 중간층, 빈곤층이 각 계층에 따라 의지하는 프로그램의 종류는 차이가 있지만, 평균적인 부유층과 중간층 가정은 평균적인 빈곤층 가정과 같은 양의 정부 보조금에 의지한다. 학자금대출은 은행이 해 주는 것 같지만, 직업도, 신용도, 담보도 없는 열여덟 살짜리에게 은행이 돈을 주는 유일한 이유는 연방정부가 그 대출에 보증을 서고 이자의 절반을 지불하기 때문이다. 금융서비스 회사 에드워드존스(Edward Jones)나 푸르덴셜(Prudential)의 재무 상담사들은 당신이 529플랜에 서명을 하도록 도움을 줄 수 있지만, 사실 이 플랜의 관대한 세금 혜택 때문에 2017년부터 2026년까지 연방정부는 약 285억 달러의 비용을 떠안게 될 것이다. 65세 이하의 미국인 대부분에게 의료보험은 직장에서 해 주는 것 같지만, 실상은 연방정부가 고용주가 부담하는 의료보험 비용을 징세 대상인 소득에서 공제해 주는 것이기 때문에, 연방정부 입장에서는 최대 규모의 세금 우대 조치에 속한다. 2022년 이 혜택을 위해 연방정부가 65세 이하 미국인에 대해 3160억 달러의 비용을 치른 것으로 추정된다. 2032년이 되면 이 금액은 6000억 달러를 넘어설 전망이다. 전체 미국인 중 약 절반이 고용주를 통해 정부 보조금이 들어가는 의료혜택을 누리고, 3분의 1 이상이 정부 보조금이 들어가는 퇴직금에 등록되어 있다. 주로 부유층과 중간층이 견인하는 이 참여율은 푸드스탬프(미국인의 14퍼센트)와 근로장려세제(19퍼센트)처럼 저소득층 가정을 겨냥한 최대 프로그램들의 참여율을 훨씬 능가한다.[24]

2021년 미국은 세금 우대 조치로 총 1조 8000어 달러를 지출했다. 이 금액은 법 집행, 교육, 주택, 보건의료, 외교, 그 외 우리의 모든 재량적 예산의 총 지출을 넘어선 것이었다.[25] 13개 최대 규모의 개별 세금 우대 조치 중에서 약 절반의 혜택은 부유한 가정, 그러니까 소득이 상위 10퍼센트에 속하는 가정에 돌아간다. 소득 상위 1퍼센트인 사람들은 전체 중간층 가정보다 더 많은 혜택을 가져가고 하위 20퍼센트에 속하는 가정보다는 두 배 더 많이 누린다. 그동안 우리는 미국이 국방비를 줄이고 그렇게 아낀 돈을 빈민들에게 써야 한다는 소리를 얼마나 많이 들었는지 모른다. 공적인 장소에서 이런 제안을 하면 항상 박수갈채가 터져 나온다. 그런데 주로 부유층에게 혜택이 돌아가는 세금 우대 조치를 줄여서 빈곤층에게 더 많은 힘을 실어 줘야 한다는 제안은 별로 들어 보지 못했다. 미국은 군사비와 방위비의 두 배 이상을 세금 우대 조치에 퍼붓고 있는데도 말이다.[26]

오늘날 연방보조금에서 가장 큰 이득을 보는 수혜자는 부유한 가정이다. 고용주가 지원하는 의료보험의 혜택을 누리려면 좋은 직업, 보통은 대학 학위가 필요한 직업이 있어야 한다. 주택담보대출 이자 감면의 혜택을 누리려면 집을 구매할 능력이 있어야 하고, 가장 큰 규모의 주택담보대출을 감당할 능력이 있는 사람은 가장 큰 규모의 감면을 받는다. 529플랜의 혜택을 누리려면 자녀의 대학 학자금으로 현금을 따로 모아 둘 정도의 여유가 있어야 한다. 그리고 저축액이 많을수록 세금 감면 혜택이 커지는데, 이 보조금을 이용하는 사람들이 거의 전적으로 부유층인 건 이 때문이다.**27** 내가 아는 한, 주택담보대출 이자 감면, 학자금, 또는 고용주가 지원하는 의료보험의 수급률을 어떻게 끌어올릴지라는 주제를 놓고 박사학위논문이 작성되거나, 연구가 진행되거나, 연구비 신청서가 제출되는 일은 일어나지 않고 있다. 이런 프로그램들의 참여율은 이미 상당히 인상적이니까.

하지만 부자는 세금을 더 많이 내지 않느냐고 말할 수도 있다. 맞다, 그렇다. 돈이 많으니까. 하지만 그게 더 많은 비중의 세금을 내는 것과는 다르다. 연방의 소득세는 누진적이다. 그러니까 소득이 늘어나면 세금 부담도 커진다. 2020년 가장 가난한 개인(소득이 9875달러 이하)은 세율이 10퍼센트, 중간 소득의 개인(소득이 8만 5526달러에서 16만 3300달러 사이)은 세율이 24퍼센트, 가장 부유한 개인(소득이 51만 8401달러 이상)은 세율이 37퍼센트였다. 하지만 다른 세금들은 역진적이어서 가난한 사람이 소득에서 더 많은 비중을 내도록 되어 있다. 소비세(sales tax)를 생각해 보라. 가난한 사람은 두 가지 이유로 가장 호되게 타격을 입는다. 첫째, 가난한 가정은 저축을 할 여유가 없지만 부유한 가정은 할 수 있고 실제로 한다. 매년 버는 모든 소득을 지출하는 가족은 자동적으로 소득의 일부만을 지출하는 가족에 비해 소득의 더 많은 비중을 소비세에 기여하게 될 것이다. 둘째, 부유한 가정은 돈을 쓸 때 서비스를 더 많이 소비하고, 가난한 가정은 소비세가 더 많이 딸린 상품(가스, 식품)을 더 많이 소비한다. 연방 소득세의 누진적인 설계는 임금보다 (양도소득의 형태로) 재산에 붙는 세율이 더 낮다는 사실을 비롯, 다른 세금들의 역진적인 성격에 상쇄된다. 모든 세금을 감안했을 때 우리는 사실상 모두 동일한 세율의 적용을 받는다. 평균적으로 빈곤층과 중간층은 소득의 약 25퍼센트를 세금으로 내는 반면, 부유층은 실질적으로는 이보다 아주 약간 높은 28퍼센트의 세율로 세금을 낸다. 미국에서 가장 부유한 400명은 전체 중에서 가장 낮은 23퍼센트의 세율을 적용받는다.[28]

미국 정부는 도움이 가장 적게 필요한 사람들에게 가장 많은 도움을 준다. 이것은 우리 사회복지의 진정한 속성이며, 우리의 은행 잔고와 빈곤 수준뿐만 아니라, 우리의 심리 상태와 시민정신에도 광범위한 영향을 미친다.

여러 연구는 근로장려세제를 청구한 미국인들은 그것을 청구하지 않았거나 청구할 수 없었던 비슷한 배경의 사람들에 비해 스스로를 정부의 수혜자로 볼 가능성이 더 높지 않다는 사실을 확인했다. 하지만 현금 복지를 수령한 사람들은 스스로를 정부 보조금의 수혜자로 인식했다. 이와 유사하게 학자금대출이나 529플랜에 의지한 사람들은 삶의 궤적이 유사하지만 이런 프로그램에 의지한 적이 없는 사람들에 비해 자신의 삶에서 정부의 역할을 더 많이 의식하진 않았다. 하지만 제대군인지원법 (GI Bill of Rights)의 혜택을 누린 미국인들은 자신이 국가의 조치를 통해 새로운 기회를 얻었다는 인식을 분명하게 가졌다. 실제로 (공공주택이나 푸드스탬프처럼) 가장 눈에 띄는 사회 프로그램에 의지하는 미국인들은 정부 덕분에 자신이 더 나은 삶을 살게 됐음을 인식할 가능성도 가장 높지만, (세금 우대 조치처럼) 가장 보이지 않는 프로그램에 의지하는 미국인은 정부가 자신에게 도움을 주었다고 믿을 가능성이 가장 낮다.[29]

정부의 보조금에서 가장 많은 혜택을 입는 사람들—일반적으로 회계사를 거느린 백인 가정—이 가장 강력한 반정부 정서를 품는다. 그리고 이런 사람들은 자신의 삶에서 정부의 역할을 인정하는 시민들보다 투표율이 더 높다. 이들은 정부지출 삭감을 약속하는 정치인들에게 표를 던진다. 철퇴를 맞게 되는 건 자신들의 이익이 아니라는 걸 정확히 알고서. 주택담보대출 이자 감면을 청구하는 유권자는, 적정가격 주택에 대한 투자 증대에 반대하는 바로 그 사람들이다. 고용주가 지원하는 의료보험을 수급한 사람들이 부담적정보험법 폐지를 밀어붙인 사람들이었듯. 이것이 정치의 속 터지는 역설 중 하나다.[30]

하지만 한 번씩, 가난하지 않은 미국인들에게 혜택을 몰아주던 정책들이 위기에 처할 때가 있다. 이런 일이 일어날 때 "보이지 않던" 사회복지가 돌연 눈앞에 드러난다. 2015년 오바마 대통령이 529플랜의 세금 혜택을 없애자는 안을 내놓자, 부유층을 대변하던 민주당원들이 즉각 이 계획에 반대하는 움직임을 조직했다. 자기 선거구민으로부터 역풍을 맞을 것이 두려웠던 것이다. 행정부는 발표한 지 하루 만에 그 제안을 취소했다.[31] 민주당 지도부는 만일 연방정부가 529플랜의 혜택을 없애거나, 주택담보대출 이자 감면을 축소하거나, 고용주가 지원하던 의료보험에 세금을 매기기 시작할 경우, 중간층과 부유층 가정이 격분할 것임을, 그리고 이런 혜택이 아주 눈에 띄지 않는 게 아니란 걸 이해했던 것이다.

이걸 어떻게 받아들여야 할까? 중간층과 부유층 가정은 대대적인 세금 혜택을 누리면서도 그걸 딱히 혜택으로 여기지 않고, 오히려 정부가 가난한 가정에 퍼 주기식 복지를 한다며 분통을 터트리다 못해 결국 빈민 대상 정부지출을 반대하는 한편, 애당초 잘 감지되지 않는 것 같던 자신들의 세금 감면 혜택을 보호하는 움직임을 조직하는 현실을 어떻게 받아들여야 할까?

나는 세 가지 가능성이 있다고 생각한다. 먼저, 이해할 만하게도 세금 감면을 정부 발행 수표와 비슷한 무언가로 보지 못하는 사람들이 많다. 우리는 징세를 부담으로, 세금 감면을 정당한 우리의 것을 마땅히 누리는 상태로 받아들인다. 심리학자들은 인간이 성취보다 상실을 더 예민하게 느끼는 경향이 있다고 말한다. 1000달러를 잃은 아픔이 같은 금액을 얻은 만족감보다 더 크다.**32** 세금도 이와 다르지 않다. 우리는 세금 우대 조치를 통해 우리에게 돌아오는 돈(성취)에 대해서보다 우리가 내야 하는 세금(상실)에 대해 더 많이 생각하는 경향이 있다.

이는 미국이 세금 신고를 일부러 짜증 나고 시간을 잡아 먹는 노역으로 만들어 놓은 데서 비롯된 결과다. 일본, 영국, 에스토니아, 네덜란드, 그 외 여러 나라에서는 시민들이 세금을 신고하지 않는다. 정부가 자동으로 처리한다. 이런 나라에서는 납세자가 정부의 계산을 확인하고, 서류에 서명을 한 다음 다시 메일로 회신하면 끝이다. 이 절차는 몇 분 만에 끝날 수 있고, 그보다 더 중요하게는, 시민들이 자신들이 응당 내야 하는 세금을 내고 돌려받을 돈을 돌려받기 수월하게 해 준다. 일본이나 네덜란드의 납세자들이 정부가 과도하게 세금을 부과했다고 생각할 경우 계산 결과에 항의를 할 수도 있지만 대부분은 그렇게 하지 않는다. 미국이라고 해서 세금을 이런 식으로 걷지 못할 이유가 없다. 기업 로비스트들과 많은 공화당 입법가들이 납세 과정이 고통스럽기를 바란다는 사실만 빼면. 레이건 대통령은 "세금은 고통스러워야 한다"라는 유명한 말을 남겼다. 세금이 고통스럽지 않을 경우 우리는 납세를 정부가 우리 돈을 가져가는 짜증 나는 기간에 벌어지는 일이 아니라, 사회의 일원으로서 마땅히 필요한 정상적이고 간단한 행위로 이해할지 모른다.**33**

그러니까 포장이 그 안에 든 선물만큼 중요한 게 당연한 까닭에, 나는 혜택이 전달되는 방식과 세금이 징수되는 방식이 우리가 그것들을 바라보는 시각에 영향이 미치는 게 당연하다고 생각한다. 세금을 내는 건 속상하고, 세금 감면 혜택을 정부 원조와는 근본적으로 다른 것으로 인식하기는 아주 쉽다. 하지만 약간 마법처럼 신비로운 사고방식인 건 사실이다. 복지수당 수표와 세금 감면 혜택은 모두 가계소득을 신장시키고, 재정 부족에 도움이 되고, 병원에 가거나(메디케이드), 대학 자금 마련(529플랜) 같은 특정 행동을 유도하도록 설계되어 있다. 우리는 실행 방식을 뒤집어서 동일한 목적을 달성할 수 있다. 주택담보대출 소득공제 대신 매달 집주인들에게 수표를 주는 동시에 저소득 노동자를 위해 급여 세금(payroll tax)을 삭감(프랑스가 그렇듯)함으로써 가난한 사람들에게 복지를 확대하는 것이다. 연방 예산은 국가의 돈이 납세자에게, 그리고 다시 납세자에게서 국가로 흘러들어 가는 어마어마한 돈의 흐름이다. 당신은 세금 부담을 낮추거나, 세금 혜택을 높임으로써 가정의 이익을 챙길 수 있다. 결과는 동일하다.[34]

    연방의 소득세에 관해, 일각에서는 중간층 납세자들이 빈곤층을 먹여 살린다고 믿는다. 하지만 데이터를 살펴보자. 2018년 평균적인 중간층 가정은 소득이 6만 3900달러였고, 모든 공제를 하고 난 뒤 연방 세금으로 9900달러를 지불했으며, (장애수당과 실업수당 같은) 사회보험 수당으로 1만 3600달러, (메디케이드와 푸드스탬프 같은) 자산조사 결과에 따라 지급하는 프로그램으로 3400달러를 받았다. 다시 말해서 평균적인 중간층 가정은 연방 세금으로 낸 돈보다 7100달러 더 많은 정부지원금을 받았다. 이 정도면 투자 대비 소득이 굉장히 높다고 할 수 있다. 미국 중간층이 자신의 세금으로 가난한 사람들에게 보조금을 주고 있고 아무런 혜택을 누리지 못한다는 주장은 사실이 아니다.[35]

하지만 좀 더 근본적으로 생각했을 때 연방의 소득세만을 살피는 것은 아침에 뭘 먹었는지만 기록해서 칼로리를 계산하는 것과 같다. 논평가들은 소득세에만 초점을 맞춘 채 가난한 사람들이 "비납세층"을 이룬다고 주장한다. 이들의 소득세 부담은 표준공제와 다른 세액공제를 적용하고 나면 거의 영에 가깝다면서. 하지만 이는 가난한 사람들이 세금을 지불하는 다른 방식, 그리고 부자들이 세금을 지불하지 않는 온갖 방식을 의도적으로 간과한 것이다. 최종 정산은 이렇다. 사회보험, 자산조사 결과에 따라 지급하는 프로그램, 세제 혜택, 고등교육에 대한 금융지원에 들어가는 지출을 모두 정리한 가장 최근의 데이터에 따르면, 소득분포 하위 20퍼센트에 속하는 평균 가정은 1년에 정부 보조금으로 약 2만 5733달러를 받는 반면, 상위 20퍼센트에 속하는 평균 가정은 약 3만 5363달러를 받는다.[36] 미국 최상위층 가정은 매년 정부 보조금으로 최하위층 가정보다 약 40퍼센

171

트를 더 많이 받는다.

　위 사실을 감안했을 때 아무래도 보이지 않는 사회복지를 인정하기를 꺼리는 또 다른 이유가, 더 근본적인 무언가가 있는 게 아닌가 싶다. 중간층과 부유층은 자신들이—그러니까 빈곤층이 아니라—정부의 도움을 받을 자격이 있다고 믿는다. 이는 자유주의 사상가들이 오래전부터 유지해 온 설명 방식이다. 능력주의에 대한 미국인들의 고질적인 믿음 때문에 이들이 물질적 성공과 혜택을 누릴 자격을 혼동하는 거라고. 나는 그렇게 생각하지 않는다. 우리에겐 이와 반대되는 분명한 증거가 넘치도록 많다. 우리는 정말로 상위 1퍼센트가 나머지 사람들보다 혜택을 더 많이 누릴 자격이 있다고 믿을까? 2023년인 지금, 우리는 정말로 백인이 더 열심히 일했으니 흑인보다 훨씬 잘사는 거라고, 여자들은 자격 미달이어서 월급을 더 적게 받는 거라고 주장하려는 건가? 진정 우리는 화학물질 때문에 피부가 벗겨지는 가사 노동자나, 똑바로 설 힘도 없는 농장 노동자나, 미국의 다른 노동 빈곤층 수백만 명을 가리키면서 저들이 밑바닥에서 벗어나지 못하는 건 게으르기 때문이라고 주장할 정도로 뻔뻔한가? "나는 지금 이곳에 오려고 열심히 일했다"라고 누군가는 말할지 모른다. 당연히 그럴 것이다. 하지만 우리는 숱하게 많은 가난한 사람들 역시 지금의 자리에 도달하려고 열심히 일했다는 사실을 알고 있다.[37]

심지어 개인적인 삶에서도 대처 능력과 노력 때문이 아니라 그저 키가 크거나 매력적이거나 어떤 사람을 알고 있거나 빵빵한 유산을 물려받았기 때문에 잘나가는 사람들을 본다. 능력 있는 동료가 승진에서 물을 먹는 동안 그보다 총기가 떨어지는 사람이 화려한 직위를 꿰찬다. 날벼락 같은 병에 걸리거나 자동차 사고 이후 한 가족이 힘겨운 시기를 보낸다. 우리의 삶은 헤아릴 수 없이 많은 방식으로 구체적인 타격을 입는다. 우리의 통제를 벗어난 사건에 의해서만이 아니라 이 세상의 말도 안 되는 불합리에 의해. 우리는 매일매일 일상의 변덕을, 우리의 미래가 배경이나 운에 의해 결정되는 부당하고 어이없는 순간들을 상대한다.

우리 대부분은 열심히 일하면 성공할 수 있다고 믿는다. 그게 당연한 거니까. 하지만 우리 대부분은 백인이거나, 교육 수준이 높은 부모를 두거나, 연줄이 있으면 유리하다는 것도 알고 있다. 우리는 자수성가는 어느 정도까지만 가능하다는 걸, 근성과 극기 정신으로 각고의 노력을 하면 성공할 수 있다는 진부한 이야기는 아이들을 위해서는 괜찮은 충고이지만 그걸로 이 세상이 돌아가는 원리를 설명하지는 못한다는 걸 잘 알고 있다. 엄청난 부유함 바로 옆에 가난이 존재하는 한, 승자들은 이런 모습을 정당화하는 논리를 지어 내지 않을 수 없었다. 가난한 사람들이 충분히 노력하지 않은 거라고. 복지가 장기적인 의존성을 만들어 낸다고. 가난한 사람들에게 기회를 확대하는 건 사회주의와 독재로 이어지는 파멸 행위라고. 이런 선동이 계속 되풀이되는 것은 설득력이 있어서가 아니다. 우리의 삶이 가난한 사람들의 삶과 서로 맞물려 있다는 뼈아픈 진실을 외면할 수 있게 해 주기 때문이다.[38] 하지만 이런 낡은 비유와 고정관념은 수명이 다해 가고 있다. 우리는 그 속을 이미 간파했다. 오늘날 민주당원 대부분과 공화당원 대다수가 가난이 노동윤리의 부재 때문이 아니라 부당한 환경 때문이라고 믿는다.[39]

이런 흐름 속에서 어째서 우리는 현행 질서를 받아들이는가에 대한 세 번째 그럴듯한 설명이 나온다. 우리는 지금의 질서를 좋아한다.

매우 도발적인 말이라는 건 알고 있다. 어쩌면 그래서 우리가 온갖 변명과 순발력 있는 발뺌 뒤에 그걸 숨기는지 모른다. 하지만 과거 민권운동가 엘라 베이커(Ella Baker)가 표현했듯 어떻게 돈을 손에 넣었든 "잘사는 사람들은 못살게 되기를 원치 않는다". 솔직히 말해서 세금 감면 혜택은 내가 누릴 수만 있다면 마다할 이유가 없다. 2020년 주택담보대출 이자 감면으로 미국민 1300만 명 이상이 247억 달러를 지켰다. 연 가계소득이 2만 달러 이하인 주택 소유주들은 400만 달러를, 연 가계소득이 20만 달러 이상인 주택 소유주들은 155억 달러를 아꼈다. 또한 같은 해에 납세자 1100만 명 이상이 학자금대출 이자를 공제받아 저소득층 대출자는 1200만 달러를, 소득이 10만 달러에서 20만 달러 사이인 대출자들은 4억 3200만 달러를 절약했다. 전체적으로 개인소득자 가운데 상위 20퍼센트는 세금 감면 혜택 금액이 하위 20퍼센트보다 여섯 배 더 많다. 기묘한 정부 보조금 형태로 주어진 돈도 어쨌든 돈이고, 그걸 한번 받아 보면 계속 누리고 싶어진다.[40]

지금의 정부 원조는 제로섬이다. 최대 규모의 정부 보조금은 가난에서 헤어나려고 발버둥 치는 가족들에게 가는 게 아니라, 잘사는 가족들을 계속 잘살게 만드는 쪽으로 흘러들어 간다. 이렇게 되면 가난한 사람들에게 돌아가는 자원은 적어진다. 그것이 우리의 설계이고 우리의 사회계약이라면 최소한 그렇다고 인정해야 한다. 최소한 자리에서 일어나 고백해야 한다. 그렇다, 이것이 우리가 바라는 국가다,라고. 가난한 미국인들의 얼굴을 들여다보면서 당신들을 돕고 싶은 마음은 굴뚝같지만 그럴 여력이 없다는 말을 해서는 안 된다. 그건 거짓말이니까.

Poverty,

우리는 어떻게
기회를 구입하는가

By America

금융위기가 일어나기 전, 21세기 첫 10년 동안 미국 신문들은 미국이 두 번째 황금기에 접어들고 있다고 선언했다. 2007년 10월, 《뉴욕타임스 매거진》은 마치 뉴욕 시민들이 황금 똥을 누기라도 하는 듯, 금도금한 맨홀 뚜껑 사진을 표지에 떡하니 박아 넣었다. 물론 완전하지 않은 서사였지만, 오늘날의 미국인들이 기를 쓰고 외면하려는 날것의 진실을 담고 있었다. 그것은 많은 미국인이 부유하다는 것이다.[01] 그것도 엄청나게. 2020년 미국인들은 새 모터보트 31만 대 이상을 구입했다. 반려동물에게는 1000억 달러 이상, 레저형 관광에는 5500억 달러 이상을 썼는데, 코로나19 때문에 전년도에 썼던 7230억 달러보다 적어진 것이다. 미국인들의 자동차는 전 세계 다른 어느 나라 사람들의 차보다 크다. 집도 마찬가지다. 미국의 평균적인 신규 주택 안에는 영국의 신규 주택 세 채를 넣을 수 있을 정도다. 미국 가정 여덟 곳 중 한 곳이 주 주거지 외에 두 번째 집이나 공용 별장 등의 부동산을 소유하고 있다.[02]

우리는 다른 부유한 나라 시민들보다도, 우리의 선조들보다도 훨씬 잘산다. 하지만 미국 중간층과 부유층의 지배적인 분위기는 조바심과 걱정이다. 과거의 부자들은 노동에 무관심을 드러내는 등의 방식으로 자신의 부를 과시하곤 했다. 오늘날의 미국 귀족들은 서로 불평을 해 대면서 쉬지 않고 일하는 쪽을 더 좋아하는 듯하다. 인류사를 통틀어 이 많은 사람이 이 많은 걸 소유하고 있으면서도 이렇게까지 박탈감과 불안감을 느끼는 시대가 있었을까?

이런 감정은 우리 스스로가 불평등의 진원지임을 인식하지 못하게 방해하는 데 믿을 수 없을 정도로 효과가 좋은 것으로 확인됐다. 우리는 넉넉한 보상을 좋아한다. 우리는 스마트한 상품을 좋아한다. 우리는 염가를 좋아하고 가격이 오르면 법석을 떤다. 빠르고 저렴하게. 이것이 미국인들이 좋아하는 소비 방식이다. 하지만 누군가는 대가를 치러야 한다. 그리고 그 누군가는 넝마주이 같은 미국 노동자들이다. 최저가가 가능한 것은 빈곤 임금 때문이다. 빠른 서비스를 가능케 하는 것은 가차 없는 감시와 통제다. 노동계급과 노동 빈곤층—그리고 이제는 노동하는 홈리스까지도—이 우리의 욕구와 재미의 대가를 짊어진다.[03]

집값 상승을, 적지 않은 우리가 지독하게 많은 돈을 가지고 있고 입찰 전쟁을 통해 가격을 계속 끌어올리고 있다는 사실을 뺀 모든 것의 탓으로 돌리고 싶은 유혹은 뿌리치기 쉽지 않다.

지금까지 몇 년간 나는 미국 전역을 돌아다니며 지역 운동가, 정치지도자 들을 만나 이 나라의 주택 위기에 대한 이야기를 나눴다. 어딜 가든 집값 급등의 이유를 지목할 때가 되면 누군가는 러시아 갑부들을 거론할 것이다. 뉴욕에 가면 러시아 갑부들이 어퍼웨스트사이드를 집어삼키고 있다는 소리를 듣는다. 빌 더블라지오(Bill de Blasio) 시장조차 러시아 갑부들에 대해 불평했다. 비행기를 타고 로스앤젤레스로 날아가도 누군가는 러시아 갑부를 언급할 것이다. 러시아 유령들은 시애틀과 호놀룰루와 텍사스 오스틴의 주택시장에서도 어슬렁댄다. 대체 우리 주위에는 러시아 갑부가 얼마나 많은 걸까? 나는 궁금해지기 시작했다. 문제는 러시아 갑부에 대해서 제대로 아는 사람이 전혀 없다는 데 있다. 우리에 대해 이야기하는 것보다 그들에 대해 이야기하기가 더 쉬울 뿐이다. 다시 말하면 우린 국산 갑부는 "갑부"라고 부르지도 않는다.[04]

　미국보다 훨씬 가난한 나라도 있고, 부자나 가난한 사람이 훨씬 적은 나라도 있다. 선진 민주주의 국가 가운데 미국은 극심한 계급 불평등이라는 측면에서 독보적이다. 여기서 사회적 이동성은 두 가지 상반된 효과를 낳을 수 있다. 우리를 부유층으로 끌어올리는 힘이 깊은 구덩이로 우리를 처박을 수도 있기 때문이다. 돈이 극심하게 양분돼서 부자 수백만 명과 가난한 사람 수백만 명이 뒤섞여 사는 나라에는 무슨 일이 일어날까? 이렇게 불평등이 심한 나라에서는 가난한 사람들이 점점 공공서비스에 의지하게 되고 부자들은 점점 거기서 발을 뺄 방법을 찾는다. 이는 "민간의 풍족함과 공공의 누추함"이라고 하는 자기 강화적인 역학 관계로 귀결되어 우리가 사는 공동체의 간극을 점점 벌려 놓는다.

이는 로마의 역사학자 살루스티우스(Sallustius)가 율리우스 카이사르의 시절인 기원전 63년에 로마를 집어삼킨 정치적 혼란을 다룬 자신의 첫 논문「카틸리나 전쟁(Bellum Catilinae)」에도 기록한 바 있는 오래된 문제다.[05] 하지만 이 문제를 공론화한 사람은 1958년『풍요한 사회(The Affluent Society)』를 출간한 20세기 중반의 경제학자 존 케네스 갤브레이스(John Kenneth Galbraith)였다. 갤브레이스는 착취 문제에 대해서는 잉크를 별로(아니 실은 전혀) 사용하지 않았다. 그의 주요 관심은 민간의 부가 학교, 공원, 사회안전망 프로그램 같은 공공서비스에 대한 투자를 상당한 속도로 앞지르고 있다는 사실이었다. 그 과정은 서서히 시작되다가 어느 순간 자체적인 탄력이 붙어서 가속화되는 경향을 보인다. 사람들이 돈을 많이 축적하면 할수록 공공재에 대한 의존도는 낮아지고, 그러면 공공재를 유지하는 데에 대한 관심도 줄어든다. 사람들이 세금 감면 혜택 등의 수단을 통해 원하는 바를 손에 넣으면 공공재는 방치되어 악화하는 반면 개인의 부는 커져 간다. 공공주택, 공교육, 대중교통이 점점 부실해질수

록, 그것은 점점, 그러다가 거의 전적으로 가난한 사람들의 전유물이 된다.[06]

그러고 나면 사람들은 공공부문을 싸잡아서 폄하하기 시작한다. 마치 뿌리부터 썩었다는 듯, 마치 부자들은 그걸 초토화해도 아무런 관심이 없다는 듯. 부자와 빈자가 이내 대동단결하여 공공재에 대한 반감을 드러낸다. 부자들은 자신이 필요하지도 않은 것에 돈을 내기가 싫어서, 가난한 사람들은 자신에게 필요한 것이 너무 허접하고 제 기능을 못 하는 상태여서. 집단이 공유하는 것은, 특히 계급과 인종을 구분하지 않고 공유되는 것일 경우에는 더 미천한 것으로 인식되는 지경이다. 미국에서는 공공서비스에 의존하는 것이 분명한 가난의 표지고, 거기서 멀수록 넉넉하다는 분명한 표지다. 충분한 돈은 "재정적 독립"을 가능케 하는데, 그것이 노동으로부터의 독립이 아니라 공공부문으로부터의 독립을 의미한다는 것은 시사하는 바가 있다. 한때 미국인들은 직장 상사가 없는 삶을 꿈꿨다. 그런데 이제 우리는 버스 기사가 없는 삶을 꿈꾼다. 넓은 지역사회에서 빠져나와 좀 더 배타적인 장소에 스스로를 격리시킬 자유를, 그래서 가난한 사람들로부터 점점 멀어지다가 그들을 아예 의식할 필요도 없는 그런 세상에서 살 자유를 꿈꾼다.[07]

민간의 풍족함과 공공의 누추함이라는 극단적인 구경거리는 마구잡이로 뻗어 나간 개도국의 와글대는 도시에서 확인된다. 철조망을 휘감고 기관총을 든 남자들이 에워싼 라고스 (Lagos)의 거대한 집들을, 델리(Delhi)의 길거리에서 구걸하는 어린이들의 행렬을 뚫고 에어컨 바람을 맞으며 사설 병원을 향해 달리는 기사 딸린 자가용들을 생각해 보라. 하지만 미국에도 이와 비슷하게 빈부가 난폭하게 교차하는 풍경이 있다. 우리는 애플 카플레이가 장착된 SUV를 몰고 고속도로 가장자리에 들어선 홈리스 야영지를 지나간다. 우리가 꽉 막힌 도로에 갇혀 막대한 시간을 허비하는 것은 고속철도 같은 대중교통 프로젝트에 투자하는 데 소홀했기 때문이다. 우리는 맨해튼의 아파트에서 나와 경비를 향해 까딱하고 인사한 다음 쓰레기가 넘치는 거리를 걷다가 거의 방치되다시피 한 지하철에 올라 친구를 만나기로 한 스시 집으로 향한다. 우리는 공원이 위험하고 불안한 장소가 되도록 일조해 놓고 더 이상 그곳은 가까이하지 않으면서 프라이빗 클럽과 골프코스 회원권을 보유한다. 우리는 공공주택이 허물어져 흉물이 되어 가는 동안 지하실을 손보고 주방을 재단장한다. 우리는 법적인 분쟁에 휘말릴 때 명문대 출신들이 포진한 로펌의 변호사 군단을 고용하지만 가난한 사람들을 위한 법률서비스 재정은 고갈시킨다. 왠지 이게 우리에겐 정상으로 느껴진다. 적극적이고 헌신적인 법적 방어가 가장 절실하게 필요한 사람들이 업무 과부하 때문에 때로는 의뢰인의 이름도 기억하지 못하는 변호사를 배당받는 일이 말이다. 미시간의 입법가들이 세금 인상을 거부함으로써 자신들의 정치적 기반인 부자들의 요구에 부응했을 때, 주정부는 인프라 개선 취소와 안전 조사관 해고와 같은 조치로 무려 어린이 1만 2000명—대다수가 가난하고 흑인인—에게 납중독을 유발한 플린트 수돗물 사태(Flint Water Crisis)와 직접적인 관련이 있는 문제들을 그대로 밀어붙임으로써 보조를 맞췄다.[08]

돈을 따라가다 보면 민간의 풍족함과 공공의 누추함 경향이 어떻게 소수의 지역사회뿐만 아니라 국가 전체에 뿌리내리게 되었는지를 확인할 수 있다. 지난 50년 동안 미국인의 개인소득은 317퍼센트 증가했지만, 연방의 세수는 겨우 252퍼센트 늘어났다. 개인의 재산이 공공의 재산보다 더 빨리 불어나서 서서히 공공투자의 숨통을 조여 오고 있다. 이런 흐름은 민주당 우세 주에서도, 공화당 우세 주에서도 비슷하게 일어났다. 조지 H. W. 부시의 집권기와 도널드 트럼프 집권기 사이에 오리건주의 소득은 112퍼센트 늘어나서, 겨우 54퍼센트 늘어나는 데 그친 교육비 지출 속도를 크게 앞질렀다. 같은 시기 몬태나주는 소득이 114퍼센트 증가했지만 교육비 지출은 겨우 37퍼센트 늘었다.[09]

소득이 늘어나면서 우리는 사적인 소비에 더 많이, 공적인 일에는 더 적게 쓰는 것을 선택했다. 우리의 휴가는 더 호사스러워졌지만 교사들은 이제 수업에 쓸 비품을 직접 구입해야 한다. 우리는 부의 대물림을 부채질하는 저축에 돈을 더 많이 넣으면서 모든 아이들에게 기회를 확대하는 공적인 지출을 전보다 축소한다. 1955년 정부지출은 경제 규모의 약 22퍼센트를 차지했고 수년간 그 수준이 유지됐다. 하지만 20세기 마지막 25년 동안 공공지출은 감소하기 시작했다. 2021년에 이르자 전체 공공재에 대한 정부지출—방위비, 교통비, 의료비, 그리고 빈곤 경감 프로그램 포함—이 국내총생산의 17.6퍼센트밖에 되지 않았다. 같은 기간 동안 개인 소비는 국내총생산의 약 60퍼센트에서 69퍼센트로 늘어났다.[10] 9퍼센트포인트의 증가가 별로 많아 보이지 않을 수 있지만 2021년에 이 만큼이면 2조 달러가 넘었다.

무슨 일이 있었던 걸까? 이런 흐름에 기여한 주요인은 미국 역사상 최대 규모의 감세였다. 국회의원 잭 켐프(Jack Kemp)가 제안하고 레이건 대통령이 공식적으로 법제화한 1981년의 경제회복감세법(Economic Recovery Tax Act)은 4년에 걸쳐 연방의 세수를 13퍼센트 이상 삭감했다. 이 법에는 상위 한계세율 20퍼센트포인트 삭감을 비롯한 소득세의 전방위적 삭감과 부동산세 삭감이 포함되어 있었다. 공화당의 호들갑이 경제를 뒤흔들었다. 이 법안이 통과된 직후 적자가 늘어나기 시작하고 이자율이 오르고 시장이 악화됐다. 레이건은 어떻게든 배를 바로잡아야 했기에 이듬해 법인세를 올렸다. 하지만 대통령의 예산 우선순위 재조정으로 가장 큰 대가를 치른 건 공공부문이었다. 레이건

은 미국 주택도시개발부의 자금을 20퍼센트나 40퍼센트가 아
니라 거의 70퍼센트 삭감했다. 한때 예산이 국방부 다음으로 많
았던 부서, 빈민가를 안전하고 의지할 수 있는 주택가로 탈바꿈
했던 부서가 졸지에 건물의 쓰레기수거나 엘리베이터 수리 비
용을 치를 수 없는 지경이 됐다.[11]

감세는 민간의 풍족함과 공공의 누추함에 불을 지피는 주
요 엔진 중 하나다. 그리고 우리는 이를 추진하는 공화당의 행
동에 점차 익숙해졌다. 하지만 이는 최근의 흐름이고—케네디
대통령은 세금을 줄였지만 닉슨과 포드는 올렸다—공공투자에
서 멀어지려는 현대적인 흐름이 어디에서 시작됐는지를 말한
다면 그곳은 민주당 지사를 선출하고 민주당 입법부를 세운 주
인 캘리포니아였다. 인플레이션이 심해지고 부동산세가 증가
하던 1970년대에 캘리포니아에서는 전면적인 납세자 반란이
일어났다. 부동산세에 부동산 평가액의 1퍼센트라는 상한선을
설정하고 그 평가액을 해당 부동산의 원구매가로 동결하는 주
민발의 13(Proposition 13)이 65퍼센트의 찬성을 얻어 통과된 것
이다. 민주당원도, 공화당원도, 부유층 주택 소유주도, 중간층
주택 소유주도 찬성표를 던졌다. 이 법은 개인의 재산을 증식시
켰고 공공서비스를 처참하게 무너뜨렸다. 부동산 소유주들이
승리했다면 공립학교 아이들은 패배했다. 캘리포니아는 여름
학교 프로그램을 취소해야 했다. 대공황 이래로 초유의 사태였

다. 그리고 1등이었던 미국 내 교육재정 순위가 끝에서 아홉 번째로 곤두박질쳤다.[12]

주민발의 13의 통과는 전국적인 반란에 영감을 제공했고 이는 레이건의 1981년 감축 굿판으로 이어졌다. 주민발의 13은 백인 주도의 반란이었다. (주민발의 13에 반대하는 집단은 공공부문 노동자들과 아프리카계 미국인들뿐이었다.) 근본적으로 미국 양대 정당의 의제를 바꿔 놓고 공공은 가난한데 민간은 떵떵거리는 시대의 도래로 귀결된 대대적인 감세는 단순히 정부의 과욕에 대한 대응이 아니었다. 흑인과 공공재를 나눠 쓰라는 요구를 받은 백인들의 대응이었다.[13]

공공부문에서 인종 분리를 불법화한 것은 민권운동의 괄목할 만한 성과였다. 일단은 1954년 브라운 대 교육위원회(Brown v. Board of Education) 판결로 공립학교에서, 그다음에는 1964년의 민권법(Civil Rights Act)을 통해 식당과 극장뿐만 아니라 공원과 건물에서도, 그다음에는 공정주택법(Fair Housing Act)이라는 이름으로 더 잘 알려진 1968년의 민권법을 통해 주택에서도. 이런 변화들은 많은 백인 가정을 공포로 몰아넣었다. 백인들은 공공장소에서, 그다음에는 도시 전체에서 발을 빼고, 그와 함께 세금을 회수함으로써 인종 통합에 일제히 대응했다. 많은 사람이 세금을 흑인에게 넘겨주는 강제적인 기부 같은 것으로 바라보게 됐다. 백인 가정들은 자신들에게 인종 통합 명령이 내려졌을 뿐만 아니라 그 비용까지 내게 된다고 여겼다. 여기에 짜증이 난 백인 유권자들은 계급 스펙트럼에 관계없이 손을 맞잡고 세금에 반기를 들었고, 그 과정에서 뉴딜을 중심으로 뭉쳤던 노동계급 민주당 동맹이 무너졌다. 당연히 백인 부모들 역시 아이들을 공립학교에 보냈지만 민권법 시대 이후로 백인 대부분은 자신들의 경제적 이해관계가 아니라 관념 속의 인종적 이해관계에 따라 투표하기 시작했다.[14]

역사학자 케빈 크루즈(Kevin Kruse)는 이렇게 말한다. "결국 공공장소에서의 인종차별을 철폐하라는 법원의 명령은 실제 인종 통합을 이룬 게 아니라, 공공의 세계는 점점 흑인들에게 내팽개쳐지고 새로운 민간의 세계가 백인들을 위해 창조되는 새로운 분열을 낳았다." 공립학교에 인종 통합 명령이 내려졌을 때 백인 부모들은 처음에는 저항했고 그다음에는 사립학교로 후퇴하거나 교외로 피난을 떠났다. 주요 도시의 공립학교들은 거의 모든 백인 학생을 잃었다. 가령 21세기 첫 10년 무렵 애틀랜타에 있는 공립학교 대부분에는 백인 학생이 세 명 이하였다. 2022년에는 백인 인구가 38퍼센트를 차지하는 애틀랜타의 공립학교 학생 가운데 백인은 16퍼센트였다.[15]

민간의 풍족함과 공공의 누추함을 가속화하는 움직임은 결국 가난한 사람들에게 해가 된다. 이는 공공재에 대한 대대적인 투자 철회로 이어질 뿐만 아니라, 이런 투자 철회를 통해 결국에는 주된 기회의 공급처였던 공공기관을 대체하는 새로운 민간사업체들이 만들어지기 때문이다. 부유한 시민들이 점점 이런 사적인 기업에 의지할수록 공공기관에 대한 지원은 점점 철회된다. 이런 식으로 공공재에 대한 투자 철회는 새로운 관심을 촉발하거나 재투자에 동기를 제공하지 못한다. 그러면 투자철회가 더 심해지고, 극단적인 상황에 이르면 미국체신청(U. S. Postal Service) 같은 매우 귀중한 공공기관이나 사회보장제도 같은 대중적인 프로그램마저도 민간에 넘기자는 요구가 힘을 얻게 된다.[16] 동등한 기회는 모든 사람이 사회적 이동성의 엔진 역할을 하는 어린이집, 양질의 학교, 안전한 동네에 접근할 수 있을 때만 가능하다. 하지만 민간의 풍족함과 공공의 누추함은 "기회의 상품화"로 이어지고, 여기서는 사회적 이동성의 엔진들이 이제 비용을 요구한다. 기회를 불평등하고 불공정하게 만드는 최고의 방법은 거기에 비용을 청구하는 것이다.[17]

주민발의 13은 아직도 캘리포니아에서 법적 효력을 갖는다. 미국은 레이건의 감세에서 한 번도 회복되어 본 적이 없고, 많은 사람이 더 많은 감세를 갈망한다. 트럼프 대통령은 자신의 특징적인 정책적 성과를 "미국 역사상 최대 규모의 감세"라고 불렀다. 그게 미국 역사상 최대는 아니었지만 상당히 컸고 2027년까지 약 1조 9000억 달러가량의 공적 투자를 감소시킬 것이다.[18] 나는 더 많이, 우리는 더 적게.

　　물론 공공의 누추함이 미국 전역에서 똑같은 수준으로 나타나지는 않는다. 많은, 아니 사실 대부분의 지역사회에서 공원은 넉넉한 비료와 제초 작업을 통해 잘 관리되고, 눈과 쓰레기는 때맞춰 치워지고, 학교는 가을이면 새 교과서를, 겨울이면 난방을 갖추고, 911 신고 센터는 구급차를 부른다. 최소한 미국적인 기준에서 보면 공공은 별 탈 없이 굴러간다(유럽에서 기차를 타거나 서울에서 인터넷을 사용해 보면 미국적인 기준이 세계 최고가 아니라는 걸 알 수 있긴 하지만). 그런데 기회는 축적되기도 한다. 사유재를 위해 공공재를 유기함으로써만이 아니라 개인의 재물을 이용해서 배타적인 공공재에 접근하거나 부유층 커뮤니티에 진입하는 방식을 통해. 미국의 많은 곳에서 값비싼 주택담보대출은 주택만 구입하는 게 아니다. 양질의 교육을, 잘 굴러가는 축구 리그를, 대단히 두텁고 기대에 부합하는 나머지 사회적 설계의 산물이 아니라 자연의 일부처럼 보일 지경인 공공안전망을 구입하는 것이다.[19]

　　수십 년간 사회과학자, 정책입안자 들은 범죄율과 빈곤율이 높은 동네에서 저소득층 가정을 끌어내 장래성이 있는 동네로 재배치하는 방법을 쥐어짜 냈다. 일단 우리는 아이들부터 버스에 태워서 도시를 가로질러 공립학교에 통합시켰다. 강제적인 버스 통학제는 특히 백인 노동계급 사이에서 20세기 하반기에 특히 미움받는 국내 정책 중 하나였다. 백인 노동계급은 인종 통합에 따른 변화에 가장 많은 영향을 받았기 때문이다. 버스 통학제가 효과가 없자 부유층 동네를 비롯, 어디서든 사용할 수 있는 주택바우처 등을 이용해서 가족을 통째로 "기회를 향해 이사(move to opportunity)"(실제 그 프로그램의 이름이었다)시키는 방법을 만들어 내려고도 했다. 이 시도는 가족들이 살 집을 유지하는 데는 도움이 됐지만 가난한 동네에서 끌어내는 데는 거의 소용이 없었다. 사람들은 그 바우처를 가지고 살던 동네 인근에서 더 나은 아파트를 임대했기 때문이다. 그러자 우리는 만일 가난한 사람들을 기회가 있는 쪽으로 이사시킬 수가 없다면 가난한 사람들이 있는 쪽으로 기회를 이동시킬 수 있다는 생각을 해 냈다. 이런 사고의 맥락에서 (아주 폭넓게 규정된) 낙후한 동네에 투자하는 개발업자와 사람들에게 세금 감면 혜택을 제공하는 "기회 특구(opportunity zones)" 같은 프로그램이 등장했다. 이런 사회정책들 하나하나는 제각각 중요한 목적을 달성했다. 하지만 그 어떤 것도 인종이나 계급 구분을 넘어서 동네나 사회적 네트워크를 통합하는 데는 큰 역할을 하지 못했다.[20] 어째서일까? 안전하고 풍요로운 동네에 사는 우리 대부분이 가난한 이웃사촌을 원치 않기 때문이다. 우리가 백인이고 그들이 흑인이라면 더더욱.

마을을 에워싼 담장에서 많은 교훈을 얻을 수 있다. 우리가 만든 최초의 담장은 날카롭게 깎은 나무 기둥, 진흙, 돌 같은 원시적인 재료들이었다. 우리는 해자를 파고 난간 벽을 세우는 법을 익혔다. 아메리카 서부의 누군가가 철조망을 발명했다. 오늘날 우리는 훨씬 내구성이 있고 사람들을 주눅 들게 하는 것으로 담장을 만든다. 바로 돈과 법으로. 토지이용규제법(Zoning law)은 한 지역사회에 어떤 종류의 부동산을 지을 수 있는지를 관장하는데, 특정 종류의 부동산에는 일반적으로 특정 종류의 사람들이 거주하게 마련이므로 이런 법은 그곳에 누가 들어올 수 있고 누가 들어올 수 없는지 역시 관장한다. 모든 담장이 그렇듯이 법들은 워낙 많은 것을 결정한다. 그리고 모든 담장이 그렇듯 이 법들은 지루하다. 영어에서 "지자체 토지이용규제 조례(municipal zoning ordinance)"보다 더 삭막한 표현은 없을 것이다. 하지만 아마도 지역사회의 혼을 파악하는 데 이보다 더 좋은 방법은 없으리라.

1920년대에는 미국의 도시에 토지이용규제 조례가 있긴 했어도 도시의 경관을 체계화하는─공장은 여기에, 가게는 저기에, 사람들은 여기에─일반적인 수준이었지 주거지역에서 특정 종류의 주거를 금지하는 오늘날과 같은 성격은 아니었다. 이런 배제적인 토지이용규제 조례는 대이동에 대한 대응으로 등장하기 시작했다. 수백만에 달하는 흑인 가족들이 남부의 인종 테러리즘을 피해 달아나자 이들이 몰려든 도시들은 토지이용규제 조례를 통해 흑인 동네와 백인 동네 사이에 담장을 세우기 시작했다. 미국연방대법원(U.S. Supreme Court)이 토지이용규제를 통한 노골적인 인종 분리를 금지한 뒤 애틀랜타는 두 가지 주거지역을 "R-1 백인 지구"와 "R-2 유색인종 지구"에서 "R-1 주택 지구"와 "R-2 아파트 지구"로 변경했다. 의회가 1968년 주거지 차별을 금지하는 연방 법안을 통과시킨 뒤 이런 배제적인 토지이용규제법이 전국으로 퍼져 나갔다.[21] 지역사회에 일정한 부류의 사람들이 들어오지 못하게 막는 것이 아니라 그 사람들이 사는 주거의 종류—그러니까 여러 세대가 살 수 있도록 설계된 아파트 건물—를 제한하는 방식으로 바뀐 것이기 때문에 효과는 동일했다.

　　지금도 많은 도시가 대부분 "R-1 주택 지구"로 남아 있다. 2019년《뉴욕타임스》의 표현을 빌리면 "많은 미국 도시에서 주거 용지의 75퍼센트에 독립적인 단독주택 이외에 다른 걸 짓는 것은 불법이다". 2021년 100개 대도시에 대한 한 연구는 중앙값에 해당하는 중심 도시가 아파트 거주자들에게는 주거 용지의 단 12퍼센트에서만 거주를 허락했다고 확인했다. 이는 도시계획에 대한 대단히 미국적인 접근법이다. 가령 그리스와 불가리아는 토지이용규제법에서 단독주택과 다세대주택을 구분하지 않고, 독일은 같은 동네에서 여러 주거 형태가 통합되었을 때의 장점을 공개적으로 인정해 왔다.[22]

　　진보성향의 도시들은 배제적인 토지이용규제 정책 한 무더기를 통과시켜 누구보다 높은 담장을 쌓았다. 이는 자유주의자들이 분리를 더 강력하게 선호하기 때문이 아니라, 대이동 이후 이런 도시에서 흑인 인구가 가장 많이 늘어났기 때문이다. 특히 북부의 경우 흑인 유권자 수가 늘어나면서 도시가 더 자유주의적인 성향을 띠게 되었다. 도시의 자유주의화와 도시의 인종 분리가 서로 불가분의 관계가 된 것은 이 때문이다. 이 찝찝한 패턴, 그리고 그것이 예나 지금이나 미국 도시의 특징이라는 사실은 공정함과 평등에 대한 우리의 진심에 근본적인 의문을 제기한다.[23]

　미국인 대부분은 나라에서 저소득층 가구를 위해 더 많은 공공주택을 짓기를 바라지만 그게 (또는 종류를 막론하고 다세대 주택이) 자기 동네에 들어오는 걸 원치는 않는다. 민주당원들은 공공주택을 관념적으로 지지할 가능성이 공화당원들보다는 더 높지만, 주택 소유주로서는 막상 자기 동네에 신규 공공주택 단지가 들어온다고 하면 그걸 좋아할 가능성이 더 높지는 않다. 한 연구는 보수성향의 임대업자들이 사실 자유주의 성향의 주택 소유주보다 120세대 아파트 건설 계획에 찬성할 가능성이 더 높다고 밝히기도 했다.[24] 어쩌면 우리가 그렇게까지 양분된 게 아닐 수 있다. 소득수준이 어느 정도 이상이면 모두가 분리주의자인지도 모른다.

　부유한 백인 자유주의자들이 주로 지지하는 진보적인 정

책들은 그들의 부에 실제적인 위협을 전혀 가하지 않는 것들이었다. 민권운동 기간 동안 백인 엘리트들이 공원과 공설 수영장의 인종 분리 철폐를 지지했던 것은 어차피 자기들은 그 공간을 사용하지 않았던 까닭이다. 그들은 사적인 클럽이 있으니까. 이는 백인 노동계급의 분노를 샀고 성난 백인 노동계급은 인종 분리 철폐를 "부자를 뺀 나머지 모든 사람의 통합"이라고 불렀다. 1970년대에 부유한 백인 자유주의자들이 자기 동네의 토지를 좀 더 포용적인 방식으로 이용할 수 있도록 법률을 변경하는 것에는 저항해 놓고 강제적인 버스 통학제를 지지한 것은 그들이 사는 교외 동네에는 그 정책이 적용되지 않았기 때문이다. 보스턴 대도시 지역에서는 나뭇잎이 우거진 외딴 섬 같은 뉴턴(Newton)과 렉싱턴(Lexington)의 백인 학생들은 통학 버스에 태우지 않았지만 2~3층짜리 다세대주택이 즐비한 도체스터(Dorchester)와 사우스보스턴(Southie)의 학생들은 태웠다.[25] 자신의 부동산 앞에서 끝나는 이런 종류의 제한된 자유주의는 저소득층이 이 나라 최고의 공립학교와 가장 안전한 거리에 접근하지 못하도록 부분적으로 제한하는 데서 그치지 않았다. 백인 노동계급 가정들에게 백인 전문직들과는 완전히 딴판으로 인종 통합의 비용을 짊어지라고 요구하기도 했던 것이다. 이는 백인 블루칼라에게 엘리트와 그들의 제도—대학과 과학, 전문 언론 기관과 그들의 기준, 정부와 그 점잖음—를 향한 고약한 적개심을 불러일으켜 새로운 정치적 지지와 정치화된 분노를 낳았고, 이는 오늘날까지 긴 그림자를 드리우고 있다.

사실 헤더 맥기(Heather McGhee)가 자신의 책 『우리의 합(The Sum of Us)』에서 주장했듯 한 집단의 성공이 항상 다른 집단의 희생을 필요로 하지는 않는데, 이런 식의 제로섬 사고방식 때문에 가난한 백인들은 미국 흑인들과 동등해지기보다는 차라리 빈곤과 질병을 누차 선택해 왔다.[26] 하지만 자원을 축적하고 그 자원에서 끌어낼 수 있는 재산이 적어지지 않도록 방어하는 법을 통과시키는 것은 탐탁지 않은 사람들이 담장 밖에서 말라 죽어 가는 동안 계속 배를 불릴 수 있는 믿을 수 없을 정도로 효과적인 방법이다.

만일 당신이 비싸고 예쁜 집들로 이루어진 동네를 만들고 여기에 집을 더 짓지 못하게 법으로 막아 버려서 집값이 떨어지지 않게 만들면, 당신의 집은 잠재적인 구매자들이 애원하는 편지를 쓰거나, 제대로 보지도 않고 웃돈까지 얹어서 현금으로 돈을 내겠다고 할 정도로—이런 행동은 오스틴, 시애틀, 케임브리지 같은 자유주의적인 도시에서 다반사로 자리 잡았다—희소한 자원이 된다. 그러면 당신은 어떻게든 현 상태를 유지하고 싶어진다.[27] 만일 자녀 교육에 투자할 시간과 노하우가 있고, 추가적인 교습비와 대입 코치비, 장거리 현장학습과 상담 비용을 댈 능력이 있는 전문직 부모의 아이들에게 주로 서비스를 제공하는 공립학교 시스템을 설계할 경우, 질 높은 교육 환경과 대학 직행 통로를 만들 수 있다. 하지만 경제적으로 통합된 학교들은 사회적 지위를 유지 온존시키는 기계장치 같은 이런 설계에 이의를 제기할 것이다. 그리고 가난의 상처를 안고 있고 영어가 모국어가 아니며 집 밖이 위험해서 여름에는 집에서 텔레비전만 보는 가난한 아이들이 부유한 아이들과 같은 교실에서 공부해야 한다고 요구할 것이다. 한 연구에 따르면 심각하게 불우한 동네에서 어린 시절을 보내는 것은 언어능력 발달에서 1년간 학교를 다니지 않은 것과 똑같다. 또 다른 연구는 가난한 학생과 부유한 학생 사이의 성취도 격차는 유치원에 들어가기 전에 형성되어 굳어진다고 밝히기도 했다.**28**

요즘에는 특권층에게 그들의 물질적 이익에도 도움이 된다며 사회 변화를 촉구하고 이를 홍보하는 것이 유행이다. 바른 일은 최고의 일이기도 하다! 학교를 통합시키는 것은 반인종주의이고, 이는 전반적인 학습환경을 개선하고 당신의 자녀가 다양한 업무 환경에 대비할 수 있게 해 준다! 최저임금을 인상하면 노동자들이 음식을 충분히 구매할 수 있고, 이는 회사의 노동력을 안정시키고 이직 때문에 발생하는 비용을 절약하니까 기업에도 좋다! 대통령 후보 시절 조 바이든이 방을 가득 메운 부유한 기부자들에게 자신이 당선되더라도 "아무것도 근본적으로 바뀌지 않을 것"이라고 말했을 때, 그는 자유주의자들의 익숙한 화두를 다시 입에 올렸던 것이다. 만일 당신이 이익을 얻고 있는 불평등을 감소시키려는 이 노력에, 당신이 나와 함께 한다면 당신은 뭐 하나 포기할 필요가 없으리라는 그 말을. "모두가 승자가 될 수 있다"라는 주장이 거짓말처럼 느껴지는 건 그게 거짓말이기 때문이다. 빈곤과 인종 분열을 개선하면 부유한 아이들이 더 좋은 대학에 갈 수 있고 회사의 주가가 올라간다는 말이 사실이라면, 잘사는 미국인들이 이미 그렇게 하지 않았을까?

기회가 흘러넘치는 동네에서 가난한 사람들을 배제하는 것이 담장 안에 있는 사람들의 삶을 풍요롭게 하는 한편 담장 밖에 있는 사람들의 삶을 황폐하게 만든다는 말과, 담장을 허물고 가난한 사람들을 그 안에 있는 동네로 반가이 맞이해도 기존 주민들은 전혀 대가를 치르지 않을 것이라는 말이 모두 참일 수는 없다. 부유함은 이 주민들이 담장 안으로 들어올 수 있게 해주었고, 담장은 그들의 부를 지키고 더 늘렸다. 사회학자 트레시 맥밀런 코텀(Tressie McMillan Cottom)의 표현대로 "할 수 있는 가족들은 부를 축적하고, 그들이 사는 동네는 거기서 득을 본다".[29] 솔직해지자. 과거부터 축적된 기회를 나눌 때는 모두가 승자가 될 수 없다. 이 나라의 잉여에서 이득을 얻던 사람들은 다른 사람들과 부를 나눠 가져야 하므로 결국 전보다 적게 가져가야 한다.

⑦

Poverty,

가난 종식에
투자하라

By America

레프 톨스토이는 『전쟁과 평화』와 『안나 카레니나』를 출간한 뒤 1881년 러시아의 시골에서 모스크바로 이사했다. 53세인 그는 자신의 집을 관리할 하인을 한 무더기 고용할 수 있을 정도로 부유한 남자였다. 모스크바에 살기 시작한 톨스토이의 눈에 제일 먼저 들어온 것은 그곳의 가난이었다. 그는 이렇게 적었다. "나는 시골의 가난은 알았지만 도시의 가난은 낯설고 이해하기 힘들었다." 도시의 거리를 걷다가 극심한 굶주림과 절망이, 도를 넘는 허영과 경박함에 뒤얽힌 모습을 보고 톨스토이는 충격에 빠졌다. 이 충격에서 벗어날 길이 없었던 톨스토이는 답을 찾아 나섰다. 사창가를 방문했고, 걸인을 체포한 경찰에게 질문을 했고, 심지어 어린 소년을 입양하기도 했다. 아이는 결국 도망쳐 버리긴 했지만. 이 위대한 문호는 빠르게 깨달았다, 문제는 노동이 아니라는 것을. 가난한 사람들은 절대 일을 멈추지 않는 것 같았다. 톨스토이의 결론은 궁극적으로 빈둥거리며 사는 자신을 비롯한 부자들이 문제라는 것이었다. "나는 다른 사람의 등에 올라탄 채 그 사람의 목을 조르고 그 사람이 나를 데리고 다니게 만들지만, 나 스스로는 그리고 주변 사람들에게는 마치 그 사람에게 대단히 미안하다는 듯, 어떻게 해서든 그 사람이 더 편한 삶을 살면 좋겠다는 듯 행동한다. 그 사람의 등에서 내려올 생각은 하지 않고."[01]

그 시절 그곳에서도, 지금 이곳에서도 맞는 말이다. 우리가 이렇게 잘사는데도 불구하고 이 땅에 그 많은 가난이 존재하는 것이 아니다. 우리가 잘살기 때문에 바로 가난이 사라지지 못하는 것이다. 문제는 그들이 아니다. 우리다. 톨스토이는 이렇게 썼다. "그건 정말 아주 간단하다. 내가 가난한 사람들을 돕고 싶으면, 그러니까 가난한 사람들이 가난하지 않도록 거들고 싶으면, 나부터가 그들을 가난에 빠뜨려서는 안 된다."[02]

오늘날 우리는 가난한 미국인들을 어떤 식으로 가난에 빠뜨리고 있을까? 최소한 세 가지 방법이 있다. 첫째, 우리는 그들을 착취한다. 우리는 가난한 사람들의 임금을 끌어내려 놓고 주택, 그리고 현금과 신용에 접근할 때는 과도한 비용을 지불하게 함으로써 노동시장과 주택시장, 금융시장에서 그들의 선택과 권력을 제한한다. 가난하지 않은 우리는 이런 상황에서 이득을 본다. 기업들은 노동자 착취를 통해 당연히 이득을 얻지만, 노동 빈곤층이 생산한 저렴한 물건과 서비스를 구매하는 소비자들 역시, 그리고 주택시장에 직간접적으로 투자한 우리 역시 이득을 본다. 주거 착취에서 이득을 얻는 건 임대주만이 아니다.

주택을 아무나 살 수 없는 값비싼 물건으로 만들기 위한 집단의 노력 때문에 자신의 집값이 떨어질 일 없어진 많은 주택 소유주 역시 이득을 본다. 금융업과 소액 대출업은 가난한 사람들을 대상으로 한 금융 착취에서 이득을 얻지만, 뱅크오브아메리카(Bank of America)나 웰스파고에 무료 계좌를 가진 우리도 이득을 본다. 이런 계좌는 초과 인출 수수료로 들어온 수십억 달러 덕에 무료일 수 있기 때문이다.[03] 석탄을 태우면 전기를 얻지만 이산화황과 질소산화물, 그 외 대기 중 독성물질도 얻는다. 오염을 발생시키지 않고서는 전기를 얻지 못한다. 미국의 풍요도 이와 마찬가지다. 누군가는 그 비용을 짊어진다.

둘째, 우리는 가난을 해소하는 것보다 풍요에 돈줄을 대는 것을 더 중요하게 여긴다. 미국은 세금을 가지고 꼼수를 쓰는 기업과 가정을 강력하게 단속하고 거기서 새로 확보된 세수를 돈이 가장 절박하게 필요한 사람들에게 재할당하기만 해도 적자를 늘리지 않고 빈곤을 효과적으로 종식시킬 수 있다.[04] 하지만 우리는 그 대신 부자들을 마음대로 하게 내버려 놓고 이미 많이 가진 사람들에게 한껏 몰아줌으로써 부유층에게 대단히 유리한 복지 시스템을 만든다. 그리고 우리의 선출직 관료들은 뻔뻔하게도—진짜 파렴치하게도—가난한 사람들이 정부 원조에 의지한다는 이야기를 날조하고 비용이 너무 많이 든다는 이유로 빈곤 감소안을 사장시킨다. 그들은 아동빈곤을 절반으로 줄이거나, 모든 미국인이 의사의 진료를 받을 수 있게 하는 프로그램의 가격표를 힐끗 본 뒤 입을 쩝쩝 다시며 "근데 우리가 그 돈을 어떻게 감당하지?" 하고 묻는다. 우리가 그 돈을 어떻게 감당하냐고? 이 얼마나 죄받을 질문인가. 이 얼마나 이기적이고 정직하지 못한 질문인가. 마치 그 답이 우리 앞에 뻔히 놓여 있다는 걸 모른다는 듯이. 미국 국세청(IRS)이 제 할 일을 하게 만들기만 해도 그 돈을 감당할 수 있다. 우리 중 잘사는 사람이 정부에서 더 적게 가져가기만 해도 그 돈을 감당할 수 있다. 부유한 사람들의 돈을 지켜 주는 게 아니라 기회를 확장하는 방식으로 복지 시스템을 설계하기만 해도 그 돈을 감당할 수 있다.

셋째, 우리는 자기들끼리만 배부르면 되는 배타적인 지역 사회를 만든다. 그리고 그렇게 하는 과정에서 부자들이 집중된 동네만이 아니라 절망이 집중된 동네도 만든다. 이것은 기회의 축장에 따른 외부효과다. 부를 낚는 그물(wealth trap)은 가난을 낚는 그물을 낳는다.[05] 부는 부를 낳고, 가난은 가난을 낳는다. 가난은 비참하지만, 가난한 사람이 온통 가난에 둘러싸여 있는 것은 훨씬 심각한 상태다.[06] 마찬가지로 부자가 온통 부유함에 둘러싸여 있는 것은 차원이 다른 특권이다. 꼭 사채업자나 사설 교도소장이 되어야만 빈곤을 양산하는 데 일조하는 게 아니다. 민간의 풍족함과 공공의 누추함을 유발하는 정책에 찬성표를 던지고, 그 부유함을 가지고 담벼락 뒤에서 배타적인 삶을 꾸리고 유지하기만 해도 된다. 그 담장을 개즈든 깃발(Gadsden flag: 개인주의와 자유를 상징한다—옮긴이)이나 무지개 깃발, **모든 목숨은 소중하다** 표지판, **흑인 목숨은 소중하다** 표지판 같은 것으로 치장할 수도 있다. 하지만 뭘로 어떻게 꾸미든 담은 담일 뿐이다.**07**

우리는 이 풍요의 땅에 극심한 궁핍이 존재한다는 걸 안다. 우리 가운데 그렇게 많은 사람이 출근할 때 버스를 네 번 갈아타고, 자동차를 집으로 개조해서 살고, 치통이 생기면 치아가 썩다 못해 신경이 둔해질 때까지 버티고, 마시면 안 된다고 알고 있는 더러운 물을 마신다면 이 모든 돈이 무슨 소용일까? 우리는 경제적 안정과 기본적인 존엄에 대한 집단적인 투자를 크게 늘려, 경제학자 아서 오쿤(Arthur Okun)의 말을 빌리면 "최저선의 영양, 의료, 그 외 삶의 필수적인 것들에 대한 권리로 이루어진 품위 있는 삶에 대한 권리"를 널리 퍼뜨려야 한다. "기아와 존엄은 별로 어울리지 않는다."**08**

여기서 손쉬운 방법은 수급 자격이 있는 저소득층이 충분히 원조를 받을 수 있도록 연결시켜 주는 것이다. 우리는 복지 회피가 낙인에서 비롯된다고, 사람들이 복지 수급을 수치스러운 일로 여기기 때문에 푸드스탬프에 신청하지 않거나 근로장려세제를 청구하지 않는 거라고 생각한다. 하지만 연구를 통해 이 이론이 허물어지기 시작했다. 알고 보니 (낙인효과가 큰) 자산조사 결과에 따라 지급하는 푸드스탬프 같은 프로그램의 수급률은 그보다 더 보편적인(낙인효과가 적은) 실업수당 같은 사회보험 프로그램의 수급률과 비슷한 것으로 나타났다. 그리고 정부가 푸드스탬프를 식료품점에서 이목을 끌며 점원에게 건네는 실제 스탬프 형태에서 일반 직불카드처럼 생겨서 눈에 전혀 띄지 않는 전자복지카드(Electronic Benefits Transfer)로 바꿨을 때도 신청자 수가 눈에 띄게 늘지 않았다. "계산대에 선 사람들이 아무도 알아채지 못할 때 푸드스탬프를 써야지"라고 생각하며 집에 앉아 있는 빈민은 별로 많지 않은 게 분명했다. 푸드스탬프로 말하자면, 오리건에서는 이 프로그램에 수급 자격이 되는 거의 모든 사람이 등록을 한다. 하지만 주 경계를 넘어 캘리포니아로 가 보면 수급 자격이 있는 주민의 약 3분의 1이 그걸 사용하지 않는다. 오리건에서보다 캘리포니아에서 푸드스탬프의 낙인효과가 더 큰 걸까? 그럴 리는 없다.[09]

낙인이 답이 아니라면 뭐가 문제일까? 미국 저소득층이 그보다는 훨씬 식상한 이유로 정부 프로그램을 온전하게 이용하지 못하고 있음을 시사하는 많은 증거가 있다. 문제는 우리가 복지 프로그램을 어렵고 혼란스럽게 만들어 놓았기 때문이다. 사람들은 자신을 위해 마련된 원조에 대해 알지 못하거나 신청 절차를 부담스러워할 때가 많다. 사회 프로그램 신청을 늘리는 문제에서 가장 성과가 큰 행동 조정은 그냥 의식을 높이고 불필

요하고 귀찮은 행정절차를 줄이는 것이다.[10]

조금만 신경 써도 큰 효과를 얻을 수 있다. 한 예로 푸드스탬프에 대한 정보를 제공하고 신청을 도와주는 방식만으로 푸드스탬프 이용 고령자의 비율을 세 배로 늘린 촉진 활동이 있었다. 해당 고령자들은 자신이 푸드스탬프 수급 대상임을 알려 주고 신청 도움 전화번호를 안내하는 편지를 받았다. 그 번호로 전화를 건 사람들은 신청서를 작성하고 필요한 서류를 모으는 걸 도와주는 복지 전문가와 연결됐다. 다시 말하지만 이런 별것 아닌 개입으로 신청자 수가 세 배 늘어난 것이다. 또 다른 예에서는 안내문을 우편으로 발송하고, 신청서에서 글자의 양을 줄이고, 좀 더 읽기 편한 글씨체를 사용하기만 했는데도 근로장려세제를 청구한 노동자의 수를 크게 늘렸다. 농담이 아니다. 프루티거(Frutiger) 서체—스위스의 도로표지판과 처방전에 쓰이는 그 단단하고 자신감 넘치는 글씨체—를 사용한 것이 저소득 노동자 가정에 수백만 달러를 더 안겨 주는 데 도움이 됐다.[11]

미국의 민간기업들은 서비스를 제공받는 고객과 상품을 매끈하게 연결하는 유통경로를 만드는 법에 일가견이 있다. 연방정부는 유념해야 한다. 이제 막 어머니가 된 여성이 기저귀와 분유를 제공하는 여성·신생아·어린이를 위한 특별보충영양프로그램(Special Supplemental Nutrition Program for Women, Infants, and Children, WIC)에 신청하는 것은, 해고된 아버지가 실업급여를 신청하는 것은, 내가 내 핸드폰 앱으로 새 모이나 구강청정제를 집으로 배송시키는 것만큼이나 쉬워야 한다.

하지만 좀 더 욕심을 내 보자. 가난을 종식시키려면 돈이 얼마나 들까? 10퍼센트를 줄이거나 심지어 절반으로 줄이는 게 아니라 완전히 가난을 없애려면 말이다. 2020년 빈곤선 아래 있는 모든 미국인을 빈곤선까지 끌어올리는 데 필요한 돈은 1770억 달러였다. 나는 빈곤선 밑에 있는 가족과 개인의 수에, 그들이 빈곤선 위로 올라오는 데 필요한 평균 금액을 곱해서 이 개략적인 수치를 얻었다.[12] 이 수치는 지금의 복지지출과는 별개이고, 원조를 실행하는 데 들어가는 행정비용(이것이 포함되면 추정치가 늘어날 것이다)이나 노동과 주거 착취 같은 문제가 해소됨으로써 발생하는 이득(이것이 포함되면 추정치가 내려갈 것이다)은 감안하지 않았다. 모든 미국인이 온당한 수준의 경제적 안정을 누릴 수 있게 하기 위한 비용을 진정으로 파악하려면 계산을 훨씬 정교하게 해야 한다. 하지만 1770억 달러는 좋은 출발 지점이다. 그것은 우리가 미국의 가난을 종식시키는 일에 대해 이야기할 때 그것이 정확히 무엇인지를 이해하는 데 단초를 제공한다. 그리고 그것은 정확히 말해서 누가 뭐래도 달성 가능한 목표다. 1770억 달러는 미국의 국내총생산에서 1퍼센트도 안 되는 돈이다. 미국인들은 매년 그보다 더 많은 돈을 음식 쓰레

기의 형태로 버린다.[13]

　1770억 달러로 뭘 할 수 있을까? 상당히 많은 걸 할 수 있다. 일단 모든 미국인이 더 안전하고 가격이 적당한 집을 얻게해 줄 수 있다. 한 명도 빠짐없이 모두에게. 미국에서 노숙자를완전히 없애는 데 실질적인 영향을 미칠 수 있고, 굶주림을 없앨 수 있다. 모든 아이들에게 안전함과 성공의 기회를 더 공정하게 마련해 줄 수 있다. 폭력, 질병, 절망처럼 빈곤과 상관관계가 있는 많은 고난을 누그러뜨리는 데 막대한 진전을 보일 수있다. 범죄율이 떨어질 것이다. 퇴거율도. 동네가 안정되고 활기를 얻을 것이다. 학교가 학생들의 절박한 필요를 진단하는 데그 많은 자원을 허비하는 대신 교육에 더 많이 집중할 수 있다.

　필요한 돈은 어디서 끌어올까? 내 생각에 가장 좋은 출발점은 불량 납세자들이다. 미국 국세청은 매년 미국의 미납세를 1조 달러 이상으로 추산하는데 대부분이 다국적기업과 부유한가정의 조세회피 때문이라고 한다. 그런데도 국회는 국세청이조세범죄자들을 추적하는 데 필요한 자원을 주지 않아서 국세청을 닭 쫓던 개로 만든다.[14]

　최근 몇십 년 동안 기업들은 세율이 아주 낮은 나라에 등록된 페이퍼컴퍼니에다 자신의 이윤을 차곡차곡 쌓아 두었다. 이 꼼수로 미국의 실리콘밸리나 월 스트리트에 근거지를 두고있는 회사들 중 적지 않은 일부가 아일랜드와 버뮤다 같은 곳에 위치한 것처럼 보이게 한다. 페이스북은 최근 아일랜드에서 150억 달러의 이윤을 냈는데, 이는 아일랜드의 직원 한 명당 1000만 달러에 달하는 거액이다. 브리스틀마이어스스퀴브(Bristol Myers Squibb: 미국의 제약회사—옮긴이) 역시 에메랄드 섬이라고 불리는 아일랜드에서 50억 달러를 벌었다고 신고했는데, 이는 아일랜드의 직원 한 명당 약 750만 달러에 해당했다. 분명 기업들은 내야 할 돈을 내지 않으려고 갖은 노력을 다하고 있다. 부유한 가정 역시 납세를 피할 방법을 계속 새롭게 개발한다. 연구에 따르면 미국인 대부분은 내야 하는 세금의 90퍼센트를 내지만, 갑부들은 75퍼센트만 낸다. 이것이 가능한 것은 공공복지 투자가 포함된 기발한 방법을 고안하는 전문 세무 산업체들이 있는데, 이 급성장하는 신산업에 의지하는 부자들이 늘고 있기 때문이다.[15] 기업들이 조세피난처에 이윤을 숨길 때, 부유한 가정들이 해외 계좌에 값나가는 자산들을 넣어 둘 때, 그들은 미국 대중의 뒤통수를 치고 다른 사람들이 낸 돈으로 자신들의 탐욕을 채우는 것이다. 의회는 국세청에 탈세 행위를 추적할 수 있는 전권을 주고 이런 부정행위를 근절해야 한다. 그리고 기업이 어떤 나라에 등록되어 있건 이윤 대비 납세 최저선—가령 25퍼센트—을 설정하는 법안을 통과시켜야 한다.

소득불평등은 부유한 가정에 더 많은 정치권력을 부여하고, 이들은 다시 이 정치권력을 가지고 세금을 적게 내기 위한 작전을 펼치며, 그러면 이들의 경제적·정치적 권력이 훨씬 탄력을 받아 비민주적이고 부당한 순환이 고착된다.[16] 우리는 이순환에 개입할 필요가 있다. 내가 상위 한계세율과 법인세율 인상을 지지하는 건 그래서다. 1962년 이후로 가난한 사람, 노동계급, 중간계급 미국인의 실효세율은 증가한 반면 상위 10퍼센트의 소득 수입자, 그리고 특히 최상위층은 실효세율이 감소했다. 이건 부조리하다. 우리는 투자 은행가의 소득과 치과의사의 소득에 세금을 다르게 부과할 수 있도록 과세 등급을 확대하고 상위 한계세율을 올려야—어쩌면 1986년처럼 50퍼센트까지, 아니면 1975년처럼 70퍼센트까지—한다. 그리고 21퍼센트인 지금의 미국 법인세율은 지난 80여 년을 통틀어 가장 낮은 수준이다. 이 세율을 1993~2017년처럼 35퍼센트로, 또는 1979~1986년처럼 46퍼센트로 늘리면 많은 반빈곤 프로그램의 재원을 충당할 수 있다.[17]

일각에서는 이런 제안이 혁신과 기업 정신에 찬물을 끼얹어서 경제를 경색시킬 거라고 주장한다. 하지만 사회과학자 중에 우리가 부자나 다국적기업에 부과하는 세금을 합리적으로 증액할 경우 경제가 둔화될 거라고 진지하게 믿는 사람은 아무도 없다. 상위 세율이 훨씬 높았던 과거 수십 년 동안에도 수완좋은 사업가가 많았고, 부유한 개인과 기업에 대한 세금이 감소된 최근 몇 년 동안은 오히려 생산성이 하락했다. 비평가들은 오늘날의 미국이 "세기말의 시대" 또는 "발명과 혁신의 암흑기"
라고, 그러니까 침체와 둔화의 시기에 접어들고 있다고 묘사하
기 시작했다. 미국에서 부자들의 세금을 감축했을 때 그들이 약
속했던 경제적 역동성이 만발하지 않았으므로, 그들은 최소한
공공투자를 위해 더 많은 기여를 해야 한다.[18]

이 부유한 미국인들은 전화기를 집어 들고 변호사와 회계
사에게 연락을 하는 반응을 보일까? 당연히 그럴 것이다. 그들
은 피해를 최소화하기 위해 투자전략을 조정할까? 물론 그럴
것이다. 하지만 그게 대수인가? 나는 실행이 어렵다는 이유로
조세공정성에 대한 요구를 일축해 버리는 숙명론적 비판을 절
대 이해할 수 없다.[19] 한번은 이 문제를 놓고 뉴욕시의 한 식당
에서 어떤 경제학자와 언성을 높이며 논쟁을 하기도 했다. 나와
일행이 우리 테이블에서 엘리자베스 워런(Elizabeth Warren)의 부
유세 제안을 놓고 토론을 벌이고 있는데, 그 경제학자는 무모하
게도 우리 쪽에 와서 인사를 건네더니 그건 결코 효과가 없을
거라고 말했다. 부자들은 거기서 빠져나갈 방법을 찾아낼 거라
고. 나는 그에게 패배주의적이고 따분한 소리라고 쏘아붙였다.
거기서 논쟁이 고조됐다. 육탄전으로 번져도 이상하지 않을 정
도로.[20]

우리 시대의 가장 시급한 문제를 해결하는 일이 호락호락
할 리가 없다. 하지만 내가 그 논쟁에서 복장이 터지는 부분은

공정한 조세 집행이 얼마나 어려운지가 아니라, 터무니없는 조세의 허점을 막아서 빈곤을 타파할 수 있는 충분한 돈을 얼마나 쉽게 마련할 수 있는지다. 내가 위에서 제안한 그런 변화가 마음에 들지 않는다면 같은 목표에 도달할 수 있는 더 작은 12개 개혁안이나, 그보다 더 자잘한 50개 제안, 아니면 그보다 훨씬 밋밋한 100개 제안도 할 수 있다. 우리는 고소득 가정에 이익을 몰아주고 내 집 장만을 활성화하는 데는 아무런 도움이 되지 않은 주택담보대출 이자 감면을 단계적으로 폐지함으로써 250억 달러를 걷을 수 있다. 고소득 노동자와 저소득 노동자에게 같은 세율이 적용되도록 사회보장연금을 위한 최대 소득 과세가액을 늘림으로써 647억 달러를 만들 수 있다. 미국의 부자들이 누리는 양도소득과 배당금을 우리가 보통 소득에 매기는 세금과 동일한 방식으로 다룰 경우 373억 달러를 더 긁어모을 수 있다.[21]

이번에는 내가 따분한 사람이 되어 가고 있다. 하지만 문명은 이런 시시콜콜한 규칙들로 이루어진다. 그리고 그 속을 헤치며 힘겹게 나아갈 때 추상적인 논쟁에 구체성이 부여되고, 미국의 사회안전망이 얼마나 비정상적인 형태인지 알아차리게 된다. 적자를 늘리지 않고도 경제적 기회와 안정에 대한 투자를 높이는 방법은 셀 수 없이 많다. 우리는 더 이상 부자들에게 그 많은 돈을 쏟아부어서는 안 된다. 나는 그것이 재정적으로 책임을 진다는 것의 진정한 의미라고 생각한다.

미국의 사회보장제도를 공세적이고 비타협적인 반빈곤 의제를 든든하게 뒷받침하는 방향으로 재구성하는 데는 다양한 방법이 있다. 우리는 빈곤층, 노동계급, 중간층 가정으로 아동세액공제를 크게 확대하여 자녀가 있는 가정에 일종의 보장 소득처럼 기능하게 할 수 있다. 궁극적으로는, 신규 건설과 공공주택에 투자함으로써 빈곤층을 짓뭉개고 숱한 젊은이들에게서 내 집 장만의 꿈을 앗아 간 적정가격 주택 위기에 맞설 수 있다. 공교육과 보육, 교통인프라 투자액을 더 늘릴 수 있다.

우리가 지향해야 하는 것은 특정 대상을 겨냥한 프로그램일까 아니면 더 보편적인 쪽일까? 이는 정책 논쟁에서 오래된 질문이다. (푸드스탬프처럼) 특정 대상을 겨냥한 프로그램은 최하위층 가정에 제공된다. 이런 프로그램은 (굶주림 같은) 구체적인 어려움이 있는 주변화된 사람들을 조준하기 때문에 비용효율적이고 대개 성공적이다. 하지만 수급 자격 소득 기준 바로 위에 있는 어떤 가정은 도움을 받지 못하고, 이로 인해 공식적인 빈곤가정과 빈곤선 위에서 생활하지만 경제적 안정성이 별로 크지 않은 훨씬 많은 미국인들을 갈라놓는다는 점에서 분열을 초래하는 측면도 있다. 우리는 부담적정보험법이 시행되었을 때 이런 일을 경험했다. 일부 노동계급 가정은 아이돌봄서비스를 받기 위해 매달 1000달러 이상을 내야 했지만, 그보다 더 가난한 가정은 공짜 메디케이드를 누릴 자격을 얻었다. 자신의 의료비용이 껑충 뛰는 것을 보고 아웃렛 점포의 노동자 그웬 허드(Gwen Hurd)는 2018년에 한 기자에게 이렇게 말했다. "아무 벌이도 없고 아무런 기여도 하지 않는 사람들이 다 공짜로 누리는 것 같아요. 그리고 열심히 일하고 한 푼이라도 더 벌려고 애쓰는 사람들은 입에 풀칠하기도 어려운 지경이고요."22 보편기본소득 같은 보편적인 프로그램은 이런 응어리를 제거한다. 때로는 지위와 무관하게 많은 수의 사람에게 혜택을 주도록 설계된 보편 프로그램들은 양극화를 줄이고 따라서 정치적으로 더 내구성이 있다고 여겨진다. (오래된 정책 학계의 금언에 따르면 "빈민을 위한 프로그램은 빈곤한 프로그램이다".) 하지만 보편적인 프로그램은 비용이 훨씬 많이 들어가는 데다―일부 인기 있는 보편기본소득안을 실행하려면 매년 1조 달러의 비용이 들어간다―누구에게든 똑같은 금액을 제공하는 설계는 가장 절박한 가정의 필요를 완전히 채우지 못할 수 있다.23

　최근 풀뿌리 운동가, 정책 전문가 들은 대상 집중 프로그램과 보편 프로그램이라는 이원론을 넘어서는 혁신적인 아이디어를 내놓았다. 이름하여 더 넓은(broader) 또는 더 큰 텐트 치기(bigger tent targeting)라고 할 만한. 이는 소득 기준선을 더 높은 대상까지 포괄하여 지원이 빈곤층뿐만 아니라 노동계급과 중간층에게도 흘러갈 수 있도록 하는 프로그램이다. 연 소득 (2022년 기준) 5만 7414달러 이하인 노동자 가정에 혜택을 제공하는 근로장려세제가 이런 프로그램이다. 이 세제는 가난한 사람들뿐만 아니라 빈곤선 위에 있는 가족들까지 아우른다. 더 넓은 대상을 겨냥한 정책들은 지난 몇십 년 동안 상당한 인기를 얻었고, 그래서 정치적 풍향이 바뀔 때(1990년대에 현금 복지에 대해 그랬던 것처럼) 국회가 무효화하기도 힘들다.[24]

또 다른 접근법은 법학자 존 파월(john a. powell)이 말한 "대상이 있는 보편주의(targeted universalism)"다. 이를 위해서는 목표 설정, 이 목표 달성을 위해 무엇이 필요한지 확인하기, 그 목표를 실현하려면 다양한 집단에게 다양한 종류와 수위의 도움이 필요함을 인지하기 같은 과정이 필요하다. 한 가지 방식이 모두의 필요를 충족시킬 수는 없다. 모든 미국 가정이 인터넷에 접근할 수 있게 하고 싶다고 가정해 보자. 특정 대상을 겨냥한 접근법에서는 소득이 2만 5000달러 이하인 모든 가정에 무료 인터넷 서비스를 이용할 수 있는 바우처를 제공할 것이다. 보편주의적 접근법이라면 모든 가정에 바우처를 제공하여 부유한 가정까지 불필요한 지원을 하고, 인터넷 공급 업체의 배를 불리면서도, 바우처만을 가지고는 인터넷에 안정적으로 접근할 수 없는 최하위층 가정의 필요는 정작 채우지 못할 것이다. 아주 외진 동네에 사는 가정은 어쩔 것인가? 아니면 전기 요금을 내기

도 힘들거나 컴퓨터가 없는 집은? 수감 중인 사람들은? 반면 대
상이 있는 보편주의 접근법은 이런 것들을 고려해서 목표를 달
성하려면 집단에 따라 다른 개입이 필요함을 인정한다. 누군가
는 가볍게, 누군가는 깊이 있게, 누군가는 포괄형으로, 누군가
는 맞춤형으로.[25]

　내가 생각하기에 이 논쟁에서 얻을 수 있는 근본적인 교훈
은 우리가 빈곤을 폐지하고자 한다면 선의를 확산하는 정책을
포용해야 하고, 억울함에 불을 지피는 사람들을 의심할 필요가
있다는 것이다. 정책이 경제적 불안정 때문에 힘들어하는 빈곤
선 위아래에 있는 사람들을 통합할까? 빈곤을 감소시키고 경제
적 기회를 증진할까? 이 두 질문 모두에 대해 그렇다에 해당하
는 정책은 진지하게 고려할 만한 가치가 있다. 반빈곤 의제의
주요 원칙은 다음이 될 것이다. 광범위한 연합체가 지지하는 정
책을 통한 빈곤 경감에 상당한 투자를 할 수 있도록 조세공정성
을 요구하고 사회안전망의 균형을 바로잡는 것. 우리는 선이 굵
은 행동을 취할 필요가 있다. 더 이상 뒤에서 쿡쿡 찌르기만 하
거나, 땜질식 처방을 하거나, 돈을 찔끔 줘 놓고 어째서 효과가
없느냐고 물어서는 안 된다. 누진적인 조세정책과 재설계된 복
지제도를 통해 야심만만한 개입 프로그램에 자금을 조달하고
사실상 정치적 동맹이 되어야 하는 힘겨운 가정들 사이에 분열
을 조장하지 않는 방식으로 개입을 이행해야 한다.

당신은 부의 재분배를 요구하는 것인가?

나는 "재분배"라는 단어가 싫다. 그 단어는 우리가 핵심에서 비켜나 각자의 정치적 진지로 날아가 전투태세를 갖추고 오랜 논란을 똑같이 되풀이하도록 본능적으로 자극하기 때문이다. 누구도 그렇게까지 부자가 돼서는 안 된다고! 독창성과 근면함에는 보상이 주어져야 마땅하다고! 설상가상으로 재분배라는 개념에는 정부가 당신의 주머니를 어떻게든 더 많이 털어가려는 엄청나게 많은 촉수를 가진 탐욕스러운 괴물이라도 되는 것처럼 사회 진보를 갈취라는 프레임 속에 넣어 버리는 사악한 효과도 있다. 외려 정부는 잘나가는 미국인들의 포트폴리오와 자산에 보증을 서 주느라 상당한 노력—내 기준에서는 지나치게 많은 노력—을 쏟아붓고 있는데도 말이다.

미국은 이미 가진 사람들에게 두둑한 보조금을 대 줄 게 아니라 못 가진 사람들이 기반을 쌓을 수 있도록 돕는 일을 해야 한다. 우리는 어째서 그 많은 사람이 가난에 빠져 허우적대고 있는데 이미 배부른 사람들의 재산을 늘리는 데 이렇게까지 심혈을 기울이는가? 페이팔(PayPal) 설립자 피터 틸(Peter Thiel)의 로스 아이알에이(Roth IRA: 면세혜택이 있는 개인은퇴연금의 하나—옮긴이)는 50억 달러에 달한다. 이 억만장자가 59.5세가 되기 전에 이 돈을 인출하지 않을 경우 이 돈은 완전 면세다. 이는 우리가 바로잡아야 하는 종류의 문제, 그러니까 한때 "부자에게는 사회주의를, 가난한 자에게는 자유기업을"이라고 부르던 것과 관계가 있는 문제 중에서도 극단적인 사례에 해당한다.[26]

　나는 "재분배"를 요구하는 게 아니다. 나는 부자들이 세금을 내야 한다고 요구하는 것이다. 사회안전망을 균형 있게 재정비해야 한다고 요구하는 것이다. 미국이 전반적인 사회복지에 더 많이 투자하던 시절로 돌아가야 한다고 요구하는 것이다. 가난한 사람은 더 많이 돕고 부유한 사람은 더 적게 도와야 한다고 요구하는 것이다.

　오늘날의 미국 정치는 암담하고 추악한 산업이다. 양극화가 극심하고, 민주적 제도에 대한 위협이 어지러이 난무한다. 워싱턴에서 당파적인 교착 상태가 이어지는 시기에 빈곤을 척결하는 혁명적인 연방 정책을 요구하는 것은 맥 빠지도록 순진한 소리처럼 들릴 수 있다. 하지만 또 한편으로는 팬데믹 기간 동안 의회가 과감하면서도 초당적인 구제 방안으로 대응하여 지난 몇 세대 중에서 가장 크게 빈곤을 개선하기도 했다. 2008년에 시작된 대침체기 이후 소득분포상 하위 50퍼센트의 가정은 약 10년 만에 소득이 침체기 이전 수준으로 되돌아왔다. 코로나19가 유발한 침체기로부터는 불과 1년 반 만이었다. 이런 회복에서 정부 원조가 큰 역할을 했다.[27]

　팬데믹 기간 동안 얼마나 중대한 반빈곤 정책들이 통과되었는지도 짚고 넘어갈 만하다. 긴급임대지원(Emergency Rental Assistance, ERA) 하나만 생각해 보자. 코로나19가 미국 전역에 퍼지면서 전국적인 퇴거 위기가 촉발됐고, 이는 결국 연방의 퇴거 중단 법안의 통과로 이어졌다. 하지만 모두가 이 퇴거 중단이 영원하지 않으리라는 걸 알았고, 그래서 질문이 던져졌다. 이 법이 만료되었을 때 임대료가 몇 개월 치 밀린 가족들에게 무슨 일이 벌어질까? 전미저소득주택동맹(National Low Income Housing Coalition)은 전국에 있는 유사한 다른 조직 수십 곳과 함께 대책을 요구했고, 연방정부는 465억 달러의 임대 지원금을 내놓았다. 이는 2020년 미국 주택도시개발부의 총 예산을 넘어서는, 주거 안정에 대한 막대한 투자였다.[28] 기금이 필요한 사람들의 손에 똑바로 쥐어지게 하려면 미국의 모든 지역사회에서 배포 채널을 새롭게 만들어야 했다. 이런 채널을 빠르게 만든 주(텍사스, 버지니아)도 있지만 그렇지 않은 주(오하이오, 조지아)도 있었다. 이 때문에 긴급임대지원 프로그램의 초기 집행은 실망을 안겼다. 언론인들은 "끈적한 당밀만큼이나 느린 배포"라고 비판하며 "임대료 지원이 욕이 나올 정도로 너무 느리다"라고 쏘아붙였다.[29]

하지만 그 뒤 풀뿌리 운동가들과 영웅적인 정부 관료, 그리고 전국 주거권 운동가들의 노고 덕분에 배포 채널이 마련됐고 자금이 흐르기 시작해서 결국 수백만에 달하는 임대주택 가정의 손에 들어갔다. 그 결과 임대료가 인상하고 인플레이션이 고조되었는데도 퇴거 중단 법안이 만료된 뒤 몇 달 동안 퇴거 집행 건수가 역사상의 평균보다 훨씬 밑으로 유지됐다. 2021년 12월, 퇴거 집행 건수는 미니애폴리스에서는 39퍼센트, 앨버커키에서는 53퍼센트, 오스틴에서는 64퍼센트 적었다. 믿기 힘든 기록이었다. 긴급임대지원 프로그램은 확장된 아동 세액공제 같은 다른 팬데믹 지원 프로그램과 함께 미국 전역의 도시에서 퇴거 집행률을 절반으로 떨어뜨렸다. 퇴거율은 기록으로 남아 있는 그 어떤 시기보다도 적었다.³⁰

그것은 진정한 승리였다. 나는 긴급임대지원 프로그램을 감독한 관료들은 기념 퍼레이드를 해도 될 정도로 큰 쾌거를 이루었다고 생각했다. 하지만 이들은 산발적인 박수갈채로 만족해야 했다. 불안정했던 초기에 이 프로그램이 털털거리며 제대로 돌아가지 못했을 때는 모든 사람이 이 문제에 성토하는 글을 쓰고 트윗을 남기는 것 같았다. 그러다가 원활하게 작동하기 시작하자 무시당했다. 언론인, 전문가, 사회 인플루언서 들이 이 프로그램을 치하하지 않은 까닭에 긴급임대지원 프로그램은 워싱턴에서 지지자를 거의 얻지 못했다. 선출직 지도자들은 퇴거를 막는 데 연방의 막대한 자금을 동원하여 이 문제를 실질적으로 해결할 수 있었지만, 그래 봤자 명성에는 별다른 도움이 되지 않는다는 교훈을 얻었다. 때문에 긴급임대지원 프로그램은 임시에 그쳤고, 우리는 원상태로, 그러니까 매 분당 일곱 건의 퇴거가 집행되는 사회로 돌아갔다.**31** 긴급임대지원 프로그램의 성과에 커다란 환호를 보냈다면 어땠을까? 소셜미디어에 들어가서 그로 인해 어떤 변화가 일어났는지를 떠들어 댔다면 어땠을까? 신문에서 "바이든 행정부가 미국 역사상 가장 중요한 퇴거 예방 조치를 통과시키다" 같은 헤드라인을 찍어 냈더라면, 팬데믹 기간 동안 확립된 낮은 퇴거 체제가 새로운 규범이 되도록 힘을 모았더라면 어땠을까? 하지만 그 대신 우리는 어깨를 으쓱하고 마는 쪽을 택했다. 이 대가는 향후 가난한 임차인들이, 그리고 "메시지 전달에 문제"가 있다는 비난이 끊이지 않는 민주당이 치르게 될 것이다. 하지만 어쩌면 자유주의자들의 진짜 문제는 낙심의 늪에서 헤어나지 못하는 것인지 모른다. 불만을 털어 놓을 때는 청산유수이면서 실질적인 개선을 말할 때는 갈팡질팡하는.

유의미하고 아주 구체적인 변화가 이루어졌지만 우리는 그것을 알아보지 못했다. 무엇이 효과가 있는지를 알아보기를 거부할 때 우리는 아무것도 소용없다는 거짓말을 믿어 버릴 위험이 있다. 미래를 또 다른 오늘로만 상상할 위험이 있다. 어쩌면 모든 감정 중에서 가장 발뺌하기 좋은 절망에, 어쩌면 모든 신념 체계 중에서 가장 보수적인 냉소에 굴복할 위험이 있다. 이는 유의미한 대책을 질식시킬 수 있고, 당연히 다른 사람들이 대의에 동참하도록 고무하지 못한다. 1978년 신학자 월터 브루그먼(Walter Brueggemann)은 "자유주의자들은 비판에는 능하지만 약속은 전혀 하지 않을 때가 많다"고 썼다. 하지만 약속의 말이 없으면 우리는 정처 없이 부유하며 반빈곤의 정치가 쏙 빠진 반빈곤 정체성을 양산할 위험이 있다. 실효성 있는 정책에 어떤 아쉬움이 있더라도 우리는 그 실효성에 경의를 표해야 한다. 그렇게 해야 구체적인 변화의 가능성이 뿌리를 내릴 수 있으므로. 아무리 암담한 시기라도 우리는 새로운 사회계약을 상상하고 거기에 경탄해야 한다. 그렇게 해야 현 상황에 대한 불만과 그것의 비영구성이 모두 드러나므로. "우리는 그것이 현실적인지 실제적인지 성공 가능한지가 아니라 그것이 상상 가능한지를 질문해야 한다"고 부르그먼은 썼다. "우리의 의식과 상상력이" 기존 질서에 "너무 공격당하고 포섭되어서 대안적인 생각을 할 수 있는 용기나 힘을 빼앗긴 건 아닌지를 질문해야 한다".32

린든 존슨이 대통령직을 맡은 1963년에도 상황은 암담해 보였다. 존 F. 케네디가 암살당했고, 나라는 인기 없는 베트남전에 휘말려 있었고, 민권운동을 놓고 깊이 분열됐다. 1964년의 선거로 민주당이 상하원 모두에서 다수당이 됐지만, 남부의 민주당 탈당 세력이 공화당에 가세하여 진보적인 개혁을 가로막는 통에 워싱턴은 오늘날만큼이나 꽉 막힌 상태였다. 존슨이 대통령직을 떠나기 전까지 일부 도시에서는 큰 소요가 일어났고 그 외 수십 곳이 불길에 휩싸이곤 했다. 이런 정치적 양극화와 불안정의 한가운데서 현대의 미국식 사회복지가 탄생했다. 빈곤과의 전쟁(War on Poverty)과 위대한 사회(Great Society) 정책은 영구적인 식품 원조에 쐐기를 박은 푸드스탬프법(Food Stamp Act), 청년 직업훈련 프로그램(Job Corps)과 헤드스타트(Head Start: 취학 전 빈곤아동 보육 프로그램—옮긴이)를 창설한 경제기회법(Economic Opportunity Act), 그리고 메디케어와 메디케이드의 초석을 놓고 사회보장연금 혜택을 확대한 1965년의 사회보장개정안(Social Security Amendments) 등 한 묶음의 국내 프로그램으로 구성됐다. 존슨 대통령이 재임한 첫 5년 동안 법안 약 200개가 서명을 거쳐 법적 효력을 갖게 됐다. 가히 경이로운 업적이었다. 그렇다면 결과는 어땠을까? 1964년에 이들 초기 프로그램이 개시되고 나서 10년 뒤 가난하게 사는 미국인의 비중이 1960년의 절반으로 줄어들었다.**33**

과거 여러 세대 동안, 그리고 최근 기억에서도 정부의 투자는 가난하게 사는 미국인의 수가 엄청나게 줄어드는 결과로 이어졌다. 우리는 더 멀리 갈 수 있다. 그리고 그것을 할 수 있는 돈을 찾는 건 별로 어렵지 않을 것이다. 한 계산에 따르면 상위 1퍼센트의 가구에서 연방의 미납 소득세를 걷기만 해도 연간 약 1750억 달러를 더 모을 수 있다. 우리 중에서 최상위층 사람들이 내야 하는 세금을 모두 내기만 해도 미국의 빈곤 격차를

전부 메우다시피 할 수 있는 것이다.[34]

그것이 얼마나 큰 여파를 몰고 오든—여파는 아주 클 것이다—거기서 멈춰서는 안 된다. 빈곤과의 전쟁과 위대한 사회 프로젝트는 노조가 강하고 소득이 증가하던 시기에 시작됐다. 오늘날의 노동시장에서 노조는 힘이 약하고 너무 많은 미국인의 실질임금은 하락하고 있다. 경제가 평균적인 노동자, 심지어는 임금 수준이 가장 밑바닥인 노동자들을 위해 펼쳐졌을 때 반빈곤 프로그램은 치유력이 있었다. 오늘날에는 노동시장이 이런 프로그램을 혈액투석과 비슷한 무언가로, 그러니까 빈곤의 치명도를 낮추기는 하지만 그걸 완전히 없애지는 않도록 설계된 처치와 비슷한 무언가로 바꿔 놓았다.[35] 한편 지금의 주택시장은 노동자들의 주머니를 털어 간다. 노동력 부족 때문에 2021년 임금이 오르기 시작하자 임대료가 덩달아 올랐고, 얼마 안 가 사람들은 원래의 출발점이나 그보다 더 못한 지점으로 되돌아와 버렸다. 이는 오래된 패턴이다. 1985년 이후로 임대료는 소득 수입을 325퍼센트 초과했다.[36]

여기서 그냥 빠져나갈 수는 없다. 지난 50년간 우리는 시도했지만—1인당 반빈곤 원조를 두 배로 늘려서—빈곤선은 의미 있게 움직이지 않았다. 큰 이유는 우리가 빈곤을 뒤흔드는 정책이 아니라, 유지 온존시키는 정책을 고집스럽게 지원한다는 데 있다. 규모가 가장 큰 현금지원 프로그램은 근로장려세제인데, 이는 법인의 이윤을 든든하게 받쳐 주고 임금을 떨어뜨린다. 미국 최대의 적정가격 주택 이니셔티브는 주택선택바우처(Housing Choice Voucher) 프로그램인데, 이는 한 세대의 임대료를 부분적으로 지불해 줌으로써 민간 임대주에게 보조금을 제공하고 세입자의 지출을 오히려 상승시킨다.[37] 저소득 노동자를 위한 세액공제와 저소득 임차인을 위한 주택바우처가 도움이 되기는 할까? 두말하면 잔소리다. 이런 프로그램이 없었다면 수백만이 넘는 가구가 빈곤에 시달렸을 것이다. 나는 수년간 적정성 위기를 해결하기 위한 정치적으로 가능성 있는 해법으로 더 많은 주택바우처를 지지해 왔다. 하지만 이 책을 쓰는 과정에서 나는 근로장려세제와 주택선택바우처가 시행되고 확대된 이후로 수년 동안 빈곤이 크게 줄어들지 않았음을 직시하지 않을 수 없었다. 이런 정책은 빈곤을 해소하기도 하지만 동시에 무너지지 않도록 떠받치고 있기도 하다. 수백만 가구를 사회악에서 구하지만 근본적인 뿌리는 전혀 뽑지 못한다.

우리는 더 심도 있는 반빈곤 투자가 필요한 게 아니다. 다른 종류의 정책, 가난과 공존하기를 거부하는 정책, 가난의 존재 자체를 위협하는 정책이 필요하다. 가난한 사람들을 겨냥한 원조가 정부의 복지수당을 가지고 저임금을 상쇄시키는 기업이나, 세입자의 임금이 올라가면 임대료를 올리는 임대주나, 터무니 없는 벌금과 수수료를 물리는 은행과 고금리 소액 대출 점포로 줄줄 빠져나가는 게 아니라 가난한 사람들의 주머니에 그대로 들어가도록 만들 필요가 있다. 시장 밑바닥에 있는 숱한 착취의 형태를 해결하지 못할 경우 정부지출을 늘려 봤자 향후 50년에도 여전히 가난과의 투쟁에서 백전백패할 위험이 있다. 우리는 가난한 사람에게 권력을 줄 필요가 있다.

P
o
v
e
r
t
y
,

빈민에게
권력을

B
y

A
m
e
r
i
c
a

우리는 누구나 공정한 대접을 받을 자격이 있지만 빈민들은 그걸 거부당할 때가 너무 많다. 선택은 착취의 해독제다. 그러므로 가난을 종식시키는 데에 중요한 단계는 더 많은 미국인에게 어디에서 일하고, 거주하고, 돈을 맡길지, 그리고 가족을 언제 꾸릴지를 결정할 권리를 주는 것이다.

일자리부터 살펴보자. 2020년에는 노동자 110만 명이 10여 년간 한 치의 변화도 없었던 연방의 최저 시급 7.25달러 이하로 돈을 받았다. 대부분의 주는 지금도 식당과 다른 서비스직 노동자들이 최저 시급 이하의(subminimum) 급여, 그러니까 연방 차원에서 달랑 시급 2.13달러를 받는 걸 허락하고 있고, 그래서 500만 명에 달하는 노동자들이 팁을 가지고 먹고산다. (최저 시급 이하의 급여라는 개념은 어디서 온 걸까? 그건 노예제의 잔재다. 노예해방 이후 식당 주인들은 과거 노예였던 흑인 노동자들을 공짜로 부렸고, 그래서 흑인들은 고객들의 적선에 의지해야만 했다.) 이는 변명의 여시가 없다. 의회는 최저임금을 올리고 모든 노동자가 거기에 따라 임금을 받도록 함으로써 최저 시급 이하의 급여를 없애야 한다. 하지만 거기서 더 나아가야 한다. 노동자들은 생계를 유지하기 위해 다시는 안간힘을 쓸 필요가 없어야 한다. 최저임금 기준이 있는 최소 80개국이 거의 1년에 한 번씩 관료들로 하여금 최저임금을 재검토하도록 의무화하고 있지만 우리는 아니다. 미국은 최저임금의 주기적(이고 인도적인) 검토를 의무화해야 한다. 중앙정부나 (노동부 장관 같은) 관료에게 기업과 노동조직과의 협의를 거친 뒤 최저임금을 인상할 권한을 부여하는 100여 개국의 모범을 따라야 한다. 아니면 아예 최저임금을 노사 간의 단체협상을 통해 정해야 한다. 이런 구조를 마련하면 의회가 관심을 가질 때마다가 아니라, 시의적절하게 기본급을 인상할 수 있을 것이다.[01]

수년간 의회는 노동시장이 국민의 건강과 자유를 위협할 때 개입해 왔다. 의회는 기간 계약 노역(indentured servitude: 부채 상환 등을 이유로 일정 기간 동안 급여 없이 일하기로 계약한 노동의 한 형태―옮긴이)과 아동노동을 불법화했다. 작업장 안전 조치를 실시했고 일터에서 상해를 입은 사람들에게 보상을 해 주었다. 우리는 이런 보호 조치들로 형편이 더 좋아졌다. 이와 마찬가지로 의회는 존엄성을 짓밟는, 심지어는 위험하기까지 한 빈곤 임금을 불법화해야 한다.《예방의학(Preventive Medicine)》에 실린 한 논문에 따르면, 저임금은 "직업 재해로 볼 수 있다". 이 관점에서는 기준 미달의 임금과 석면이나 해로운 화학물질에 노출되는 것은 아무런 차이가 없다.[02] 기업이 노동자를 불필요한 위험에 처하게 하거나 차별 혹은 괴롭힘을 당하도록 내버려두는 것이 안 된다면, 노동자에게 위험하고 모멸적인 임금을 지불하도록 내버려둬서도 안 될 일이다.

노동착취를 해결하는 최선의 방법은 노동자의 권리를 증진하는 것이다. 그동안 그런 일을 인상적으로 해 온 곳이 바로 노조였다. 하지만 노조에 과거의 영광을 다시 안기려고 하는 것은 어리석은 시도가 될 것이다. "새 술은 새 부대에"라는 성경 구절처럼, 새로운 경제는 새로운 노동법을 요구한다. 그것은 어떤 모습일까?

과거의 노동운동이 배타적이었다는 인정이 출발점이 될 수 있다. 미국 노동운동의 토대를 놓은 획기적인 1935년의 전미노동관계법은 가사 노동과 농장 노동처럼 여성과 유색인종 노동자들이 주로 종사하는 전형적인 경제 영역까지는 미치지 않았다. 그리고 노조는 흑인 노동자의 가입을 막고 이들의 자체적인 움직임을 저해했던 기나긴 역사가 있다. 새로운 노동운동은 포용적이고 반인종주의적이어야 한다. 농장에서 허리를 굽혀 일하고, 식당에서 손님의 시중을 들고, 집과 사무실을 청소하고, 노약자를 돌보는 노소(老少)의 노동자가 똑같이 권력을 누릴 수 있도록 해야 한다.[03]

미국 노동자들이 노조 활동을 손쉽게 펼칠 수 있는 계약을 새롭게 맺어야 한다. 지금은 일터에서 노조를 결성하기가 말도 안 되게 힘든 상황이다. 노조 결성 방식을 규제하는 법이 난해하고 까다로운 데다, 연방정부는 노조를 결성하고자 하는 노동자들을 보호하는 데 대단히 형편없어서 그들이 해고와 부당한 대우를 받도록 내버려 둔다. 노조 결성 시도 대부분이 좌초하는 건 당연하다.[04] 현행 노동법에서는 노조를 결성하고 싶으면 한번에 아마존 창고 한 곳이나 스타벅스 매장 한 곳에서 해야 한다. 이런 식으로는 미국의 창고 노동자와 바리스타들이 권력을 쟁취할 가능성이 거의 없다.[05]

많은 신규 노동운동이 전 분야를 대상으로 운동을 조직하려는 건 이 때문이다. 국제서비스노조(Service Employees International Union, SEIU)가 주도하는 시급 15달러 투쟁은 한 곳의 프랜차이즈 매장(특정 맥도널드 매장)이나 심지어는 하나의 회사(맥도널드)에 중심을 두는 게 아니라 여러 패스트푸드 체인점의 노동자들을 단결시켰다. 시애틀, 뉴욕 등지에서 이런 노동자들은 선출직 관료들에게 압력을 행사해서 자기 도시에 있는 모든 노동자의 임금을 인상시키는 데 성공을 거두었다. 이는 새로운 노동 권력, 지역 전체에서 운동을 조직하려 애쓰는, 확장성이 있는 노동 권력이다. 만일 특정 경제 부문—소매업, 호텔 서비스, 간병—에서 충분히 많은 노동자가 단위 사업장별 교섭을 부문별 교섭으로 전환하는 데 찬성표를 던질 경우 노동부 장관은 노동자들이 선출한 대표로 구성된 교섭단을 승인할 수 있다. 이 교섭단은 업계 전반의 노동자들을 위한 최고의 조건을 쟁취하기 위해 기업과 협상을 벌일 수 있다. 이렇게 하면 한 번에 모든 아마존 창고와 모든 스타벅스 매장을 조직화할 수 있고, 메타와 애플에 있는 독립적인 계약자들도 권력을 가질 수 있다.[06]

부문별 교섭(sectoral bargaining)은 유럽과 라틴아메리카에서 노동자들의 삶을 향상시켰듯, 자신이 속한 노조에서 아무런 혜택을 보지 못한 수천만 미국인에게 영향을 미칠 것이다. 가령 오스트리아에서는 부문별 단체교섭을 통해 2017년에 1500유로 최저 월급을 전국적으로 확립했다.[07] 부문별 교섭은 노동자와 관리자 사이에 놓인 운동장뿐만 아니라, 같은 부문에 속한 기업들 사이의 운동장을 평평하게 만들어서, 경쟁 우위를 얻기 위해 노동자를 기만하려는 유혹이 상존하는 바닥치기 경쟁(race to the bottom: 비용 절감을 통한 개체들 간의 경쟁으로 편익이 감소하는 상황—옮긴이)에 갇히지 않도록 할 것이다. 대신 기업들은 자신들이 제공하는 상품과 서비스의 질을 놓고 경쟁을 벌여야만 할 것이다. 어쩌면 종국에는 그토록 부르짖던 그 경제적 생산성의 수혜를 모두가 누릴 수 있을지 모른다.[08]

새로운 노동법에 대한 이런 아이디어들은 21세기에 노동자 권력을 어떻게 형성할 것인지 그 청사진을 그리기 위해 전 세계의 노조 지도자, 학자, 운동가, 노동자 70여 명을 모아 놓고 2년간 공들인 결과물이었다. 이 모임의 2020년 보고서 「노동자 권력을 위한 깨끗한 서판(Clean Slate for Worker Power)」은 기업 이사회에 의무적으로 상당수의 노동자 대표를 포함시키기, 노조 활동을 방해하는 회사에 무거운 벌금 물리기 외에도 다양한 해법들을 지지한다. 이런 제안들은 자본주의에 반대하는 게 아니라 착취에, 부당한 대우에, 목적 없고 기괴한 불평등에 반대하는 것이다. (오웰은 "우리는 '자본가'와 '프롤레타리아트' 같은 말을 조금 적게 하고 도둑과 도둑맞은 사람에 대해 조금 더 많이 이야기할 필요가 있다"라는 말을 한 적도 있다.)**09** 이는 다름 아닌 사람을 섬기는 자본주의를 요구하는 것이다.

주택은 어떤가? 미국에서 안전하고 가격이 적당한 거처를 찾는 가난한 사람들에게는 한 가지 선택지밖에 없다. 민간 임대주에게서 집을 빌리고 소득의 절반 이상을 털어 넣는 것이다. 이런 가정들이 민간아파트를 임대하거나, 공공주택으로 이사하거나, 자기 집을 소유하거나, 아니면 세입자들이 공동으로 소유하고 관리하는 주택 협동조합에 가입하는 방법 중에서 선택할 수 있다고 상상해 보라. 이런 시나리오에서는 가난한 가족들이 약간의 영향력과 시장 권력을 가질 수 있으므로 다 쓰러져가는 아파트에 말도 안 되는 돈을 내며 살아야 할 이유가 없다. 우리가 임대료 바가지와 임대주택 관리 부실을 막고자 한다면

238

저소득가정의 주택 기회를 확대할 필요가 있다. 그렇게 할 수 있는 방법은 여러 가지가 있지만 분명하게 틀린 방법이 있다. 바로 지금처럼 하는 것이다.

한 가지 간단한 방법은 기존의 주택 프로그램에 더욱 심혈을 기울이는 것이다. 공공주택은 수백만 미국인들에게 적정가격 주택을 제공하지만 수요에 비해 재정이 워낙 적게 투입되어서 이런 집에 들어가려면 몇 달이나 몇 년 정도가 아니라 몇십 년을 기다려야 할 정도다.[10] 우리는 이런 엄청난 수요에서 뭔가를 배워야 한다. 적정가격 주택은 삶을 바꾸는 힘이 있고, 그게 절박하게 필요한 가정이 많다는 것을.

미국의 공공주택 실험을 처참한 실패로 여기는 우리 같은 사람들, 공공주택이라 하면 시카고와 세인트루이스 같은 도시의 소비에트식 고층 건물, 결국에는 너무 낡고 황폐해져서 폭약을 가지고 허무는 것이 자비처럼 느껴질 정도였던 그런 고층 건물을 떠올리는 사람들에게는 어쩌면 놀라운 제안인지 모른다. 하지만 피트니스센터, 그리고 텃밭과 정원으로 꾸며진 옥상 테라스를 갖춘 사우스브롱크스의 멋들어진 적정가격 주택단지 비아베르데(Via Verde)를 방문하기 전까지는 판단을 유보할 것을 권한다. 아니면 커다란 참나무들이 에워싸고 있고 심지어는 수영장까지 갖춘 126세대 단지인 오스틴의 벤트트리아파트(Bent Tree Apartments)에 가 보라. 아니면 자그마한 발코니에 밝은 페인

트칠이 된 밀워키, 피츠버그, 워싱턴 D.C. 곳곳에 지어진 예쁜 두 세대짜리 주택을 확인해 보라.[11] 이런 것들은 아버지 세대의 주택 프로젝트가 아니다. 연구에 따르면 그 긴 대기자 명단에 올라 있는 부모들이 이미 직감하고 있는 것이 모두 사실이다. 그러니까 지원금이 제공되는 공공주택에서 자란 아이들은, 민간 임대시장에서 지원금 없이 생활하는 다른 아이들에 비해 더 건강하고, 납에도 적게 노출되고, 학교에서도 잘 지낸다. 이런 아이들은 성인이 되어서도 수감률이 낮고 소득이 더 높다. 공공주택은 그 수혜를 누릴 기회를 얻은 소수의 운 좋은 가난한 가족에게는 분명 효과가 있다. 그 도달 범위를 넓히면 우리는 그보다 훨씬 많은—심지어 모든—저소득 미국인들에게 영구적인 적정가격 주택을 제공할 수 있다.[12]

빈곤층, 노동계급, 중간층 가정, 그리고 많은 청년에게 혜택을 제공하여 내 집을 장만한 미국인의 수를 늘리는 방법을 마련할 수도 있다. 일반적으로 집주인일 때보다 임차인일 때 돈이 더 많이 들어간다. 가령 2019년 켄터키 루이빌(Louisville)의 중위 임차인은 임차료와 보험료로 매달 900달러를 냈지만, 중위 주택 소유주의 주거비용은 주택담보대출 납입금, 보험료, 부동산세 포함 매달 573달러가 전부였다. 문제는 은행이 적정가격 주택에 자금을 대는 데 거의 관심을 보이지 않는다는 점이다. 그해 주택의 약 27퍼센트— 210만 채—가 10만 달러 미만의 가격으로 거래됐지만, 그 가운데 주택담보대출이 적용된 주택은 23 퍼센트뿐이었다. 나머지는 투기업자와 임대업자에게 현금으로 매입됐다. 더 많은 임차인이 주택 소유주가 될 수 있는 길을 닦을 경우 주택 비용이 크게 감소할 뿐만 아니라, 여윳돈을 모아서 경제적 안정의 토대를 마련할 수도 있다. 이는 특히 레드라이닝을 통해 흑인들을 주택 소유주가 될 기회에서 배제해 온 역사적 불평등을 교정할 수 있는 한 걸음이 될 것이다.[13]

　은행들이 소액 주택담보대출을 꺼리는 것은 그것이 더 위험해서가 아니라—이런 주택담보대출은 더 큰 금액의 주택담보대출과 연체율이 동일하다—수익률이 적기 때문이다. 금액이 많든 적든, 주택담보대출을 개시하는 데는 고정된 비용이 있고, 따라서 은행의 입장에서는 비싼 주택의 신청서를 승인하고 적정가격 주택의 신청서는 반려하는 것이 더욱 합리적이다. 주택담보대출의 상환기간 동안 100만 달러에 대한 이자는 7만 5000달러에 대한 이자보다 훨씬 많다. 여기서 정부가 개입하여, 생애 최초로 내 집을 장만하는 사람에게 추가적인 재원을 제공하여 진입로를 만들어 줄 수 있다. 사실 미국 농촌에서는 200만여 가구에 자기 집을 장만할 기회를 제공해 준 502직접대출프로그램(502 Direct Loan Program)을 통해 이미 그렇게 하고 있다. 미국농무부(USDA)가 전적으로 보증을 서고 서비스를 제공하는 이 대출은 이율이 낮고, 아주 가난한 가정에는 임차료 전액

241

을 빌려주기 때문에 계약금을 마련할 필요가 없다. 가정들은 또 수리비를 도와주는 보조금 또는 저리의 대출도 신청할 수 있다. 2021년 502직접대출프로그램의 평균 대출액은 18만 7181달러였지만 여기에 정부 비용은 총 1만 370달러밖에 들지 않았다. 효과가 아주 오래 지속되는 개입을 하는 데 비해 들어가는 돈은 대단히 미미한 편이라 할 수 있다. 이 프로그램을 도시 지역으로 확대할 경우 훨씬 많은 저소득층, 중간층 가정이 내 집을 장만할 수 있을 것이다.[14]

탈빈곤 사회의 모습을 상상해 보고 싶다면 이미 그것을 현실에서 이루고 있는 사람들을 주목하는 것이 유익하다. 몇 년 전 나는 IX라는 줄임말로 통하는 미니애폴리스의 세입자 권리 조직 세입자정의연합[Inquilinxs Unidxs por Justicia(United Renters for Justice)]과 어울리기 시작했다. 이 조직은 보안 요원, 점원, 야간 관리인, 이민자, 청년 등으로 이루어져 있었다. IX 회원들은 공공주택이나 보조금이 제공되는 아파트에서 살기를 바라지 않았다. 심지어는 자기 집을 가질 생각도 없었다. 이들이 바라는 것은 그들의 임대주로부터 아파트 건물을 사들여서 세입자 소유형 협동조합으로 전환하는 것이었다.[15]

주민들이 집단으로 소유하고 관리하는 주택을 만드는 것을 "커머닝(commoning)"이라고 부른다. 미국 도시지역에는 유구한 커머닝 전통이 있다. 가난한 뉴욕 시민들은 1960년대 말부터 건물주에게 버려져서 대부분 화재를 입고 수년간 방치되어 손상된 아파트 건물을 손보기 시작했다. 시간과 노동을 투여하는 "땀 지분(sweat equity)"만 있으면 장소를 손에 넣을 수 있었다. 이 활동을 지지한 뉴욕시는 건물 수십 동의 소유권을 협동조합을 설립한 세입자 조직에게 넘겼다. 1979년 말부터 1980년 초까지 이 나라의 수도에는 흑인 여성들이 주도하는 17개의 세입자 협동조합이 탄생하여 집 1000채를 관리하고, 허물어져 가는 부동산을 매입하고, 직접 수리했다.[16] 이 모델 가운데 인기 있는 형태는 주민들이 협동조합의 지분을 구입하고 매달 저렴한 사용료를 냄으로써 건물의 유지비를 충당하는 것이었다. 한 가정이 이사를 나가면 자신의 지분을 원구매가보다 약간 높은 가격에 팔 수 있지만 폭리를 취할 수는 없었다. 아무리 응찰하는 사람이 많다고 해도 판매가를 끌어올리는 것은 협동조합의 사회적 사명에 절대적으로 반하는 것으로 인식됐다.[17]

미니애폴리스의 세입자들은 건물주가 건물을 제대로 관리하지 않는다는 것을 알고—누수가 일어나면 방수 작업이 아니라 양동이로 대응했고, 깨진 창문은 깨진 채 내버려두었다—건물주에 대항하는 움직임을 조직하기 시작했다. 이들은 똘똘 뭉쳐 시의회에 건물주의 면허를 박탈하여 그가 임대료를 징수하지 못하게 해야 하다고 설득했다. 그리고 임차료 납부를 중단했다. 건물주는 퇴거 고지로 응수했다. IX 회원들은 건물주의 집

앞에서, 심지어는 그 사람이 다니는 교회에서 행진을 하고 시위를 벌였다. 그들은 지역 재단을 통해 기금을 마련하고, 이윤극대화가 아니라 적정가격 주택 보존이 목표인 부동산 투자자들의 모임인 랜드뱅크트윈시티즈(Land Bank Twin Cities)와 공조하기 시작했다.

건물주와 IX의 세입자들은 마지막 며칠 동안 결과를 예측할 수 없을 정도로 치열한 협상을 벌였다. 세입자들은 공정 시장가로 아파트 건물을 매입할 수 있을 정도의 돈을 모았지만, 건물주는 세입자 전부를 쫓아낼 생각밖에 없는 듯했다. 처음 IX에 참여했을 때 공항 아이스토어에서 시급 15.69달러를 받고 일하던 흑인 싱글 맘 클로에 잭슨(Chloé Jackson)은 자신의 퇴거 사건을 배심원단에 맡기는 첫 세입자가 되겠다고 자원했다. 건물주 측 변호사가 먼저 발언을 했다. 변호사는 자신의 의뢰인은 그저 건물을 비우고, 수리를 한 다음, 자유시장에 팔고 싶을 뿐이라고 주장했다. "이건 보복이 아닙니다. 건전한 사업상의 결정이에요." 그가 말했다. "돈을 조금 벌자는 거죠. 그건 전혀 잘못된 게 아닙니다." 클로에의 변호사는 퇴거는 사실상 보복이고 불법이라고 주장했다. "이 사건은 자기 목소리를 냈다는 이유로 퇴거에 직면하게 된 세입자에 대한 것입니다."

점심시간 즈음 배심원단은 숙의를 위해 퇴장했다. 클로에와 이웃들은 평결을 기다리기 위해 법원 건물의 빈 공간을 찾았다. 나는 클로에의 친한 친구 중 한 명인 테캐러 에일러(TeCara Ayler) 옆에 앉았다. 테캐러는 뺨 위에 작은 꽃 문신을 하고 굵은 흑발을 분홍색과 노란색으로 염색을 하고 있었다. 테캐러는 그걸 불사조의 외모라고 불렀고, 자기 의심이 스멀스멀 고개를 들 때마다 불사조를 불러내곤 했다. "불사조가 귀환 중이야." 테캐러는 자기만의 치장을 하고서 이렇게 말하곤 했다. "괴물이 돌아오고 있다고."

몇 시간이 흘렀고, 눈이 내리기 시작했다. 약 네 시경 세입자들은 배심원단이 그날은 귀가했음을 알게 됐다. 다들 크게 한숨을 내뱉었다. 한 세입자 조직 담당자가 아들을 데려오려고 출구로 뛰어갔다가 돌아서며 친구들에게 소리쳤다. "우리가 싸울 때는?" 힘을 북돋으려는 의도가 역력했다. "우린 이기지." 세입자들은 우물우물 대답했다.

그리고 그들은 정말 이겼다. 다음 날 배심원단은 클로에의 손을 들어 주었다. 평결이 나오자 세입자들은 서로 껴안으며 복도에서 환호했다.

두 달 뒤, 수년간의 싸움 끝에 건물주는 마침내 아파트 건물 다섯 동을 약 700만 달러에 랜드뱅크트윈시티즈에 팔기로 합의했다. 그러면 이들은 다시 이 건물을 세입자들에게 아무런 이익을 남기지 않고 팔 것이었다. 세입자들은 협동조합에 경계 없는 하늘 커뮤니티(Sky Without Limits Community)라는 이름을 붙였다.

현재 건물 다섯 동은 수용 인원을 거의 다 채운 상태고 유지 보수 요청에는 재깍 응답한다. 모든 게 완벽하지는 않다. 온수가 충분히 오래 지속되지 않고, 지붕은 아직도 모양이 고르지 않다. 하지만 주거비용이 내려갔다. 협동조합에 내는 월세는 전국적으로 월세가 치솟는 상황에서도 100달러 떨어졌다. 직접적으로든, 시민의식이 있는 토지 저당은행에 지원을 늘리는 방식으로든 IX 같은 세입자 권리 단체를 지지하는 것 역시 임대주택 시장에서 착취에 맞서 싸우는 또 하나의 방법이다.[18]

어째서 배심원단의 숙의가 이틀이나 걸렸을까? 테캐러는 이렇게 짐작했다. "뭐 때문에 그 사람들이 그렇게 오래 걸렸는지 알아? 난 그 사람들이 어째서 세입자들이 낡은 건물을 원하는 걸까라는 질문 때문에 질질 끈 거라고 생각해. 사람들은 꿈꾸는 방법을 모르거든."

내가 이제까지 들어 본 말 중에 가장 미국다운 말이었다.

목표는 하나―빈민에 대한 착취를 끝내는 것―이지만 방법은 많다. 우리는 미국 노동자들이 권력을 가지도록 해야 하고 주택 접근성을 확대해야 한다. 또한 자본에도 공정하게 접근할 수 있도록 해야 한다. 은행들은 즉각 터무니없는 초과 인출 수수료를 없애고 가난하거나 가난에 가까운 생활을 하는 사람들로부터 매년 수십억 달러씩 갈취하는 행태를 중단해야 한다. 법학자 메르사 바라다란(Mehrsa Baradaran)의 지적대로 누군가가 자신의 계좌에서 잔액보다 많은 돈을 인출할 때 은행은 그냥 거래를 동결하거나, 부족한 자금으로 수표를 추심하여 고객들에게 가령 하루 1퍼센트의 낮은 이율로 일종의 단기 대출을 제공할 수 있다. 연방정부는 초과 인출 수수료가 미국의 10분의 1도 안 되는 영국과 이스라엘처럼 은행수수료를 규제할 수 있다.[19]

각 주는 고금리 소액 대출 기관들을 규제해야 한다. 일단은 대부업자들이 만약 사람들이 대출을 받으면 비용이 어느 정도 발생하는지를 잠재적인 고객들에게 똑 부러지게 밝히도록 해야 한다. 마치 패스트푸드 식당들이 이제는 버거와 셰이크 옆에 칼로리 표를 공개해야 하듯, 고금리 소액 대출 점포들도 여러 대출의 평균적인 비용을 공개해야 한다. 텍사스가 잠재적인 대출인들에게 여러 형태의 신용을 비교한 고금리 소액 대출의 비용을 의무적으로 제시하도록 하는 공개 규정을 채택하자 악성 대출을 받는 주민의 수가 크게 줄었다.[20] 텍사스가 할 수 있다면 캘리포니아나 위스콘신이 하지 못할 이유가 있을까?

아칸소, 애리조나, 뉴저지, 그리고 워싱턴 D.C.를 비롯한 16개 주는 이율에 한도를 설정하거나 아예 그런 행태를 불법화함으로써 고금리 대출을 억제한다. 나는 이런 제한에 찬성하지만, 이걸로 충분치 않다. 여러 연구에 따르면 주정부가 고금리 소액 대출을 금지할 경우 저소득 대출인들은 때로 전당포 같은 다른 형태의 고금리 신용으로 방향을 바꾼다.[21] 금융 착취를 중단시키려면 미국의 저소득층이 신용에 접근하는 것을 제한할 것이 아니라 오히려 확대해야 한다.

일각에서는 정부가 체신청이나 연준이 소액 대출을 하게 하는 방식으로 개입해야 한다고 제안해 왔다. 상업적인 은행들이 끼어들도록 부추기는 정부 규정을 개정해야 한다고 주장하는 사람들도 있다. 어떤 접근법을 취하든 해법은 저소득층에게 더 많은 선택지를 제공하는 방향이어야 한다. 그래야 유일한 선택지라는 이유로 강도 짓을 해도 처벌받지 않는 약탈적인 대부 기관들에 대한 의존을 끝낼 수 있다.[22]

가난한 사람들의 선택지를 확대하는 방안을 고려할 때 출산 선택권을 빼놓아서는 안 된다. 우리는 피임약을 통해 여성의 경제적 권력은 출산 선택권과 결부되어 있음을 알게 됐다. 1960년대 말에 피임약이 널리 보급된 뒤 여성의 대학 등록률과 취업률이 치솟았고, 이로 인해 남성에게서 더 많이 독립할 수 있었다. 그때처럼 지금도 효과적인 피임 수단에 접근할 수 있는 여성들은 그렇지 않은 여성에 비해 학교를 더 오래 다니고 일자리 시장에 더 높은 비율로 참여한다. 이들은 아이를 더 늦게, 그리고 적게 갖는다. 하지만 많은 빈곤 여성이 가장 신뢰할 만한 피임법을 여전히 손에 넣지 못해서 의도치 않은 임신을 한다. 다시 말해서 이런 어머니들은 좀 더 나이가 들어서 임신을 하거나 아예 임신을 하지 않는 쪽을 선호할 가능성이 높다.[23]

2010년 델라웨어주는 미국에서 의도치 않은 임신율이 가장 높았다(57퍼센트). 주정부와 업스트림 USA(Upstream USA)라고 하는 비영리단체가 손을 잡고 이런 현실을 타개하고자 했다. 2014년 이들이 착수한 델라웨어 피임약보급운동(Contraceptive Access Now)은 가임연령의 여성이 자신에게 가장 잘 맞는 피임법을 손에 넣을 수 있도록 보장하는 데 주력했다. 방법은 믿을 수 없을 정도로 간단했다. 여성들이 간호사나 의사를 만나게 되면 일반적인 문진 이외에 "내년에 임신할 생각이 있나요?"라는 질문을 받았다. 그렇지 않다고 대답을 하면 해당 의료인은 이들이 진료를 마치기 전에 자신이 선택한 피임법을 손에 넣을 수 있도록 협조해야 했다. 여성들은 1년에 한 번씩 검진을 받았고, 자궁내피임기구를 시술받거나 피임약을 받아서, 또는 자신이 원한다면 빈손으로 진료실을 나섰다.

이 방법은 효과가 있었다. 한 평가에 따르면 2014년부터 2017년까지 이 프로그램으로 저소득층 여성과 보험이 없는 여성 중에 의도치 않은 임신이 약 24퍼센트 줄어들었다. 델라웨어의 의료종사자들이 소득이나 보험 상태에 관계없이 여성에게 다양한 피임법을 제공하자 여성들은 이를 받아들였다. 이 접근법을 전국적으로 똑같이 확산시키면 모든 여성이 언제, 어떻게, 누구와 가족을 꾸릴지에 대한 권력을 더 많이 가질 수 있고, 그렇게 해야 한다.[24]

사회학자 도러시 로버츠(Dorothy Roberts)가 밝혔듯 피임에는 어두운 면이 있다. 그리 멀지 않은 과거에 주정부는 보호관찰 중인 여성들이 장기적인 피임을 받아들이도록 강요했고 심지어 일부 여성에게 강제 불임수술과 불필요한 자궁적출술을 시행했다. 이를 미시시피 맹장 수술(Mississippi appendectomy)이라고 하기도 한다. 이 비열한 수술은 다른 사람도 아닌 빈민 여성과 흑인 여성의 출산권을 부정했다.[25] 오늘날 우리는 저소득층 여성들이 원할 때 아이를 가질 능력을 제한할 수 있게 한다. 왜냐하면 그들은 최상의 피임법을 손에 넣기 어렵기 때문이다. 업스트림 USA의 CEO이자 공동 설립자인 마크 에드워드(Mark Edwards)가 내게 말한 대로 "여성들은 최상급의 피임법을 고급스러운 사치품이 아니라 필수품처럼 누릴 수 있어야 한다". 에드워드가 이 일에 뛰어든 것은 출산 선택권이 경제적 지위 향상의 토대라는 것을 이해했기 때문이다.

임신중지를 택할 능력을 비롯, 자신의 의지대로 가족계획을 할 힘이 있을 때 여성들은 자신의 교육과 경제적 가능성을 확대한다. 그리고 출산 선택권이 제한될 때 여성과 그들의 아이들은 종종 가난으로 내몰린다. 임신중지를 인정하지 않을 때 어떤 경제적 결과가 나타나는지에 관한 최고의 증거는 샌프란시스코 캘리포니아대학교의 연구팀이 수행한 거부연구(Turnaway Study)에서 얻을 수 있다. 이 연구는 미국 전역의 보건소에서 임신중지 수술을 받고자 했던 여성 약 1000명을 추적했다. 연구팀은 (주에 따라 보통 10주에서 3개월의 마지막 주까지인) 임신중지 가능 시한 직전에 움직였기 때문에 수술을 받을 수 있었던 여성들과, 그 마감 시한을 넘겼다는 이유로 수술을 거부당한 여성들을 비교했다.

이 연구의 설계는 획기적이면서도 엄밀했고, 그 연구 결과는 심란하지만 분명했다. 어쩔 수 없이 출산을 해야 했던 여성들은 임신중지 수술을 받은 여성에 비해 4년 후 빈곤선 아래에서 살 가능성이 더 높았다. 이 두 집단의 여성은 임신기간에는 거의 유사한 경로에 있었지만, 임신중지 여부가 이들의 삶을 갈라놓았다. 임신중지 클리닉에서 거절당한 여성들은 초음파검사를 하면서 임신중지 가능 여부를 판가름하는 중요한 대답을 듣고 난 뒤 몇 달, 심지어는 몇 년이 지났을 때 전일제 일자리를 가지고 있을 가능성이 낮고, 생필품을 감당할 능력이 있을 가능성도 낮았으며, 학대당하는 관계에서 헤어나지 못할 가능성이 높았다. 이들의 아이들 역시 고통을 당했다. 임신중지 수술을 받은 많은 여성은 나중에 다시 아이를 가졌다. 이 아이들과, 임신중지를 거부당한 여성에게서 태어난 아이들을 비교해 본 연

구자들은 후자의 집단에 속한 아이들이 가난하게 성장할 가능성이 훨씬 높다는 사실을 발견했다.[26]

거부연구의 근거를 꼼꼼하게 살펴보고 나니 나는 직접 임신중지 클리닉을 확인해 보고 싶어졌다. 그래서 시내에 위치한 독립적인 임신중지 시설인 필라델피아여성센터(Philadelphia Women's Center)에서 하루를 보냈다. 이 센터의 벽에는 라벤더색과 청록색 페인트가 칠해져 있고, 방탄유리가 쳐진 안내 데스크 뒤로는 누군가가 "여기에 올 때는 사랑만 들고 오세요"라고 적어 놓았다. 대기실은 조도가 낮은 조명에 텔레비전이 꺼져 있어서 고요하면서도 뭔가 희망찬 분위기가 넘쳤다. 형광등이 휘황찬란하게 빛나는 복지 사무소나 퇴거 법정의 음울한 방들과는 딴판이었다. 사람들이 대기 중이라는 사실만 빼면. 그날 임신중지 수술을 받으러 온 여성들은 가난하고 삶의 무게에 찌들어 보였다. 누군가는 아기를 안고 있었고, 누군가는 의자에 앉아 몸을 웅크리고 턱을 괸 채 잠들어 있었다. 한 의료진은 이들 중 절반이 철분 결핍이라고 내게 알려 주었다. 가난뿐만 아니라 임신에 의해서도 발생하는 증상이었다.

이 여성센터에서 첫 3개월 내에 하는 임신중지 수술은 445달러다. 강간, 근친상간, 또는 임신부의 생명에 위험이 초래되는 경우를 제외하면 메디케이드를 이용해서 이 수술을 받지 못하기 때문에 라이언 비버(Ryan Bieber)는 여성들이 비용을 조달하는 일을 돕는다. 이 센터의 재정 확보 지원인인 라이언은 오전에는 환자들에게 같은 질문을 반복하며 보낸다. 낼 돈이 있나요? 어느 정도죠? 집까지 타고 갈 차는 있나요? 내가 방문한 날 라이언은 여성 약 45명이 국가임신중지재단(National Abortion Federation)의 지원금에다가 지역단체의 지원금을 추가해서 임신중지 비용을 마련할 수 있도록 거들었다. 그는 노숙자쉼터에서 지내는 여성, 아편에 중독된 여성, 직장에 다니지만 임대료와 식료품비를 헐어야 임신중지 비용을 낼 수 있는 어머니들을 거들었다. 또한 라이언은 자신이 만난 여성들에게 이런 질문을 했다. 강간이나 근친상간인 경우에는 메디케이드가 임신중지 비용을 충당해 줘요. 이런 상황에 해당하나요? 그는 자신이 면담하는 여성 가운데 15~20퍼센트가 그렇다고 말한다고 추정했다.

나는 미국에서 진행되는 임신중지 논쟁이 당황스러울 정도로 추상적이라고 생각한다. 육체적 온전함의 경계는 어디인가? 생명은 언제 시작되는가? 나는 이런 질문에는 어떻게 대답해야 할지 모르겠다. 내가 분명하게 아는 것은 로 대 웨이드(Roe v. Wade) 판결을 뒤집고 전국적인 임신중지 권리를 앗아 간 대법원의 판결이 가난한 여성들에게 파국을 몰고 오리라는 것이다. 물론 우리는 미국에서 그 어떤 아이도 가난하게 태어나지 않게 할 수 있다. 우리는 모든 여성이 최상의 피임법과 서비스에 접근하게 함으로써 더 많은 여성이 계획에 따라 안전한 임신을 하게 할 수 있다. 우리는 이제 막 어머니가 된 여성들에게 유급 출산 휴가와 무료 아이돌봄서비스 같은 강력한 지원 수단을 제공할 수 있다. 다시 말해서 미국처럼 부유한 나라는 생명과 직결된 곳에 우리의 재정을 투입할 능력이 충분히 있다. 하지만 지금으로서는 그저 가난한 사람들에게서 계속 빼앗기만 하는 듯하다.

가장 많은 권력과 자본을 그러쥐고 있는 사람들은 미국의 막대한 빈곤에 가장 많은 책임이 있다. 지난 반세기 동안 미국 저소득층의 기대를 무참하게 저버린 정치엘리트들, 사람보다 이윤을 우선시하는 책략을 짜고 거기에 돈을 쓰는 기업 총수들, 자기 이익을 위해 미국 국민들의 의지를 가로막는 로비스트들, 도시 전체에서 빈민들을 추방하고 적정가격 주택 위기에 부채질을 하는 부동산 소유주들. 이것이 중요한 문제이지만 동시에 딱히 책임을 추궁할 만한 대상이 보이지 않는다고 핑계를 찾을 때, 우리가 우리보다 더 잘사는 사람들에게만 관심을 쏟을 때, (많은 경우 의도치 않게) 가능한 모든 수단에서 고개를 돌릴 때 우리 역시 이 문제에 기여한다. 지구온난화가 오염을 유발하는 거대 산업과 다국적인 벌목 기업뿐만이 아니라 우리가 몰기로 선택한 자동차와 우리가 쓰기로 선택한 에너지에 의해서도 일어나듯, 미국의 빈곤은 의회와 기업이 취하는 조치의 결과이기만

한 게 아니라 우리가 각자의 일을 할 때 매일 내리는 결정들 수백만 가지가 누적된 결과이기도 하다.

현대의 미국에 살며 고군분투하는 것은 도덕적인 판단으로 점철된 일련의 시스템에 참여하는 것이다. 한 가족의 경제적 생계가 전적으로 그들이 가진 집의 가격에 좌우될 경우, 어째서 그 가족이 동네에 적정가격 주택단지가 들어오는 계획 같은, 자신들의 부동산 가치를 떨어뜨릴 수 있는 일체의 행위에 반대하는지를 어렵지 않게 이해할 수 있다. 노부부의 비상금이 주식시장이 어떠한가에 좌우된다면 아무리 그것이 노동자를 기만하는 의미라 해도 이 부부가 더 많은 수익을 얻도록 설계된 법안을 지지한다는 걸 어렵지 않게 예상할 수 있다. 인종차별과 착취 같은 사회악은 편견과 이기심뿐만 아니라 내 아이를 지킨다는 선의에서도 동력을 얻을 수 있다. 내 아이를 특별하게 지킨다는.

이런 상황은 전후 사회학자 C. 라이트 밀스(C. Wright Mills)가 말한 "구조적 비도덕성"을, 그리고 정치학자 저밀라 미치너(Jamila Michener)가 그보다 더 최근에 말한 "사회적 수준에서"의 착취를 양산한다.[27] 우리는 같은 나라와 같은 경제를 공유하며 서로 연결되어 있다. 여기서는 부자의 이익이 빈민의 희생을 요구할 때가 많다. 하지만 이런 상황은 불가피하거나 영구적인 게 아니다. 인간이 만들어 냈고, 따라서 인간의 손으로 되돌릴 수 있다. 우리는 자신의 삶을 시작으로 해서 새로운 사회를 만들 수 있다. 우리가 어디서 일하고 거주할지, 무엇을 살지, 어떻게 투표할지, 시민으로서 가진 에너지를 어디에 쏟을지, 이 모든 것이 빈민 가정에 영향을 미친다. 그러므로 빈곤 폐지론자가 되면 우리가 그 문제와, 그리고 해법과 연결된 모든 방식을 검토함으로써 빈곤을 개인적인 문제로 여기고 자신의 삶을 낱낱이 뜯어보게 된다.

우리는 무엇을 어디에서 구입하는지를 재평가하면서 우리의 지갑으로 의사를 표현할 수 있다. 노동자를 착취하는 기업에 대한 지지를 최대한 철회해야 한다. 그러려면 집에서 숙제하듯 기업의 이력을 살펴봐야 한다. 택배로 주문을 하려고 한다? UPS 기사들은 노조가 있지만 페덱스 기사들은 그렇지 않다. 한잔 해야겠다? 롤링록과 밀러는 노조 조합원들이 만든다. 사탕을 먹고 싶다? 졸리랜처를 만드는 사람들은 노조가 있다.[28] 날이 갈수록 미국의 소비자들은 자신의 구매가 환경에 미치는 영향을 고려한다. 빈곤에 미치는 영향 역시 고려해야 한다.

보스턴차사건(Boston Tea Party)부터 캠퍼스의 노동착취 반대 운동에 이르기까지 미국에는 오랜 소비자운동의 역사가 있다. 미국의 혁명가들은 영국에서 옷을 수입하는 대신 집에서 만든 옷을 자랑스럽게 입었다. 1960년대의 미국 가정들은 농장 노동자들이 주도한 전국적인 보이콧의 결과로 포도 구입을 중단했다. 더 최근에는 동물실험에 의지하는 화장품과 서아프리카 어린이들이 수확한 코코아를 사용하는 기업의 초콜릿을 주문하지 않는 운동도 있었다. 소비자운동은 모든 구매 행위가 윤리적 선택임을 인정한다. 빈곤 폐지론자에게 이는 상품 뒤에 있는 사람들을 모른 척하지 않고 자기 노동자들을 아끼는 회사에 힘을 실어 준다는 뜻이다.[29]

어떤 회사에 조세회피, 노조 깨기, 저임금 이력이 있다면 그 회사는 착취 기업이다. 모두가 어디서 물건을 구매할지 일일이 선택하지는 못한다. 특히 쿠폰을 모으고 예산을 빡빡하게 관리하는 사람들은 더더욱. 하지만 그런 선택을 하는 사람들은 착취 기업에 우리의 돈을 주지 않아야 한다. 그들의 고객이나 주주가 되어서는 안 된다. 주식시장에 발을 들인 사람들의 경우에는 빈곤 폐지를 지침으로 삼아서 포트폴리오를 한 번 더 들여다보고, 개인적인 투자뿐만 아니라 국가의 연금기금 역시 살펴야한다. 많은 미국인이 무기를 제조하거나 도박이나 석유 시추를 활성화하는 회사에 속한 "죄악의 주식"을 피하는 것을 우선시한다. 궁핍과 절망을 확산하거나, 세금을 포탈해서 공공서비스를 거덜 내는 기업은 어떤가? 우리가 이런 투자에서 올린 소득 안에는 그 과정에서 직간접적으로 피해를 입은 사람들의 희생이 숨어 있다.

자신이 속한 기관을 더 면밀하게 들여다볼 수도 있다. 가령 모교나 지금 속한 대학을 세심하게 평가하는 방식으로. 그들이 이민 1세대 학생들을 충분히 지원하는가? 비정규교수, 조경사, 교직원 들에게 공정한 보상을 하고 있는가? 저소득층 동네의 젠트리피케이션에 책임이 있는가? 기부금을 가지고 착취 기업에 자금을 대 주는가? 우리가 속한 일터와 산업을 평가하면서 그들이 노동자를 착취하고 있는지 물어볼 수도 있다. 가령 직업 면허가 불필요한 진입장벽을 만들어서—훈련 시간과 비싼 시험이라는 형태로—일자리가 있는 사람들은 보호하지만 새로 들어가려는 사람들에게 피해를 주고 있지는 않은가? 은행으로 방향을 돌려 이런 질문을 할 수도 있다. 초과 인출 계좌에 터무니없이 높은 수수료를 물리고 있는가? 고금리 소액 대출 산업에 돈을 대 주고 있는가? 만일 그렇다면 나의 돈을 다른 곳에 넣는 게 더 낫지 않을까? 우리가 어떤 위치에 있든 가지고 있는 구체적인 영향력을 행사해서—교구와 군대와 회사와 학교 이사회 안에서—변화를 부추길 수 있다.30

빈곤 폐지론자가 인간의 존엄과 물질적 안정에 대한 열망에 근거해서 물건을 구매하고 투자할 때는 그 결정과 관련된 미학과 심지어는 생활양식에 장인처럼 공을 들여서 사방에 떠벌려야 한다. 신념보다는 규범을 바꾸는 쪽이 더 쉽다고 많은 증거가 말한다. "당신은 틀렸어요"보다는 "알았어요, 우린 그런 일은 정말로 다시는 하지 않을 거예요"가 영향력이 큰 메시지다.**31** 당신은 기후변화를 걱정하면서도 이웃이 태양광 패널을 설치한 뒤에야 설치할 것이다. 패스트패션의 부정적인 영향을 인정하면서도 반 친구들이 쇼핑 습관을 바꿔야만 거기에 동참할 것이다. 우리에게는 많은 윤리적 신념이 있지만 사회적 압력을 받아야만 그걸 근거로 움직이는 경향이 있다. 심리학자 벳시 레비 팰럭(Betsy Levy Paluck)이 전에 내게 말했듯 "규범은 우리가 이미 믿고 있는 걸 행할 수 있도록 허용한다". 빈곤 폐지와 관련된 사적인 실천들을 널리 알려서 빛을 볼 수 있게 만드는 방법을 찾는 게 중요한 건 그래서다. 만일 우리 중 많은 이가 개인의 삶에서 이 문제에 대한 일정한 책임을 지고, 일터와 신앙 공동체와 학교를 움직여서 비슷한 행동을 하게 만들 수 있다면 빈곤 폐지를 위한 노력은 확산할 것이고 전 국민의 도덕적 사고에 불꽃을 일으켜 가장 착취를 많이 하는 행위자와 기관 들이 방향을 틀도록 압력을 행사할 것이다.**32**

나는 기업들이 기후정의와 지속가능성을 위해 노력하고 있다고 홍보하듯 반빈곤 정책—단체협약, 생활임금 지불 노력—을 홍보하는 모습을 보고 싶다. 스내플(Snapple: 닥터페퍼와 카프리선 등의 음료를 만드는 기업—옮긴이)은 자신들이 사용하는 병이 100퍼센트 재활용 플라스틱이라고 홍보해 왔다. 나는 이 회사가 그게 노조원들이 만든 것인지도 알려 주면 좋겠다. 미국인 대부분은 노동조합을 찬성한다. 그러니 그걸 홍보에 활용하지 않을 이유가 뭐란 말인가?**33** 요즘은 지역 자영업자들이 매장 창문에다가 트랜스젠더의 권리를 상징하는 깃발이나 **흑인 목숨 은 소중하다** 피켓 같은 것을 걸어 놓는 게 일반적이다. 그렇다면 초봉을 공개적으로 게시하는 건 어떤가? 던굿(DoneGood)과 바 이콧(Buycott) 같은 플랫폼들은 노동자들에게 공정한 보상을 하 는 기업 쪽으로 고객들을 유도한다. 비영리단체 B랩(B Lab)은 노 동자의 보수와 혜택, 직무의 유연성, 노동자 소유권의 잠재력 등의 기준을 근거로 점수를 매겨서 높은 사회환경적 기준을 충 족하는 기업들을 인증한다. B랩의 인증을 받은 기업과 그렇지 않은 기업 가운데 선택할 수 있는 상황일 경우, 노동자와 지구 를 공정하게 대하는 기업을 선택하자.**34**

　　소비자운동은 다른 사람들의 희생을 바탕으로 우리에게 저렴한 상품과 서비스를 안겨 주었다. 그리고 다시 소비자운동 을 통해 이 흐름을 역전시켜 빈곤을 양산하는 기업들을 엄단하 고 우리가 더 이상 그들의 착취적인 방식을 용인하지 않으리라 는 메시지를 보낼 수 있다. 착취는 수익에 도움이 되므로 이런 행동은 우리 포트폴리오의 주식 수익률에는 악영향을 미칠 수 있다. 빈민과의 연대를 드러내는 방식으로 금융 활동과 구매 활 동을 한다는 것은 우리가 더 많은 돈을 내게 된다는 의미일 수 있다. 그리고 우리는 이런 비용들을 인정함으로써 우리가 공모 자였음을 인정한다. 우리가 서로를 등쳐 먹고 강탈할 때 우리 자신의 일부 역시 빼앗긴다. 바른 일을 하는 것은 종종 대단히 불편하고, 시간이 많이 걸리고, 심지어는 돈도 많이 드는 과정이다. 나는 시도하고, 실패하고, 다시 시도한다. 하지만 인간성을 회복하기 위해 그 정도의 대가는 치러도 되지 않을까.[35]

⑨

P
o
v
e
r
t
y
,

담장을
허물자

B
y

A
m
e
r
i
c
a

우리가 해야 할 마지막 조치는 담장을 허무는 것이다. 우리는 식민화의 해악을 인정하며 교과서를 수정하고 공휴일의 이름을 바꿨다. 노예제의 참상을 인정하며 대리석 조각상을 허물고 거리 표지판을 바꾸는 일을 시작하기도 했다. 하지만 우리가 동네에 적정가격 주택단지가 들어오지 못하게 여론을 조성하고 사람들을 움직일 때 그것은 현대판 인종 분리주의자의 행동과 다름없다. 그곳에 우리 아이를 위한 장소를 따로 정해 놓고 다른 아이들은 공정하게 대우하지 않을 때 미래를 식민화하는 것과 다르지 않다.

학교와 지역사회에서 한 곳에 몰려 있는 빈곤층을 분산시켜 다른 계층과 통합을 이루면 빈곤의 통증을 둔화할 수 있다. 소득을 올리기 위한 어떤 조치 없이 빈곤한 가족들을 기회가 많은 동네로 이주시키기만 해도 이들의 삶이 어마어마하게 개선된다. 이들이 여전히 빈곤선 아래 머물러 있다 해도 범죄에 더 적게 노출되고 정신 건강이 개선되고 아이들이 학교에서 즐겁게 지낸다는 의미에서 이들은 덜 "가난"해진다. 여러 연구에 따르면 빈곤층 아이들이 기회가 많은 동네에서 1년을 보낼 때마다 이들이 성인이 되었을 때의 소득이 늘어난다. 그래서 같은 부모를 둔 피붙이라도 더 어린 아이가 손위의 형제자매보다 소득이 더 커진다. 안전하고 풍요로운 곳에서 더 많은 시간을 보냈기 때문이다.[01]

하지만 오늘날 보편기본소득처럼 널리 회자되는 가장 야심만만한 반빈곤 안(案)조차도 빈부의 공간적 분리를 아무런 조치 없이 내버려 둘 때가 많다. 우리의 최선은 분리되어 있긴 하지만 전보다는 조금 덜 불평등한 나라라는 듯, 빈부의 분리를 그냥 단념하는 것 같아서 실망스럽다. 부유한 사람과 가난한 사람이 서로 마주칠 일 없는 삶을 살 때 가난한 사람들만이 의지하는 기관이나 프로그램은 취약해진다. 당신의 아이가 다니지 않는 공립학교의 폐쇄를 지지하거나, 당신의 조카가 수색당할 일이 없다는 걸 아는 상태에서 강압적인 몸수색 방침에 찬성하기는 쉽다. 하지만 여러 계급의 가족들이 아이들을 같은 학교에 보내고, 같은 공원에서 피크닉을 하고, 같은 거리를 걸어다닐 때 이 가족들은 그 학교와 공원과 도로에 똑같은 관심과 이해를 갖게 된다.

거기에 더해서, 이것도 인정하자. 빈부의 분리는 우리의 마음과 영혼을 오염시킨다. 부유한 사람들이 똑같이 부유한 이웃들 옆에서 생활하고 일하고 놀고 신앙생활을 할 때, 말 그대로 가난한 사람들을 망각하고 점점 편협해질 수 있다. 그러면 우리 내면에서 질 나쁜 성정이 고개를 들고 편견과 도덕적 붕괴에 부채질을 한다. 빈부가 뒤섞인 지역사회에서 서로 얽히고설키게 되면 우리는 우리의 맹점을 의식하고 고립된 편견의 방을 나와, 빈곤선 훨씬 위에 있는 가족들 역시 빈곤선 아래 있는 가족들을 괴롭히는 문제를 함께 고민하게 된다. 니체의 표현처럼 "우리는 자신의 육체와 영혼으로 위대한 문제를 경험하기를 욕망해야 한다".[02] 그리고 나는 가난은 위대한 문제에 해당한다고 생각한다. 빈부의 통합은 모두의 이해관계가 같아진다는 뜻이다. 그것은 빈곤만 흔들어 놓는 게 아니다. 정신적인 차원에서 시간이 지날수록 공감과 연대를 활성화할 수 있다.[03] 빈부의 공간적 분리에 반대하는 것이 빈곤 폐지론에 반드시 포함되어야 하는 것은 이 때문이다.

우리가 담장을 낮추고 가난한 가족들이 기회가 많은 동네로 이사할 수 있게 할 경우, 실제로 집을 옮기는 사람도, 그렇지 않은 사람도 있을 것이다. 가난한 동네는 그냥 가난한 사람들이 사는 동네이기만 한 게 아니다. 이 나라에서 제일 맛있는 몇몇 맛집이 자리한 곳인 건 말할 것도 없고, 가족과 친근함, 공동체와 사랑의 샘이기도 하다. 흑인 동네와 특정 민족의 집중 거주 지역은 백인이 지배하는 기관에서 일하고 공부하는 비백인 미국인들의 피난처로 기능할 수도 있다. 나는 아이가 태어난 출생

지의 우편번호가 그 아이의 일생을 너무 강력하게 좌우하지 않아야 한다는 입장에서 동네 선택권을 확대해야 한다고 생각한다. 덧붙이자면 나는 부유한 동네의 적정가격 주택 사업지가 인원 미달로 힘들어한다는 소리를 한 번도 들어 보지 못했다. 사실 그와는 정반대다. 2021년 뉴저지 체리힐(Cherry Hill)이라고 하는 부촌에서 29세대 적정가격 아파트 거주 신청을 받기 시작하자 9309명이 지원했다.[04]

　빈부 통합은 효과가 있다. 이는 반세기의 연구를 통해 도출한 의심할 나위 없는 명백한 결론이다. 대법원이 1954년 브라운 대 교육위원회 사건에서 공립학교의 인종 분리를 지지하는 법이 위헌이라고 판결한 뒤 학교 통합이 어떤 영향을 미쳤는지를 생각해 보라. 이 판결 이후 몇 년 동안 인종 분리 폐지 명령은 전국에서 고르지 못하게 집행됐고, 그 덕에 사회과학자들은 통합된 학교에 다니는 흑인 아이들과 분리된 학교를 다니는 흑인 아이들을 비교할 수 있었다. 경제학자 러커 존슨(Rucker Johnson)은 이런 비교를 통해 통합된 학교에 다니는 흑인 아이들이 분리된 교육을 경험한 흑인 아이들에 비해 교실에서 수행 능력이 더 좋고, 더 높은 비율로 졸업했으며, 대학에 갈 가능성도 더 높다는 사실을 확인했다. 이런 교육적 성취는 실제 금전적 가치도 있었다. 존슨의 모델은 법원의 명령에 순응한 통합의 혜택을 본 흑인 학생들이 성인이 되었을 때 빈곤을 경험할 가능성이 현저하게 낮음을 보여 주었기 때문이다. 동시에 인종 분리가 철폐된 학교에 다닌 백인 학생들은 별다른 변화가 없었다. 이들의 학업 성취도와 성인기의 행복은 새로운 흑인 급우들에게 부정적인 영향을 받지 않았다.[05]

불평등의 증가는 학군 간의 소득 편차로 이어졌다. 정책입 안자들은 저울의 균형을 맞추는 데 도움이 되는 교육재정 개혁 안을 통과시켜서 가난한 학교에 더 많은 돈을 지원했다. 도움은 됐지만 그게 해법이 아닌 것은 분명했다. 메릴랜드 몽고메리카 운티(montgomery county)에서 벌어진 일을 생각해 보자. 21세기 초 몽고메리카운티의 주택 당국은 여러 가족을 서로 다른 공공 주택에 임의로 배정했는데, 이 중에는 부유한 학교가 있는 부유 한 동네에 자리한 주택도 있었다. 동시에 카운티는 재정 상태가 매우 열악한 고빈곤 학교에도 크게 투자해서 학급당 학생 수를 줄이고 교사 연수를 진행하는 등 교육의 질을 실질적으로 향상 시키는 방안에 재정을 투입했다. 덕분에 연구자들은 가난한 학 생들이 저빈곤 학교에서 더 잘하는지, 아니면 교육 자원이 향상 된 고빈곤 학교에서 더 잘하는지를 판별할 수 있는 기회를 얻었 다. 결과는 충격적이었다. 저빈곤 학교에 다닌 빈곤 가정 학생 들이 "최신식으로 교육적인 개입"을 한 고빈곤 학교에 다닌 학 생들보다 수행 능력이 월등히 높았던 것이다. 가난한 학교의 예 산을 부유한 학교보다 더 늘려도 이 학교들의 격차는 거의 좁혀

지지 않는다.[06]

나는 아이들에게는 환경이 중요하다는 주장을 할 때면 약간 멍청해진 기분이 든다. 그걸 모르는 사람은 없다. 많은 사람이 그 많은 에너지와 돈을 써서 자기 학교와 동네를 요새처럼 만들고, 거기에 따라오는 장래성과 안전을 차곡차곡 축적하는 건 그래서다. 우리가 다른 아이들이 들어오지 못하도록 기회의 문을 걸어 잠그고, 아이들의 이름으로 버젓이 그런 행동을 하는 모습을 우리 아이들에게 보여 줄 때 아이들은 무엇을 배울까?

미국은 브라운 판결 이후로 퇴보했다. 그래서 이제 우리 아이들의 학교는 우리 부모 세대의 학교보다 경제적 다양성이 더 줄어들었다. 그리고 우리가 인종 통합을 향해 걸음마를 떼긴 했지만 지역사회 대부분은 여전히 인종적으로 날카롭게 구분되어 있다. 도시 생활이 경제적으로 점점 더 감당하기 힘들어지면 가진 자와 가지지 못한 자를 가르는 거리는 갈수록 멀어지기만 할 것이다. 과거에는 길 건너편에 사는 가난한 가족에 관해 이러쿵저러쿵 입방아를 찧곤 했다. 그런데 이제는 저 건너 카운티에 사는 가난한 가족에 대해 이야기한다.[07] 우리는 여전히 아주 많이 분리되어 있고 아주 많이 불평등하다. 하지만 이런 기회의 오염은 우리와 함께 끝날 수 있다.

어떻게 하면 우리는 마침내 분리의 손길을 뿌리칠 수 있을까? 우리가 할 수 있는 제일 중요한 일은 배타적인 용도지역 정책을 포용적인 조례로 바꿔서 담장을 허물고 그 잔해들을 가지고 다리를 만드는 것이다. 이것은 두 부분으로 구성된다. 첫째는 저소득층 가정이 기회가 많은 동네에 들어오지 못하게 하려고 만들어 낸 온갖 기만적인 합법적 장치들, 다세대 아파트 단지나 더 작은 적정가격 주택들을 만드는 것을 불법으로 낙인찍는 규정들을 없애는 것이다. 우리의 지역사회가 배타적인 용도지역 규정—더 공손하고 조용한 빈부 분리 활성화 수단—을 철폐하지 않는 한 진심으로 인종주의나 빈곤에 반대한다고 주장하기 힘들다.

배타적인 용도지역을 철폐할 경우 개발업자들이 저소득층 가정에 필요한 주택을 건설하는 것이 합법이 될 것이다. 하지만 그렇다고 해서 반드시 그런 주택이 지어지리라고 장담하지는 못한다. 그래서 두 번째 부분이 필요하다. 포용적인 용도지역 규정을 통과시키는 것이다. 포용적인 용도지역은 단순히 배타적인 조례가 없는 수동적인 상태가 아니라, 배타적인 조례를 주도적이고 끈질기게 뒤집어 놓는 것이다. 배타적인 용도지역은 적정가격 주택의 개발을 불법으로 규정하지만, 포용적인 용도지역은 그렇게 하지 않는 것을 불법으로 규정한다. 어쨌든 신규 개발사업에서 일정 비율의 세대를 저소득층 가정에게 할당하도록 의무화하는 더 강력한 형태인 것이다. 좀 더 약한 자발

적인 형태로는 만일 개발업자들이 청사진에 적정가격 주택을
포함시킬 경우 조세감면이나 건축을 더 많이 할 수 있게 해 주
는 "용적률 보너스"의 형태로 인센티브를 제공하는 방식도 있
다. 가령 50세대 단지의 건설 허가를 받은 개발업자는 아파트의
15퍼센트를 시장가격 이하로 제공한다는 데 동의할 경우 75세
대짜리 단지를 세워도 된다는 허가를 받을 수도 있다.[08] 아일랜
드와 스페인 같은 나라들은 이런 포용적인 용도지역을 주택 부
족의 해법으로 시행해 왔다. 미국에서는 뉴저지주가 이 문제에
서 앞서간다. 뉴저지주에서는 거의 모든 교외의 행정구역에 적
정가격 주택이 있다. 어째서일까? 일련의 획기적인 판결을 통
해 뉴저지주 대법원이 배타적인 용도지역을 금지했을 뿐만 아
니라 모든 지자체가 "공정한 몫"의 적정가격 주택을 제공하도
록 의무화했기 때문이다. 여기서 공정한 몫은 각 시의 인구통계
를 가지고 계산한다. 지자체가 자기 역할을 제대로 이행하지 않
을 경우 법원은 시의 용도지역 도면을 다시 그려서 적정가격 주
택 프로젝트를 한발 전진시킬 수 있다. 공화당과 민주당 행정구
역 모두 반발하며 싸웠지만 법의 강력한 명령 덕분에 340여 소
도시들이 적정가격 주택 개발사업을 개시하지 않을 수 없었다.
계획안이 한 번 작성되고 나면 개발업자들은 얼마 안 가 그 일
을 따려고 입찰에 참여한다. 일정 비율을 저소득층 가정에 임대
하더라도 단독주택보다는 다세대 단지에서 더 많은 돈을 벌 수

있기 때문이다. 이 전략 때문에 뉴저지주는 주정부나 연방정부의 돈을 한 푼도 쓰지 않고 적정가격 주택 수천 세대를 만들 수 있었다.[09]

적정가격 주택 개발사업이 부동산 가치를 떨어뜨릴 수 있을까? 만일 부실 공사를 하고 유지관리를 하지 않을 경우 그럴 수 있다. 종류를 막론하고 방치된 주택이 그렇듯 말이다. 하지만 여러 연구에 따르면 적정가격 주택이 주변 지역사회와 어우러질 때, 그리고 유지관리가 잘되고 한 장소에 몰리기보다는 고루 분산될 때, 부동산 가치에는 아무런 영향이 없다.[10] (뉴저지주는 수년 전부터 다른 그 어떤 주보다 더 공세적으로 지역사회를 경제적으로 통합시키기 시작했지만 부동산 가치는 여전히 미국 내 최고 수준이고, 최상급의 공교육을 자랑한다.) 의회는 지방세를 상쇄하거나 공공서비스를 개선하는 데 쓸 수 있는 연방의 재정을 가지고 더 많은 지역사회가 적정가격 주택에 투자하도록 장려할 수 있다. 주택 소유주들이 적정가격 주택에 찬성표를 던질 경우 이들이 조금 더 많은 금전적 이익을 챙기게 된다면 어떨까? 만일 지역사회에서 저소득층 가구를 더 많이 환대한 덕에 지역 초등학교가 체육관을 새로 단장하거나 선생님을 더 많이 고용할 수 있다면 어떨까?

이런 당근을 사용하면 더 많은 지역사회가 번영을 공유하도록 유도할 수 있다. 채찍도 같이 사용할 수 있다. 만일 지역사

273

회가 배타적인 용도지역을 철폐하지 않겠다고 버틸 경우 의회는 자금줄을 끊어 버릴 수 있다. 지금은 배타적인 소도시나 동네가 연방의 재정을 받아서 인도를 수리하거나 하수시설을 개선하거나 공원을 조성하는데, 이는 저소득 납세자들이 자신들을 적극적으로 밀어내는 장소를 개선시키는 데 돈을 내는 꼴이다. 의회는 배타적인 용도지역을 유지하는 행정구역에 연방의 재정을 교부하지 않음으로써 이 왜곡된 균형을 교정할 수 있다. 담장 뒤에 남아 있고 싶은 사람들이 나머지 사람들에게서 도움을 받아서는 안 된다. 그런데 이건 애초부터 내 머리에서 나온 생각이 아니다. 조지 롬니(George Romney)의 생각이었다. 유타주 상원의원 밋 롬니(Mitt Romney)의 아버지이자 공화당 정치인이었던 그는 닉슨 행정부의 주택도시개발부 장관으로 재직하던 1970년에 이 제안을 내놓았다. 롬니는 미국 정부가 빈부 분리에 보조금을 대는 일에 마침표를 찍기를 바랐다. 그의 아이디어에 교외에 거주하는 백인들이 어찌나 격분했던지 닉슨 정부는 이를 곧바로 없는 일로 하고 종국에는 롬니를 장관직에서 내몰았다.[11] 교외 거주 백인들이 항의 전화를 걸고, 정치 집회에 참여하고, 항의 서한을 작성했던 것이다.

최근에 지역계획 위원회 회의에 참여해 보면 크게 바뀐 게 없음을 알 수 있다.

용도지역을 둘러싼 모략의 정치를 따르는 사람들은 대개

지역사회 구성원들보다 더 부유하고, 나이가 많고, 백인 비중이 높고, 집을 소유하고 있다. 이런 적극적인 투표 세력은 압도적으로, 그리고 소란스럽게 적정가격 주택에 반대하고, 새로운 건설공사 일체에 반대하기도 해서 이 나라의 고통스러운 임대 주택 위기에 기름을 붓는다. 프랑스 정치가 알렉시 드 토크빌(Alexis de Tocqueville)은 19세기의 미국인들은 시가 그들의 부동산을 가로질러 도로를 놓는다는 계획을 내놓기 전까지는 정치의 무심한 관찰자일 뿐이었다고 밝혔다. 그다음부터는 공적인 공론장에 모습을 드러내기 시작했다. 이와 비슷하게 보통 21세기의 미국인들은 용도지역 위원회의 회의록을 읽지 않는다. 하지만 누군가가 자기 집 근처에 적정가격 주택 개발사업을 하자는 제안을 내놓으면 갑자기 어느 화요일 저녁에 시의회 의장을 향해 고래고래 악을 써 댄다.[12]

"이런 회의는 난폭해요." 에릭 돕슨(Eric Dobson)이 내게 말했다. 뉴저지에서 적정가격 주택을 확대하기 위해 노력하는 공익 로펌인 페어셰어하우징센터(Fair Share Housing Center)의 부대표인 돕슨은 주민들이 법원에서 명령한 주택단지 건설 계획을 저지하려고 갖은 방법을 동원하는 지역 내 각종 회의에 정기적으로 참석한다. 이런 회의들은 한 번씩 다음 날 새벽까지 이어진다. 돕슨은 주차장에서 공격적인 말을 들을 수 있다는 걱정 때문에, 생각이 비슷한 변호사들에게 말을 하지 말라고 조언하곤 한다. 뉴욕시에서 60킬로미터쯤 떨어진 교외 지역인 뉴저지의 올드브리지(Old Bridge)시에서 열린 최근의 한 회의에서는 한백인 남자가 돕슨을 향해 "당신 동네에나 이딴 걸 짓지 그러냐"라며 소리를 질렀다. 흑인 성직자인 돕슨은 이미 그렇게 했다고 대답했다.

현 상태를 지지하는 사람들, 분리주의에 찬성하는 이런 부동산 소유 계급은 담장을 사수하는 지루한 일을 기꺼이 떠맡겠다는 의지를 보여 왔다. 이들의 노력은 더 많은 주택을 지으려던 계획을 묵히고 취소시키는 방식으로 빛을 발했다. 지역 공무원들은 자기 귀에 들리는 목소리에 반응하는 경향이 있기 때문이다.[13] 우리에게는 다양한 목소리가 필요하다. 특히 더 많은 어린 친구들을 교실로 반갑게 맞아들일 준비가 된 중고생들의 목소리를 활용할 수도 있고, 제안된 적정가격 주택 개발사업 지역으로 이사할 계획인 가족들의 목소리를 들어 보는 것도 큰 힘이 될 수 있을 것이다.

쉽지 않은 일이라는 건 알고 있다. 2022년 나는 집에서 내쫓긴 하와이 오아후섬의 250명으로 이루어진 공동체 와이아나애의 피난처(Puʻuhonua O Waiʻanae, POW)의 대표 트윙클 보거(Twinkle Borge)를 만났다. 2020년 POW는 여러 곳에서 자금을 끌어모아 이 섬의 동쪽 땅 20에이커를 구입한 뒤 재능 기부 건축가와 개발업자들과의 협업을 통해 영구적인 주택을 건설하기 시작했다. 하지만 일차적으로 POW의 가정들은 공청회에서 미래의 이웃들과 대면해야 했다. "짐승이 따로 없었죠." 보거가 내게 말했다. "그 사람들은 '우리 애들은 길거리에서 놀지 못하게 될 거다!' 같은 말들을 했어요. 우리와 우리 애들 앞에서 그런 소리를 했죠. 속상하게도 말이에요."

POW의 가정들은 굴하지 않았지만 보거가 그 회의를 떠올릴 때면 그의 온화한 표정은 지금도 눈에 띌 정도로 어두워진다. 보거와 그의 이웃들, 그리고 미국 전역에서 비슷한 상황에 놓인 가족들은 분리주의자들을 홀로 상대해서는 안 된다. 다른 종류의 지역사회, 더 개방적이고 포용적인 지역사회를 만들고자 하는 빈곤 폐지론자들이 화요일 저녁의 지역계획 위원회 회의에 등장할 필요가 있다. 자리에서 일어나 지역 공무원들에게 말해야 한다. 이 지역의 오래된 분리주의 전통은 내가 끝낼 겁니다. 나는 우리 아이가 이곳에 살면서 누리는 기회를 다른 아이들이 누리지 못하도록 방해해서는 안 된다고 생각합니다. 그런 동네를 만듭시다.

내 책상 위에는 삼단으로 접히는 겨자색 브로슈어가 있다. 이 브로슈어는 미네소타주가 주지사의 인권위원회를 통해 1953년에 발행한 것이다. 내용은 인종의 통합을 다루고 있다. 흑인 가정들의 소득이 늘어나면서 일부 흑인 가정은 도시 내 백인 거주지역을 포함, 중간계급 동네에서 집을 구입하려고 했다. 이런 흐름을 인지하고 백인 가정을 대상으로 한 이 브로슈어는 흑인 가정이 무엇을 원하는가에 대한 몇 가지 기본적인 질문을 묻고 답하는 형식을 취하고 있었다. 흑인 가정이 원하는 것이란 바로 백인 가정이 원하는 것과 같았다. 동등한 기회와 양질의 주택. 이 브로슈어는 어째서 흑백 분리가 지속되는가라는 질문에 대해서는 "많은 백인이 (흑인 이웃을) 반대하는 것은 자신들의 사회적 입지에 자신이 없기 때문"이라는 답을 내놓고 있다.[14]

여기에는 중대한 사회학적 통찰이 있다. 발밑의 땅이 불안정하게 느껴질 때 우리는 자신이 무엇을 가지고 있는지를 제대로 살피기보다는 무엇을 잃을 수 있는가에 더 마음을 쏟으며 방어적인 태도로 우리 것을 지키려고 한다. 숱한 사회심리학적 증거에 따르면 우리는 자원이 부족하다고 또는 부족해질 수 있다고 느낄 때, 우리의 지위(또는 우리가 속한 인종 집단의 지위)가 하락하고 있다고 느낄 때 타인의 동등한 기회를 보장하려는 노력을 헌신짝처럼 내다 버린다.[15] 미국 대중들에게 물어보면 대부분은 빈곤과 불평등이 줄어들기를 바란다고 답할 것이다. 최소한 원칙적으로는 말이다. 하지만 이런 목표를 달성하기 위한 어떤 구체적인 정책에 대해 물어볼 때, 특히 이런 정책이 우리 가족의 희생을 어떤 식으로든 요구할 경우 우리는 얼버무리기 시작한다.[16] 미네소타의 브로슈어는 백인들에게 그들이 내세우는 가치에 부응하도록 요구함으로써 이런 두려움을 누그러뜨리려 한다. 브로슈어는 "자기 동네에 (흑인 가정이) 들어오지 못하게 하는 백인들은 자신의 (미국적인) 신념을 위반하고 있다"라고 말한 다음 이렇게 끝맺는다. "많은 백인에게 이 단락은 심란할 수도 있다. 솔직히 실생활에서 이런 관념을 표현하기란 어려울 것이다. 하지만······ 미국 사회는 시민들이 어려운 일을 해냈을 때만 진보했다."

빈곤 폐지론자들은 어려운 일을 한다. 가치 있는 일을 하는 단체에 기부도 하지만 거기서 그쳐서는 안 된다. 자선으로도 충분하다면 이 책은 나올 이유가 없다. 돈을 주는 것은 아름다운 행동이지만, 그래도 가난은 사라지지 않는다. 담장 너머로 돈을 던지는 대신 그 담장을 허물어뜨리자. 증거는 확실하고 분명하다. 우리는 부동산 가치를 하락시키지 않고도, 학교의 질을 희생시키지 않고도, 부유한 아이들에게 피해를 주지 않고도 가난한 사람과 부유한 사람이 어울려 사는 지역사회를 만들 수 있다. 그런데 어째서 그 많은 사람이 여전히 "자신의 사회적 지위에 자신이 없는" 걸까? 어째서 우리는 그렇게 쉽게 겁을 집어먹는 걸까?

우리는 이 두려움을 배우고 익혀 왔다. 우리의 사회제도들은 인위적인 자원 부족을 만들어 낸 뒤 그것이 정상이라는 인식을 확산하여 우리가 결핍을 익숙하게 받아들이도록 한다. 가령

부유한 동네의 주민들이 자기 동네에 새로운 주택건설계획을
워낙 성공적으로 저지하다 보니 건설업자들은 저소득층 동네
로 눈을 돌렸다. 그런데 거기서도 젠트리피케이션을 걱정하는
임대인들의 저항이 만만치 않다. 이런 역학이 미국 전역의 도시
에서 되풀이되자 적정가격 주택 위기를 해결하고 포용적인 지
역사회를 활성화하는 방법을 둘러싼 논쟁이 젠트리피케이션
을 둘러싼 논쟁으로 둔갑하더니, 안정된 주택을 소유한 저소득
층 가정과 아직 그걸 확보하지 못한 저소득층 가정이 반목하는
상황이 빚어졌다. 하지만 우리의 행동 범위가 자기 동네에 빨간
선을 긋고 저소득층이 들어오지 못하게 막고 있는 부유한 주택
소유주들에 의해 제한되다니 이 얼마나 억지스럽고 기괴한가.**17**

또는 결핍에 대한 집착이 얼마나 많은 정치의 프레임을 장
악하고 우리의 상상력을 훼손하며 도덕적 의욕을 꺾어 놓는지
를 생각해 보라. 국회의원, 학자, 전문가 들이 "자원이 부족한
세상에서는……"이라는 표현으로 말문을 여는 소리를 우리는
얼마나 많이 들었나? 마치 그 상황이 우리가 만들어 낸 것이 아
니라 자명하고, 확실하고, 자연의 법칙만큼이나 견고하다는 듯
이. 공공서비스 재정에서 미국은 다른 선진 국가들보다 훨씬 뒤
처져 있다. 2019년 프랑스, 독일, 네덜란드, 이탈리아, 그 외 여
러 서구 민주국가들은 국내총생산의 최소 38퍼센트에 달하는
세금을 걷었지만 미국의 세수는 25퍼센트에 그쳤다.**18** 미국은

다른 선진 국가들을 따라잡으려 하기보다는 정부 혜택을 부유한 가족들에게 넉넉하게 퍼 주고, 탈세자들을 처벌하는 데는 별다른 의욕을 보이지 않는다. 그러다가 누군가가 경제적 이동성을 활성화하거나 굶주림을 사라지게 만들 방법을 제안하면 돈이 없다며 투정을 부린다.

빈곤 타파를 위한 국가 차원의 집단적인 투자를 크게 확대하려면 대가가 따를 것이다. 그 대가가 어느 정도가 될지는 절대 시시한 문제가 아니다. 하지만 우리가 주택 소유주들의 세금을 보조하느라 매년 수십억 달러씩 쓰지만 않는다면, 나는 좀 더 인내심을 가지고 집 없는 가족 문제를 해결하는 데 들어가는 비용에 대한 우려를 들어 줄 수 있을 것 같다. 그리고 가장 덩치가 큰 기업들이 조세회피를 통해 매년 수십억 달러를 착복하지만 않는다면 생활임금 확립에 따르는 재정적 부담에 대한 볼멘소리를 더 잘 참고 들어 줄 수 있을 것이다. 결핍에 대한 집착은 빈곤 철폐론을 위축시키고 뒤틀어서 가상의 재정적 한계 안에서만 작동하도록 강요한다.

또한 경제정의와 기후정의가 마치 화해 불가능한 문제라는 듯 대립시킨다. 법을 만드는 사람들이 혼잡비용을 통해, 그러니까 가령 차량이 혼잡한 시간대에 도심에 진입할 경우 비용을 물리는 방식으로 오염과 교통체증을 억제하려고 하자 비판가들은 그렇게 하면 교통 사막에서 저임금 노동자들이 가장 심한 타격을 입을 거라고 주장하며 그 제안을 저격했다. 이 주장은 대체로 옳다. 하지만 반드시 그래야 하는 것은 아니다. 우리는 평소에는 수백만 노동자가 하루 벌어 하루 먹는 식으로 살게 내버려두다가, 다른 사회환경 문제가 대두되면 이들의 곤경을 빌미로 무대책을 정당화한다. 정치인과 전문가 들은 짐짓 어른스러운 목소리로 안타깝게도 빈곤층과 노동계급 가정이 피해를 입을 수 있으므로 연료 소모량이 많은 차량에 세금을 매기거나 녹색에너지로 전환하거나 쇠고기 가격을 인상할 수 없다고 설교한다. 내가 하려는 말은 이런 피해가 논점에서 어긋난다는 것이 아니라 피할 수 있다는 것이다. 그것은 날조된 결핍의 부산물이기 때문이다.

결핍은 사안과 사안의, 이웃과 이웃의 반목을 조장한다. 건국 이래로 미국 계급정치는 흑인과 반목하는 백인 노동자, 신규 유입자와 반목하는 선주민의 이야기였다. 인종주의는 다인종적인 대중 노동운동의 등장을 가로막았다. 만일 다인종적 노동운동이 미국에서 기틀을 다졌더라면 19세기 프랑스와 영국에서 채택된 것과 같은—노동당 창립을 비롯한—대대적인 경제개혁을 이끌었을 수도 있다. 그리고 인종주의는 통합된 지역사회와 학교의 싹을 모조리 잘라 버린 채 가난을, 특히 도시 내 흑인의 가난을 게토에 가두고, 그 참혹함을 가중시켰다. 날조된 결핍은 인종주의에 권력과 정당성을 부여한다. 역사사회학자 올리버 크롬웰 콕스(Oliver Cromwell Cox)는 자본주의가 없다면 "세상은 절대 인종 편견을 경험하지 못했을 것"이라고 말할 정도였다.[19]

그걸 <u>결핍 눈속임</u>(scarcity diversion)이라고 부르자. 각본은 이렇다. 첫째, 엘리트들이 돈이나 토지 같은 자원을 축적하도록 내버려 둔다. 둘째, 그 질서가 자연스럽고 불가피한 척하거나 아니면 그냥 아예 관심을 끈다. 셋째, 자원 축적 때문에 빚어진 사회문제를 오직 부족한 자원을 가지고 해결하려고 시도한다. 그래서 부자들이 세금을 다 내게 만들기보다는 가령 변변찮은 예산을 가지고 사회복지를 설계한다. 넷째, 실패한다. 빈곤율을 낮추는 데 실패하고, 더 많은 적정가격 주택을 건설하는 데 실패한다. 다섯째, 이것이 우리가 할 수 있는 최선이라고 주장한다. 말끝마다 "자원이 부족한 세상에서……"를 갖다 붙인다. 정부 프로그램을 탓한다. 자본주의를 탓한다. 다른 정당을 탓한다. 이민자를 탓한다. 가장 비난받아야 할 사람들을 제외한 모든 사람을 탓한다. 이런 가식을 표현하는 데는 "가스라이팅"이라는 표현도 별로 과하지 않다.

결핍 눈속임의 정반대는 이 나라의 풍요를 인정하는 것이다. 생태학자 로빈 월 킴머(Robin Wall Kimmerer)는 최근 "풍요의 경제"를 주창했다.[20] 미래 비전과 정책 설계의 중심적인 관점이자 입법의 뼈대로서 풍요를 선택한다는 것은 이 나라에 자원이

풍부—넉넉한 땅과 자본—하다는 것을, 그렇지 않은 척하는 것
은 코미디임을 인정하는 것이다. 킴머는 이렇게 말한다. "나는
부유하다는 것이 나눌 것이 충분함을 의미하는 시스템, 어떤 가
족이 필요를 충족하는 행위가 다른 가족의 동일한 행위에 대한
가능성을 파괴하지 않는 시스템의 일부이고 싶다." 비현실적이
라고? 그럴 수도 있다. 하지만 무엇이 실현 가능하고 무엇이 가
능하지 않은지를 결정하는 건 누구인가? 가난한 사람들의 꿈은
별스럽다고 묵살하면서 부자들의 꿈(성과보수, 무제한 소득)은
현실이 되곤 한다는 걸 인정해야 하지 않을까? 우리는 E. P. 톰
슨(E. P. Thompson)이 보여 주었던, 가뭄과 기근이 들더라도 "다른
사람들의 생필품에서 이윤을 얻는" 것은 부도덕하고 심지어는
부자연스럽다고 생각하던 시절, 그래서 그 대신 "공급의 도덕경
제"를 지지하던 시절이 있었음을 잊은 걸까?[21]

어째서 결핍을 주어진 것으로 받아들이고, 그것을 경제와
정책 입안과 도시계획과 개인윤리의 핵심 원리로 여기는 걸까?
어째서 자기 개가 소에게 먹이려고 쌓아 둔 건초 더미 위에 누
워서 소들이 가까이 오면 으르렁댄다는 걸 알게 된 순간, 건초
더미를 포기하고 그 가장자리에서 부스러기를 긁어모아 소에
게 먹이는 쪽을 택한 농부처럼 행동하는 걸까? 어째서 우리는
그냥 개를 다른 곳으로 보내지 않는 걸까?

사회안전망의 균형을 재조정해서 운동장을 바로잡자. 착취

를 억제하고 가난한 사람들에게 권력을 주자. 빈부 구분을 거부하고 폭넓은 번영에 투자하자. 이렇게 하면 미국의 빈곤을 철폐할 수 있다. 그렇다면 빈곤 철폐는 어떤 모습일까?

변화는 일어나게 마련이고 때로 그 변화는 모두에게 불편하거나 심지어는 고통스러울 수 있다. 그걸 인정하지 않는다면 정직하지 못한 태도이다. 현상 유지도 비용이 따르지만 빈곤과 분리에 대한 중독에서 벗어나는 데도 비용이 들어갈 것이다. 일단은 정치적 비용이 들 것이다. 통합을 위협으로 인식하는 주택 소유주와 부모들의 독기 어린 반발이라는. 과거에는 무료 급식 제공이나 학생 트라우마 상담에 대해 많이 생각할 필요가 없었던 학교들의 반발도 있을 것이다. 가난과 비슷한 그 무엇과도 단절되어 있던 동네에 버스 정류장을 설치하거나 사회서비스를 강화하거나 공적인 무질서를 처리할 방법을 찾아야 할 수도 있다. 일단 모두가 일상에서 더 많은 마찰을 맞닥뜨리게 될 것이다. 동네 사람 모두가 대학을 나왔거나 발레를 해 봤거나 생바르텔레미(St. Barts: 서인도제도 위치한 섬—옮긴이)에 가 본 적이 없을 때는 오해에서 빚어진 어색한 순간과 실수와 모욕이 늘어날 것이므로.

제임스 볼드윈은 이렇게 말한다. "일체의 실질적인 변화는 항상 알고 있던 세계의 붕괴를, 한 사람에게 정체성을 부여하던 모든 것의 상실을, 안전의 종말을 의미한다. 그리고 앞이 보이지 않고 이제 미래에 무슨 일이 벌어질지를 상상하기 힘든 그런 순간에 사람들은 자신이 알던 것이나 안다고 생각하는 것에, 자신이 소유하고 있거나 소유하기를 꿈꾸는 것에 매달린다." 결국 빈부의 분리를 종식시키려면 부유한 가정이 무언가를 포기해야 하겠지만, 그 대가로 우리는 더 귀중한 것을 손에 넣을 것이다. 우리는 기회와 공적인 안전을 축적하던 방식을 포기해야 하겠지만 그 과정에서 배제와 빈곤 창출이라는 사악한 일에 참여할 때 우리를 짓누르던 수치심에서도 놓여날 것이다. 담장 안쪽의 삶이 주는 안락함과 친근함을 포기하고, 우리가 그 장소와 그 속에서 우리가 하는 역할에 대해 하던 이야기들을 포기해야 하겠지만, 상류계급의 많은 삶을 얼룩지게 하는, 볼드윈의 표현을 따르면 "더 높은 꿈과 더 큰 특권"을 좇게 만드는 외로움과 공허한 물질주의 역시 내려놓게 될 것이다.[22]

내가 지금까지 살아 본 곳 가운데 최고는 위스콘신 매디슨의 한 동네였다. 여러 인종과 여러 소득계층이 다양하게 뒤섞인 사우스사이드의 브럼스어디션(Bram's Addition)이라고 하는 곳이었다. 길 건너 내 이웃은 남아프리카공화국에서 이주한 커플이었다. 한 집 건너 사는 이웃은 손목에 구리 팔찌를 차고 다니는 나이 든 흑인 퇴역 군인이었다. 그는 지역 농민 시장에서 드럼을 연주하며 팁을 받곤 했다. 그 동네에는 공공연한 마약 거래를 비롯한 여러 문제가 분명하게 존재했다. 지역신문에 한 경찰

286

이 아래와 같은 취지의 칼럼을 썼던 적도 있다. 어떤 사람은 펜
파크를 놀이와 운동을 위해 이용한다. 안타깝게도 또 어떤 사람
들은 그 공원에서 총질을 한다. 틀림없는 사실이었다.

하지만 이런 문제로 그 동네를 규정할 수는 없었다. 내가
생각하기에 우리를 규정하는 것은 몽족과 히스패닉과 백인과
흑인 이웃이 함께 콩과 고추와 콜라드를 키우고 포틀럭 파티를
열던 동네 텃밭과, 교회 지하실에서 쓰는 접이식 의자가 있고
지금도 한 번씩 생각나는 달달한 얌(yam)을 팔던 소울푸드 식당
자다스와, 이 캘리포니아 토박이가 먹어 본 최고의 몰레 데 판
사(mole de panza: 멕시코의 전통 수프—옮긴이)가 있는 분홍 간판
의 타케리아 과달라하라였다. 폭설이 올 때면 동네 사람들은 삽
을 들고서—눈을 날려 버리는 강풍기를 가진 사람은 아무도 없
었다—차량 진입로와 인도를 치웠다. 자기 집만 아니라 길거리
전체에서. 눈을 치우는 동안 다른 사람들은 아침 식사를 만들었
고, 일이 끝나면 모두가 누군가의 집으로 몰려가 식사를 하고
몸을 덥혔다.

새 일을 얻은 뒤 보스턴 교외 지역인 이스트알링턴(East
Arlington)으로 이사하면서 나의 가족은 문제도, 즐거움도 훨씬
적은 동네에 자리를 잡았다. 거기서는 눈이 내리면 사람들은 자
기 집 앞 인도만 치우고 부동산의 경계에서 갑자기 끝냈다. 눈
보라가 치던 어느 날 나는 LA에 갇혀 버렸고 아내는 누가 봐도

임신한 몸으로 그날 저녁 인도의 눈을 치웠지만 돕는 사람은 없었다. 아내는 지금도 우리 아래층 이웃의 20대 아들인 순수한 뉴잉글랜드식 정원을 가꾸던 그 남자가, 창문으로 아내가 삽질하는 모습을 묵묵히 지켜보기만 했던 일을 떠올리며 분통을 터뜨린다. 아내의 화를 돋운 것은 그 육체노동이 아니라(아내는 지금 농부다) 브럼스어디션이었다면 삽질을 절대 혼자 하지 않으리라는 생각이었다. 우리가 이스트알링턴에서 집을 살 능력이 되었더라면 부동산 가치는 매디슨의 사우스사이드에 눌러앉았을 경우보다 기하급수적으로 빠르게 올랐으리라. 하지만 그 대신 우리는 동네에 대한 사랑을 포기하고 부의 비윤리를 사람들과의 온정과 맞바꿔야 했으리라. 우리는 그런 거래는 하고 싶지 않았다.

빈곤이 없는 미국은 유토피아도, 회색으로 통일된 땅도 아닐 것이다. 둘러보라. 우리보다 빈곤이 훨씬 적은 자본주의 나라가 얼마나 많은지. 빈곤이 사라진 미국에서도 디즈니월드는 건재할 것이다. 시장과 사유재산권도 건재할 것이다. 에르메스 핸드백, 테슬라 자동차, 리바이스 청바지, 나이키 운동화도 여전히 허용될 것이다. 여전히 일확천금을 얻을 수도 있다. 빈곤의 종식은 사회적 붕괴로 이어지지도, 소득불평등을 없애지도 않을 것이다. 오늘날의 미국은 소득불평등이 워낙 심해서 우리가 빈곤을 종식시킬 수 있을 정도로 평등을 의미 있게 이룬다

해도 여전히 최상위층과 밑바닥층 사이의 간극은 메울 수 없다. 보수주의자들은 자기는 (모든 사람이 똑같은 걸 갖는) 조건의 평등이 아니라 (모두가 똑같이 시도해 볼 수 있는) 기회의 평등에 찬성한다고 말하기를 좋아한다. 우리가 기회의 평등을 현실로 만들기 위해 진짜로 노력하기만 한다면 나도 좋다.

빈곤의 종식이 빈곤선 밑에 있는 수백만 노동자와 부모와 세입자와 아이 들에게 무슨 의미일지를 일일이 다 설명하기는 힘들다. 그것은 완전히 다른 존재 상태를, 더 나은 안전과 건강, 더 많은 공정함과 안정이 주를 이루는 삶을 의미할 것이다. 생존 쟁탈전이 아니라 열정과 포부가 주도하는 삶을 의미할 것이다. 마침내 숨 쉴 수 있는 상태를 의미할 것이다. 국가가 전체의 이익을 위해 두 팔 벌려 빈민들을 포용함을 의미할 것이다. 빈곤을 종식시킨다고 해서 모든 문제가 해결되지는 않을 것이다. 하지만 빈곤은 헤아릴 수 없이 많은 사회악의 촉매이자 근원인 까닭에, 빈곤을 마침내 도려낼 경우 삶의 많은 측면이 엄청나게 개선될 것이다.

빈곤의 종식은 전반적인 번영의 측면에서 순이익이 될 것이다. 오늘날의 미국에서는 믿을 수 없을 정도로 높은 지위에 오르고 막대한 부를 모을 수 있지만 빈곤 역시 널려 있다. 이 빈곤은 아침신문에서, 출근길에서, 공원에서 우리 모두를 질질 끌어당기고, 심지어는 금전적으로 상당히 안정된 사람들마저 위축되고 우울하게 만든다. 마틴 루서 킹 주니어(Martin Luther King, Jr.)는 버밍햄감옥에서 "우리는 상호성이라는 피할 수 없는 네트워크에 갇혀 있고 단일한 운명의 옷에 연결되어 있으므로 부정의는 어디에 있든 모든 곳의 정의를 위협한다"라고 적었다.23 우리는 이 유명한 말에 너무 익숙한 나머지 "위협"이라는 단어의 심오함을 제대로 곱씹지 못한다. 부정의는 단순히 정의에 대한 "모욕"이나 "조롱"이 아니라 위협, 위험, 약탈이다. 킹은 도덕적인 주장 못지않게 경험적인 주장을 했다. 부정의는 창궐하게 내버려두면 경계를 따라 기어다니며 시험해 보는 경향이 있다. 그것은 자기 손아귀에 들어오지 않은 삶까지 위협한다. 경제적 부정의의 경우는 분명히 그렇다. 빈곤은 미국의 번영을 넘보고, 그것을 바리케이드를 치고 인색하고 두려움에 사로잡힌 종류의 풍요로 만든다.

빈곤이 없는 번영은 다른 느낌을 준다. 빈곤을 철폐하면 당신의 삶이 어떨지 상상해 보라. 이제 이 나라는 부를 공유하며 훨씬 안전해졌으므로 당신은 범죄피해자가 될지 모른다는 걱정을 훨씬 적게 하면서 잠자리에 들 것이다. 아침에 일어나 뉴스를 확인했을 때 그날의 톱뉴스 중에 강제 퇴거가 급증했다거나, 푸드뱅크 앞에 사람들이 몇 시간씩 줄을 선다거나, 어떤 회사가 말도 안 되는 착취를 자행했다는 소식은 없을 것이다. 집을 나섰을 때 이제는 늘어선 노숙자들의 야영지나 피곤에 찌든 얼굴로 출근하는 노동 빈곤층의 모습을 보지 못할 것이므로 더 가뿐하고 안정된 기분을 맛볼 것이다. 모두가 생활임금을 벌 수 있다는 걸 알고서 출근할 것이므로 당신이 그런 찌든 얼굴 중 하나가 될 일도 없을 것이다. 당신이 먹을 음식을 만드는 사람이나 당신의 침구를 가는 사람들이 충분한 보상을 받으리라는 걸 아는 상태로 식당에 가거나 호텔에서 밤을 보낼 것이다. 지방선거와 전국 선거에서 시민 참여율과 투표율이 높아질 것이다. 그리고 당신이 어떤 운명을 타고났든 인생에서 돌발적인 변수가 생겨도 당신의 가족이 절망의 나락으로 떨어지지는 않으리라는 걸 알게 될 것이다.

한마디로 빈곤이 사라지면 우리는 더 자유로워질 것이다. 빈곤을 종식시키는 데 진심인 나라는 진정으로, 강박적으로 자유에 헌신하는 나라다. 프랭클린 루스벨트가 옳았다. "진정한 개인의 자유는 경제적 안정과 독립 없이는 존재할 수 없다. 궁핍한 인간은 자유로운 인간이 아니다." 그리고 빈곤에 포위된 나라는 자유국가가 아니다. 은행 계좌가 좌우하는 자유—부자들의 자유—에 비해 공동의 책임, 공동의 목적과 성취, 공동의 풍요와 헌신에서 비롯되는 자유는 완전히 다른 종류의 인간 해방이라는 인상을 준다. 더 깊이 있고 따뜻하고 풍성한. 이런 종류의 자유는 로빈 월 킴머의 표현을 빌리면 "당신을 행복하게 만들고, 그것은 당신을 책임 있는 인간으로 만든다". "모든 번영

291

은 상호적이다." 어째서일까? 빈곤은 어디에 있든 모든 곳의 번영을 위협하기 때문이다.24

나의 풍요가 다른 사람들을 참혹하게 만든다는 것을 알 때 우리는 격한 감정에 시달리며 그것을 몸으로 느낀다. 그것은 거기, 우리의 배타적인 삶을 감싸고 있는 불안과 수치심의 잔재 안에, 즐거움의 상실과 공허함 안에, 지루한 포만감과 죄책감, 욕지기 안에 있다. 우리의 일그러진 인간성 안에. 2020년 여론조사 데이터는 시카고대학교의 한 보고서를 인용하며 "자신이 아주 행복하다고 말하는 사람은 역대 최저치(14퍼센트)"인 반면 "가족의 경제적 상황에 만족한다고 말하는 사람은 역대 최고치(80퍼센트)"임을 보여 주었다.25

그리고 우리가 그 많은 미국인에게 하루하루 발등의 불을 끄며 살아가는 일에 그 많은 에너지를 쓰도록 요구함으로써 얼마나 많은 날것의 재능과 아름다움과 총명함을 낭비하는지 생각해 보라. 《계간경제학저널(The Quarterly Journal of Economics)》에 발표된 2019년의 한 연구는 부유한 가정의 아이들이 소득분포 하위 절반에 속한 가정의 아이들보다 발명가가 될 가능성이 열 배 더 높다고 밝혔다. 연구자들은 수학 점수가 높은 저소득층 가정의 어린 아이들이 나중에 살아가면서 무언가를 발명할 가능성이 아주 높긴 하지만 그래도 여전히 수학 점수가 비슷한 부유한 집 아이들보다는 발명가가 될 가능성이 훨씬 낮다는 것을 보여 줌으로써, 이것이 내적인 능력의 차이가 아니라 환경적인 요인 때문이라고 설명했다. 이 연구자들은 여기서 어떤 결론을 도출했을까? 잠재력을 완전히 실현할 수 있었더라면 엄청난 기여를 했을 수도 있는 "'잃어버린 아인슈타인들'이 많다"는 것이 었다. 빈곤은 더 나은 삶을 살 수도 있었던 사람들을 왜소하게 만든다.[26]

얼마나 많은 예술가와 시인이, 얼마나 많은 외교관과 선지자가, 얼마나 많은 정치지도자와 정신적 지도자가, 얼마나 많은 간호사와 엔지니어와 과학자가 가난 때문에 재능을 펼치지 못했을까? 우리가 담장을 허물면 얼마나 많은 사람이 잠재력을 발휘할 힘을 갖게 될지, 이 나라가 얼마나 많은 생기를 띠고 앞으로 나아가게 될지를 상상해 보라.[27]

빈곤 폐지는 개인적이면서도 정치적인 프로젝트다. 이 프로젝트를 지지하는 사람들은 자신의 소비자 선택에서, 투자 결정에서, 일자리에서 빈곤과 거리를 두고자 한다. 사회안전망의 균형을 재조정하고 빈민에게 권력을 부여하는 정책을 확장함으로써 결핍을 끝내려고 적극적으로 애쓰는 정부를 지지한다. 그 주체가 기업이건, 부동산 소유주건, 금융기관이건, 아무리―특히―그것이 우리에게 이익이 되더라도 모든 형태의 착취에 거부감을 표출한다. 우리 지역사회의 인종주의, 빈부의 분리, 기회의 축적에 반대하고, 번영의 공유를 지지한다. 빈곤 폐지론자들은 비판보다는 계획을, 수사적인 승리보다는 구체적인 승리를, 순수함보다는 유용성을 우선시하는 해결사이자 실천가다. 그리고 우리는 사람들을 조직해야 한다.[01]

빈곤이라는 재앙을 향해 날린 모든 멋진 한 방 뒤에는 서로 손을 집고 비범한 일을 이뤄 낸 평범한 미국인들이 있었다. 사회운동은 개혁의 청사진을 제시하며 아이디어를 쏟아 낸다. 마

295

치 19세기 말 미취업 노동자들의 운동이 뉴딜이 있기 수십 년
전에 공공 프로젝트를 요구했을 때처럼. 그리고 사회운동은 서
류상의 권리가 실제 권리가 되도록 힘쓴다. 20세기의 노조들이
고용주들에게 새로운 노동법을 존중하라고 요구했을 때처럼.[02]

무엇보다 중요한 점은 운동이 거센 압력을 행사한다는 것이
다. 미국 노동운동은 뉴딜의 배후에 있던 강력한 힘이었다.
대공황 시기에 등장한 세입자 운동은 의회를 자극해서 지금의
공공주택 시스템을 확립하게 만들었다. 존슨 대통령은 어떻게
의회의 교착 상태를 돌파하고 민권법과 위대한 사회, 그리고 빈
곤과의 전쟁을 관철시킬 수 있었을까? 민권운동이 국회의원들
에게 부단한 압력을 행사함으로써 대통령이 그렇게 하지 않을
수 없게 만들었기 때문이다. 존슨은 1965년 국회에서 민권운동
에 가담한 흑인들의 행동이 "우리에게 미국의 약속을 이행하라
고 요구했다"라는 말로 이 사실을 인정했다. "우리 중 누가 만일
그들의 끈질긴 용기와 미국 민주주의에 대한 믿음이 없었더라
도 똑같은 진전을 이루어 냈으리라고 말할 수 있을까?" 존슨이
이 연설을 했을 때 국회는 양분되어 있었고, 민주당은 힘을 쓰
지 못했고, 나라는 흑인 시민들에게 투표권을 거부함으로써 사
실상 민주주의가 아니었다. 한마디로 인종차별을 불법화하고,
의료·식품·교육 서비스를 확대하고, 빈곤율을 대폭 줄인 큰 변
화를 몰고 온 법안을 통과시킨 워싱턴은 지금의 워싱턴만큼이

나 엉망이었다. 평범한 미국인들은 그래도 승리할 방법을 찾아 냈고, 이제 우리도 그래야 한다.[03]

대중운동이 요구하기만 하면 미국의 빈곤은 철폐된다. 그리고 오늘날 그런 운동이 끓어오르고 있다. 미국 노동자들이 다시 한번 몸을 일으켜 과거에는 범접할 수 없다고 생각했던 작업장을 조직하며 날로 기세등등해지고 있다. 쇄신된 주택 정의 운동이 탄력을 얻고 있다. 세입자 운동이 다시 고개를 들면서 세입자들이 퇴거 저지대를 결성하여 주택 법정 입구에 자신의 몸을 사슬로 묶으며 자신들을 쫓아내려는 폭력에 자신들의 힘으로 맞서고 있다. 가난한 사람들의 캠페인(Poor People's Campaign)이 전국에서 저소득층의 목소리를, "풍요의 한복판에서 결핍이라는 거짓말"에 맞서고 교육 평등과 공공주택 재투자 같은 것들을 위해 사람들을 결집시키는 목소리를 드높이고 있다.[04] 이들은 서로 다른 피켓을 들고 행진하지만—노동조합과 세입자 조합, 인종 정의 운동과 경제 정의 운동—미국에서 빈곤을 종식시키기 위해 노력한다는 점에서는 하나다.

우리는 빈곤의 숱한 모멸과 굴욕을 익히 잘 아는 사람들이 이끄는 운동에서 배우고, 이들을 지지하고, 거기에 가담할 수 있다. 회의에 참석하고, 서명에 동참하고, 시간과 돈을 기부하고, 소셜미디어 메시지들을 공유하고, 홍보 전화를 돌리는 자원봉사를 하고, 대중집회에 목소리를 보태고, 시위 현장에 물품을 조달하는 등 방법은 다양할 수 있다.

"관계를 형성하라." 지역사회변화센터(Center for Community Change)의 전직 대표이자 사무국장인 디팩 바르가바(Deepak Bhargava)가 빈곤 철폐 운동의 동맹군이 되고자 하는 사람들에게 전하는 분명한 조언이다. "당신의 삶에서 노동계급과 빈민과 관계를 맺을 방법을 찾아라." 디팩은 재력이 있는 사람이 부족한 사람을 돕는 자선에 대해 말하는 것이 아니라 상호 존중과 이해를 발판으로 쌓아 올린 진정한 관계를, 다양한 계급 스펙트럼에 속하는 미국인들이 더 많은 존엄과 권력을 손에 넣기 위한 저소득층의 투쟁에 함께하는 그런 관계를 말하는 것이다.

자신이 데모 같은 걸 하는 사람이 아니라고 생각할 수도 있다. 나도 아니다. 하지만 대중운동은 자기만의 기여 방식을 찾아내는 다양한 사람들로 이루어진다. 어떤 노예 폐지론자들은 노예 반란에 가담해서 도망자들에게 은신처를 마련해 주었고, 어떤 노예 폐지론자들은 격정적인 연설을 하며 노예들이 만든 상품의 불매운동을 이끌었다. 운동에는 행진할 사람도 필요하지만 그래픽 디자이너와 요리사와 마케팅 전문가와 교사와 종교 지도자와 변호사도 필요하다. 누구든 빈곤 철폐에 자신의 재능을 쏟으며 헌신할 수 있다. 어떻게 이런 싸움에 함께하지 않을 수 있을까? 착취에 반대하여 조직을 결성한 미국인들은 미국 노동운동의 정수를 영적으로 계승한 자들이자 킹의 다인종

적 반빈곤 운동을 현대적으로 실현하는 사람들이다. 경제 부정
의와 불공정한 세금에 저항하는 그들은 1776년 미국 독립선언
의 진정한 후예다. [05]

　당신이 사람들을 통해 권력을 얻을 때는 많은 사람이 필요
하다. 운동은 성장해야 하고, 이는 누구도 도움이 안 된다며 배
제하는 만용을 부려서는 안 된다는 의미다. '흑인 목숨은 소중
하다 글로벌 네트워크(Black Lives Matter Global Network)'의 공동
창립자인 알리시아 가자(Alicia Garza)의 말대로 "우리가 누려 마
땅한 것을 손에 넣기 위해 필요한 운동을 조직하기 위해서는,
우리가 편안함을 느끼는 사람들보다 더 넓은 기반을 닦는 걸 겁
내서는 안 된다". 그러니까 "우리는 착한 성가대원들 너머로 손
을 뻗어야 한다".

　반빈곤 운동은 바로 그 일을 하고 있다. 민중행동(People's
Action, 이들의 슬로건은 "우리의 즐거운 반란에 동참하라"이다)은 모
두를 위한 주거 정의와 의료서비스 운동을 위해 도시와 농촌의
빈민과 노동계급 가정을 결집시켰다. 민중행동 캠페인의 공동
의장인 윌리엄 바버 목사(Reverend William Barber)—그는 민주당
강성 도시에서 힘겹게 살아가는 흑인 가정과 공화당 강성 도시
에서 힘겹게 살아가는 백인 가정들 속에서 열성적인 청중을 찾
아냈다—는 종교, 민족, 정치적 정체성이 다양한 사람들이 함
께 모여 "도덕적 관점에서" 변화를 요구하는 "퓨전 동맹(fusion

coalitions)"을 주장한다. 빈곤 폐지론이 당파적인 경계를 넘나들수 있는 것은 솔직히 말해서 빈곤층과 노동계급은 지난 50년동안 두 당이 이들에게 제공했던 것보다 더 나은 대접을 받아마땅하기 때문이다. 미래를 내다볼 줄 아는 조직가는 "그 사람들"—자유주의자나 보수주의자, 젊은이나 고령자, 미등록 이주민이나 시민—을 적이 아니라 반빈곤 투쟁의 잠재적 동맹으로바라본다. 영원한 친구나 영원한 적 같은 건 없고 오직 영원한쟁점이 있을 뿐이라는 오래된 정치적 지혜를 믿기 때문이다. 이런 반빈곤 투쟁은 느리고 고된 작업일 수도 있지만 사람들을 열광시키고 활기를 안기는 작업일 수도 있다. 민주주의 자체가 그런 것처럼. 어쩌면 저항자들이 "민주주의는 이런 모습"이라는말을 종종 외치는 이유는 우리가 너무 쉽게 그 사실을 잊기 때문인지 모른다.[06]

2022년 5월 원페어웨이지(One Fair Wage)의 대표 새루 재여러먼(Saru Jayaraman)은 공화당이 강세인 서부 미시간의 한 쇼핑몰에서 다른 세 노동자와 함께 최저임금 인상 지지 서명을 받았다. 새루는 내게 "난 진짜 우리가 주먹으로 맞거나 무슨 일이 벌어지기라도 할 줄 알았다"고 말했다. 새루의 팀은 눈에 띄었다. 모두 유색인종 여성이었고 둘은 히잡을 쓰고 있었다. 거의 모든쇼핑객이 백인인 장소에서. "하지만 우린 그 사람들에게 가서말했죠. '(시급) 15달러에 찬성하는 서명을 하시겠어요?' 99퍼센트가 '이미 서명했어요' 아니면 '어디서 하면 되죠?'라고 말했 어요." 이 일로 새루는 거의 2년 전인 2020년 11월에 있었던 일 을 떠올렸다. 원페어웨이지의 노동자들은 팁이 주 소득원인 노 동자의 시급 15달러를 요구하려고 뉴욕 올버니(Albany)의 주의 회 의사당 밖에 모여 있었다. 주로 흑인과 히스패닉계 뉴욕 시 민들로 구성된 시위대는 필수 노동자 엘레나라는 별명이 달린, 앞치마를 두른 7미터 높이의 흐느적대는 흑인 여성 인형을 가 져왔다. 노동자들이 구호를 외치고 연사들을 향해 환호를 하고 있는데, 빨간 **미국을 다시 위대하게** 모자를 쓴 백인 남녀 한 무리 가 다가왔다. 이들은 몰랐지만 그들이 시위를 하던 날은 주입법 부가 대통령 선거 결과를 인증하는 날이기도 했는데, **미국을 다 시 위대하게** 시위대는 좀 더 일찍 모여서 그 집계 결과에 이의를 제기했던 것이다. 친트럼프 군중은 노동자들이 임금인상을 요 구하러 나왔다는 사실을 알게 되자 악수를 하면서 시위에 합류 했다.

이쯤 되면 슬슬 의구심이 일어난다. 정치적 양극화를 둘러 싼 모든 수사는 그저 또 다른 종류의 결핍 눈속임, 그러니까 해 방된 미래가 우리의 시야에서 벗어나도록 우리의 관점을 협소 하게 만드는 또 다른 수법이 아닐까? 새루는 내게 말했다. "사 람들이 그러잖아요. '오, 이 문제는 양분화를 너무 심하게 일으 켜. 우린 너무 양분화되어 있어. 우린 완전 다르게 생각해.' 근데 그건 정말 개소리예요. 우린 서로 양분되어 있지 않아요. 우린 선출직 정치인들과 양분되어 있을 뿐이죠." 대다수 미국인들은 경제가 부자에게 유리하고 가난한 자에게는 피해를 준다고 믿는다. 대다수는 부자가 자기 몫의 정당한 세금을 내지 않는다고 믿는다. 대다수는 15달러 연방 최저시급을 지지한다.07 그런데 어째서 선출직 정치인들은 인민의 뜻을 대변하지 않는 걸까? 우리는 우리의 뜻을 대변하라고 그들에게 요구해야 한다.

이건 누구의 싸움일까? 당신이 노숙자나 실직자, 고정소득이 있는 장애인이라면, 착취와 배제, 투옥이나 퇴거당한 경험이 있다면 이건 당신의 싸움이다. 이 나라에 당신의 땀과 몸을 바치지만 그에 대한 대가로 아무런 권리를 누리지 못하는 미등록 이주자이거나, 회사로부터 부당한 홀대를 받는 노동자라면 이건 당신의 싸움이다. 빈곤과 안정 그 사이 어딘가를 떠다니며 허리띠를 졸라매고 힘겹게 하루 벌어 하루 먹는 수천만 미국인 중 한 명이라면 당신의 싸움이다.08 생활비가 턱없이 비싼 도시와 10만 달러짜리 대학 학위뿐만 아니라, 어째서 상황이 이런지를 설명하는 공손한 핑계들과 맥 빠진 정당화에도 신물이 난 젊은이라면 당신의 싸움이다. 당신이 이미 안정과 번영을 얻었고 이웃도 똑같은 걸 손에 넣기를 바란다면, 모든 미국인이 존엄한 삶을 누려야 한다고 요구한다면, 공정함과 정의를 사랑하고 개인적 성취를 위해 절대 착취에 가담하고 싶지 않다면, 당신 나라에서 벌어지는 모든 고난이 당신의 품위 기준에 어긋난다면 이건 당신의 싸움이기도 하다.

이 크고 넓은 나라에는 아주 많은 도전 과제가 있지만 그 최상단에는 기본적인 필요를 충족시키는 문제가 있어야 한다. 우리 자신에게, 그다음에는 지역단체, 고용주, 종교 모임, 학교, 정당, 법원, 시, 가족에게 물어봐야 한다. 우리는 빈곤에서 멀어지기 위해 무엇을 하고 있나? 빈곤의 영속화에 한몫하는 모든 사람, 모든 회사, 모든 기관은 빈곤을 누그러뜨리는 역할도 할 수 있다. 빈곤의 종식은 우리가 주장하고, 행진하고, 희생을 감내할 가치가 있는 목표다. 빈곤은 꿈을 사멸시키고 능력을 파괴하고 인간의 잠재력을 완전히 탕진시키므로. 빈곤은 비참함이고 국가적 수치이고, 우리가 위대하다는 그 어떤 주장도 거짓말로 만든다. 세상에서 가장 부유한 나라의 시민들은 마침내 빈곤을 종식시킬 수 있고 그래야 한다.[09]

빈곤을 없애려면 아주 똑똑해야 할 필요도 없다. 빈곤을 충분히 싫어하는 마음만 있으면 된다.

감사의 말

테캐러 에일러(TeCara Ayler), 클로에 잭슨(Chloé Jackson), 그리고 세입자 권리 조직 세입자정의연합(Inquilinxs Unidxs por Justicia)의 모든 사람[디팩 바르가바(Deepak Bhargava), 수재나 블랭클리(Susanna Blankley), 트윙클 보거(Twinkle Borge), 에릭 돕슨(Eric Dobson), 애덤 고든(Adam Gordon), 피터 오코너(Peter O'Connor)], 그리고 페어셰어하우징센터의 모든 직원[마크 에드워즈(Mark Edwards), 조지 거흘(George Goehl), 라키아 힉비(Lakia Higbee), 새루 재여러먼(Saru Jayaraman), 훌리오 파예스(Julio Payes), 크리스털 메이베리(Crystal Mayberry), 알린(Arleen), 버네타(Vanetta), 우(Woo)], 그리고 밀워키의 내 모든 친구[린지 펙(Lyndsey Peck), 록산느 스토키(Roxanne Sutocky)]와 필라델피아여성센터의 직원들[버네사 솔리번(Vanessa Solivan)]에게, 여러분의 관대함과 동지애, 자신감에 대해, 내게 그것을 보여 준 것에 대해 감사의 말을 전한다.

이 책은 더할 나위 없이 지적이고 뛰어난 나의 에이전트 질 니어림(Jill Kneerim)과의 수차례 대화를 통해 형태를 갖추기 시

305

작했다. 원고가 마무리되었을 때 질은 사경을 헤매고 있었다. 나는 그가 햇볕을 쬐던 호스피스 병실을 기억한다. 그리고 내가 담요 위에 원고를 올려놓자 그가 내게 뭐라고 말했는지 기억한다. 그는 아름다운 사람이었고, 이 세상을 경이롭게 생각하고 거기서 희망을 잃지 않은 사람이었다. 이제 그는 이 세상에 없다. 질, 보고 싶어요. 사랑해요.

내게 더 많은 걸 요구하고 이 책의 심장을 찾아 준, 그리고 빈곤을 증오하는 어맨다 쿡(Amanda Cook)에게 감사의 말을 전한다. 크라운의 세계적인 수준을 갖춘 팀, 특히 크레이그 애덤스(Craig Adams), 케이티 베리(Katie Berry), 질리언 블레이크(Gillian Blake), 크리스 브랜드(Chris Brand), 줄리 세플러(Julie Cepler), 데이비드 드레이크(David Drake), 메이슨 앵(Mason Eng), 앤즐리 로즈너(Annsley Rosner), 페니 사이먼(Penny Simon), 스테이시 스타인(Stacey Stein)에게도. 이 책을 위해 힘을 모아 줘서 고마워요.

사고의 힘을 믿어 주고 내가 내 생각을 전파할 수 있게 도와준 피비 앤더슨데이나(Phoebe Anderson-Dana), 미리엄 프에를(Miriam Feuerle), 해나 스콧(Hannah Scott), 그리고 라이시엄 팀(Lyceum team)에 감사의 말을 전한다. 이 모든 일을 끝까지 진행시켜 준 캐서린 플린(Katherine Flynn), 세라 할릴리(Sarah Khalil), 니어림 앤드 윌리엄스 에이전시(the Kneerim & Williams agency)에 감사의 말을 전한다.

하비어 브리그스(Xavier Briggs), 돌턴 컨리(Dalton Conley), 트레시 맥밀런 코텀(Tressie McMillan Cottom), 제이슨 드팔(Jason DeParle), 테사 로윈스키 데즈먼드(Tessa Lowinske Desmond), 미치 듀니에(Mitch Duneier), 캐시 에든(Kathy Edin), 플리츠 개립(Filiz Garip), 캐서린 허프먼(Katharine Huffman), 하비 몰로치(Harvey Molotch), 팀 넬슨(Tim Nelson), 베치 레비 팰럭(Betsy Levy Paluck), 존 로빈슨(John Robinson), 루크 섀이퍼(Luke Shaefer), 엘다 섀퍼(Eldar Shafir), 패트릭 샤키(Patrick Sharkey), 폴 스타(Paul Starr), 세라 스틸먼(Sarah Stillman), 키앙가야먀타 테일러(Keeanga-Yamahtta Taylor), 브루스 웨스턴(Bruce Western), 프레더릭 훼리(Frederick Wherry)는 이 책의 초고를 읽고 내 인생에서 가장 지적으로 긴장 감 넘치고, 정치적 동기를 자극하는 경험이었던 일련의 워크숍 에 참여했다. 여러분의 비판적인 피드백과 의견에 감사의 말을 전한다. 물론 나의 단점과 실패는 오롯이 나의 몫이다.

프린스턴 퇴거연구소의 제이컵 하스(Jacob Haas)는 이 책의 핵심 조사원이었다. 이 책의 세부 사항을 집착에 가까울 정도로 꼼꼼하게 확인하고 지칠 줄 모르는 뚝심을 보여 준 제이컵에게 감사의 말을 전한다. 그리고 책 관련 워크숍을 조직하고, 조사 결과를 종합하고, 특히 오랜 시간을 들여 사실 확인을 해 준 퇴 거 연구실의 애덤 채프닉(Adam Chapnik), 브리아 딕슨(Bria Dixon), 캐스린 도일(Kathryn Doyle), 조 피시(Joe Fish), 대니 그럽스도너

번(Danny Grubbs-Donovan), 앰버 잭슨(Amber Jackson), 올리비아 진(Olivia Jin), 재스민 랭걸(Jasmine Rangel), 타스님 유즈파리(Tasneem Yusufali)에게도 감사의 말을 전한다. 치밀하고 세심한 라일리 브랜턴(Riley Blanton)이 이 책의 사실 확인을 주도적으로 담당했다.

　나는 최근 몇 년 동안 여러 학생, 박사후 과정의 동료, 여러 프로젝트의 학자들과 공동연구를 진행하면서 이 책과 관련된 내용을 얻는 특권을 누렸다. 명석한 통찰력으로 애써 준 앤 캐트 알렉산더(Anne Kat Alexander), 모니카 벨(Monica Bell), 에밀리 벤퍼(Emily Benfer), 앨리자 듀라나(Alieza Durana), 라바 에드먼즈(Lavar Edmonds), 이언 펠로스(Ian Fellows), 후안 파블로 가남(Juan Pablo Garnham), 칼 거센슨(Carl Gershenson), 매들린 길슨(Madeleine Gilson), 헨리 고모리(Henry Gomory), 닉 그래이츠(Nick Graetz), 애슐리 그로미스(Ashley Gromis), 제임스 헨드릭슨(James Hendrickson), 피터 헵번(Peter Hepburn), 그레시 히멜스타인(Gracie Himmelstein), 케이티 크리워쿨스키(Katie Krywokulski), 에밀리 레머먼(Emily Lemmerman), 릴리언 량(Lillian Leung), 러네이 루이스(Renee Louis), 제임스 밀턴(James Minton) 그리고 Hyperøbjekt팀, 맷 멕코(Matt Mleczko), 헬레나 내줌(Helena Najm), 재커리 패럴린(Zachary Parolin), 애덤 포턴(Adam Porton), 데빈 루튼(Devin Rutan), 질리언 슬리(Gillian Slee), 팀 토머스(Tim Thomas), 애덤 트래비스(Adam Travis), 네이선 윌머스(Nathan Wilmers), 크리스 웜머(Chris

Wimer)에게 감사의 말을 전한다.

내게 영감을 제공하고 도전을 멈추지 않는 프린스턴대학교의 내 학생들과 동료들에게도 감사의 말을 전한다. 그리고 《뉴욕타임스 매거진》의 내 팀에게, 그중에서도 특히 클레어 구티에레즈(Claire Gutierrez), 제이크 실버스타인(Jake Silverstein), 그리고 빌 워식(Bill Wasik)에게, 업데이트가 느린 미국의 빈곤에 대한 기사를 지원해 줘서 고맙다는 말을 전하고 싶다.

질문에 답해 주고, 데이터를 공유하고, 연구를 추천하고, 그 외 수많은 방식으로 나의 여정을 거들어 준 다음 사람들에게 뜨거운 감사의 마음을 전한다. 로버트 앨런(Robert Allen), 로니 버거(Lonnie Berger), 클레어 브라운(Claire Brown), 필립 코언(Philip Cohen), 로버트 도어(Robert Doar), 피터 에덜먼(Peter Edelman), 케빈 파간(Kevin Fagan), 필 가보든(Phil Garboden), 릴리 가이스머(Lily Geismer), 래리 글리크먼(Larry Glickman), 메건 그린(Meghan Greene), 빌랄 하비브(Bilal Habib), 앨릭스 호로비츠(Alex Horowitz), 힐러리 호인스(Hilary Hoynes), 제니퍼 제닝스(Jennifer Jennings), 섀머스 칸(Shamus Khan), 제인스 코시바(James Koshiba), 케빈 크루즈(Kevin Kruse), 앤절라 리(Angela Li), 엘리자베스 라이노스(Elizabeth Linos), 이비 로푸(Evie Lopoo), 킴벌리 러프킨(Kimberley Lufkin), 이언 런드버그(Ian Lundberg), 대런 러츠(Darren Lutz), 케이트 맨(Kate Manne), 덕 매시(Doug Massey), 수잰 메틀러(Suzanne

Mettler), 로버트 모핏(Robert Moffitt), 새뉴 모졸라(Sanyu Mojola), 켈리 뮤직(Kelly Musick), 로라 놀런(Laura Nolan), 어맨다 노대프트(Amanda Nothaft), 앨리스 오코너(Alice O'Connor), 앤 오언스(Ann Owens), 조슈아 페이지(Joshua Page), 그윈 폴리(Gwyn Pauley), 실라 레넛슨(Sheila Reynertson), 라이언 리플(Ryan Rippel), 에바 로즌(Eva Rosen), 제이크 로즌펠드(Jake Rosenfeld), 알리 사파위(Ali Safawi), 맷 샐개닉(Matt Salganik), 롭 샘슨(Rob Sampson), 이저벨 소힐(Isabel Sawhill), 다이앤 위트모어 샨젠바흐(Diane Whitmore Schanzenbach), 줄리엣 쇼어(Juliet Schor), 리즈 숏(Liz Schott), 재커리아 시피(Zachariah Sippy), 모라 스미스(Maura Smyth), 캐럴 스택(Carol Stack), 커크 스탁(Kirk Stark), 톰 서그루(Tom Sugrue), 로라 택(Laura Tach), 세흐리시 타킴(Sehrish Taqweem), 루스 로페즈 털리(Ruth López Turley), 로렌스 베일(Lawrence Vale), 웬디 왕(Wendy Wang), 브레드 윌콕스(Brad Wilcox), 롭 윌러(Robb Willer), 유 지에(Yu Xie), 다이앤 옌텔(Diane Yentel), 그리고 익명으로 남길 원한 미국 농무부와 국회 예산처의 훌륭한 대변인들.

프린스턴대학교, 빌 앤드 멀린다 게이츠 재단, 그리고 윌리엄 T. 그랜트 연구자 지원 프로그램 덕에 연구년 기간 동안 이 책을 쓸 수 있었다. 퇴거연구소와 이 책에서 인용된 연구를 지원해 준 포드 재단, JPB 재단, 존 D. 앤드 캐서린 T. 맥아더 재단, 러셀세이지 재단, 챈 저커버그 이니셔티브, 주택과 기회의 자금 제공자들(Funders for Housing and Opportunity)에도 감사의 마음을 전하고 싶다. 연구비를 지원해 준 로빈 피스페키(Robin Pispecky)와 프린스턴의 인구연구소(Office of Population Research) 팀에도 감사의 말을 전한다.

바순 연주자들과 디거스(Diggers), 그리고 내 모든 친구에게 감사의 말을 전한다. 엄마, 아빠, 미셸(Michelle), 데이브(Dave), 시더(Cedar), 그리고 매건(Maegan), 무조건적인 사랑과 지지 고마워요. 스털링(Sterling)과 월터(Walter), 내 인생을 웃음과 희망으로 채워 줘서 고마워. 테사(Tessa), 당신의 비전과 용기, 한결같음과 사랑, 그리고 그 모든 과정을 지나는 동안 나를 붙들어 줘서 고마워요.

데바 페이저(Devah Pager), 당신은 우리 중에서 최고였어요. 이 책은 당신을 위한 거예요.

프롤로그

01.   Matthew Desmond, "Severe Deprivation in America: An Introduction,"
       RSF: The Russell Sage Foundation Journal of the Social Sciences 1 (2015):
       1-11; Liana Fox, *The Supplemental Poverty Measure, 2019* (Washington,
       D.C.: U.S. Bureau of the Census, 2020), figure 2, appendix table 1;
       Organisation for Economic Cooperation and Development (OECD) Data,
       "Poverty Rate (indicator)," Organisation for Economic Cooperation and
       Development, 2022; U.S. Census Bureau, Current Population Survey, 2021
       Annual Social and Economic Supplement, HINC-01; U.S. Census Bureau,
       Table B-1. People in Poverty by Selected Characteristics: 2019 and 2020.
       다음도 보라. PolicyLink, *100 Million and Counting: A Portrait of Economic
       Insecurity in the United States* (Oakland, Calif.: PolicyLink, 2018).

02.   DigDeep and the U.S. Water Alliance, *Closing the Water Access Gap in the
       United States: A National Action Plan* (Los Angeles: DigDeep, 2019), 8, 12;
       Megan McKenna et al., "Human Intestinal Parasite Burden and Poor
       Sanitation in Rural Alabama," *The American Journal of Tropical Medicine
       and Hygiene* 97 (2017): 1623-28; National Center for Homeless Education,
       Student Homelessness in America: School Years 2017-18 to 2019-20
       (Greensboro, N.C.: National Center for Homeless Education, 2021), 1; Monica
       Parise et al., "Neglected Parasitic Infections in the United States: Needs and
       Opportunities," *The American Journal of Tropical Medicine and Hygiene* 90
       (2014): 783-785.

물론 투옥의 다른 여러 측면들 — 특히 고립과 폭력에의 노출 — 은 장기적으로 건강을 악화시킨다. 다음을 보라. Bruce Western, "Inside the Box: Safety, Health, and Isolation in Prison," *Journal of Economic Perspectives* 35 (2021): 97-122, 109; David Rosen, David Wohl, and Victor Schoenbach, "All-Cause and Cause- Specific Mortality Among Black and White North Carolina State Prisoners, 1995-2005," *Annals of Epidemiology* 21 (2011): 719-726; Christopher Wildeman and Christopher Muller, "Mass Imprisonment and Inequality in Health and Family Life," *Annual Review of Law and Social Science* 8 (2012): 11-30.

03.   U.S. Bureau of Economic Analysis, GDP Summary, Annual by State (Washington, D.C.: U.S. Department of Commerce, 2022); The World Bank, *GDP (Current US$)* (Washington, D.C.: World Bank Group, 2022).

04.   Jane Addams, "Jane Addams's Own Story of Her Work: The First Fifteen Years at Hull-House," *Ladies' Home Journal*, April 1906, 11-12; Jane Addams, *Twenty Years at Hull-House with Autobiographical Notes* (New York: Macmillan, 1912), 175-176; James Agee and Walker Evans, *Let Us Now Praise Famous Men: Three Tenant Families* (New York: Mariner Books, 1941); Michael Harrington, *The Other America: Poverty in the United States* (New York: Penguin Books, 1962), 170; Jacob Riis, *How the Other Half Lives: Studies Among the Tenements of New York* (New York: Penguin, 1997 [1890]).

① 가난이라는 문제의 성격

01.   Carmen DeNavas-Walt and Bernadette Proctor, "Income and Poverty in the United States" (Washington, D.C.: U.S. Bureau of the Census, 2015), 44, table B-1; Bruce Meyer and James Sullivan, "Identifying the Disadvantaged: Official Poverty, Consumption Poverty, and the New Supplemental Poverty Measure," *Journal of Economic Perspectives* 26 (2012): 111-136; National

Academies of Sciences, Engineering, and Medicine, *A Roadmap to Reducing Child Poverty* (Washington, D.C.: National Academies Press, 2019), 291–292; National Research Council, *Measuring Poverty: A New Approach* (Washington, D.C.: National Academies Press, 1995); Alice O'Connor, "Poverty Knowledge and the History of Poverty Research," in *The Oxford History of the Social Science of Poverty*, eds. David Brady and Linda Burton (New York: Oxford University Press, 2016), 169–192; Alice O'Connor, "When Measurements Matter: Poverty, Wealth, and the Politics of Inequality in the United States," *History of Political Economy* 52 (2020): 589–607; Mollie Orshansky, "Counting the Poor: Another Look at the Poverty Profile," *Social Security Administration Bulletin*, January 1965, 4; James Scott, *Seeing Like a State: How Certain Schemes to Improve the Human Condition Have Failed* (New Haven, Conn.: Yale University Press, 1998); Office of the Assistant Secretary for Planning and Evaluation, *2020 Poverty Guidelines* (Washington, D.C.: U.S. Department of Health and Human Services, 2020).

02. Layli Long Soldier, *Whereas* (Minneapolis: Graywolf Press, 2017), 44; Office of the Assistant Secretary for Planning and Evaluation, *2022 Poverty Guidelines* (Washington, D.C.: U.S. Department of Health and Human Services, 2022).

03. 크리스털 메이베리는 가명이다. Desmond, "Severe Deprivation"; Matthew Desmond, *Evicted: Poverty and Profit in the American City* (New York: Crown, 2016).

04. Robert Bullard, *Dumping in Dixie: Race, Class, and Environmental Equality* (New York: Westview Press, 2009); National Center for Health Statistics, *Health, United States*, 2019, Centers for Disease Control and Prevention, "Table 28: Untreated Dental Caries, by Selected Characteristics: United States, Selected Years 1988–1994 Through 2015–2018"; Robin Cohen et al., "Health Insurance Coverage: Early Release of Estimates from the National Health Interview Survey, 2021," National Center for Health Statistics, Centers for Disease Control and Prevention, 2022; Bhargavi Ganesh et al., "The

Relationship Between Housing and Asthma Among School-Age Children," Urban Institute, October 2017; Emily Guendelsberger, *On the Clock: What Low-Wage Work Did to Me and How It Drives America Insane* (New York: Little, Brown, 2019); Helen Hughes et al., "Pediatric Asthma Health Disparities: Race, Hardship, Housing, and Asthma in a National Survey," *Academic Pediatrics* 17 (2017): 127–134; Gerald Markowitz and David Rosner, *Deceit and Denial: The Deadly Politics of Industrial Pollution* (Berkeley: University of California Press, 2013); Christopher Muller, Robert Sampson, and Alix Winter, "Environmental Inequality: The Social Causes and Consequences of Lead Exposure," *Annual Review of Sociology* 44 (2018): 263–282; Kamyar Nasseh, Marko Vujicic, and Cassandra Yarbrough, *A Ten-Year, State-by-State Analysis of Medicare Fee-for-Service Reimbursement Rates for Dental Care Services* (Chicago: Health Policy Institute, American Dental Association, 2014); Leah Rosenbaum, "Tooth Decay: An Epidemic in America's Poorest Children," *Science in the News*, Harvard University, June 22, 2017; Andrew Wasley, Christopher Cook, and Natalie Jones, "Two Amputations a Week: The Cost of Working in a US Meat Plant," *The Guardian*, July 5, 2018.

05.   Anthony Braga and Philip Cook, "The Association of Firearm Caliber with Likelihood of Death from Gunshot Injury in Criminal Assaults," *JAMA Network Open* 1 (2018): 1–10; Jooyoung Lee, "Wounded: Life After the Shooting," *Annals of the American Academy of Political and Social Science* 642 (2012): 244–257; Laurence Ralph, *Renegade Dreams: Living Through Injury in Gangland Chicago* (Chicago: University of Chicago Press, 2014); Rosenbaum, "Tooth Decay"; Gillian Slee and Matthew Desmond, "Resignation without Relief: Democratic Governance and the Relinquishing of Parental Rights," Working Paper, Princeton University, 2022; Bruce Western, "Lifetimes of Violence in a Sample of Released Prisoners," *RSF: The Russell Sage Foundation Journal of the Social Sciences* 1 (2015): 14–30. 시카고 총기 폭력 사건 통계는 다음에서 가져왔다. Patrick Sharkey, 개인적인

소통, March 2, 2021.

06. 나는 나의 책『쫓겨난 사람들』을 쓰기 위해 밀워키에서 연구 활동을 하는 동안 스콧(가명)을 만났다.

07. CoreLogic, "United States Residential Foreclosure Crisis: Ten Years Later," 2017; Desmond, *Evicted*, part 2; Matthew Desmond, "Unaffordable America: Poverty, Housing, and Eviction," Institute for Research on Poverty, *Fast Focus* 22 (2015): 1-6; Will Fischer, "President's Budget Would Provide More Vouchers to Help Families with Rising Housing Costs," Center on Budget and Policy Priorities, April 20, 2022; Ashley Gromis et al., "Estimating Eviction Prevalence Across the United States," *Proceedings of the National Academy of Sciences* 119 (2022): e211616911; Dowell Myers and JungHo Park, "A Constant Quartile Mismatch Indicator of Changing Rental Affordability in U.S. Metropolitan Areas, 2000 to 2016," *Cityscape* 21 (2019): 163-200; RealtyTrac, "Record 2.9 Million U.S. Properties Receive Foreclosure Filing in 2010 Despite 30-Month Low in December," 2011; U.S. Census Bureau, American Community Survey, 1985-2022; U.S. Census Bureau, Current Population Survey/Housing Vacancy Survey, April 27, 2022, table 11A; U.S. Department of Housing and Urban Development, "40th Percentile Fair Market Rent, 1985-2022"; U.S. Census Bureau, American Housing Survey, 2019, table 10. 주거비 부담 추정치에는 임대료를 현금으로 납부하지 않는다고 신고한 임차인과, 주거비로 가계소득의 100퍼센트 이상을 지출하는 임차인이 빠져 있다.

08. U.S. Bureau of Labor Statistics, "Table 16. Annual Total Separations Rates by Industry and Region, Not Seasonally Adjusted," March 10, 2022; Business Wire, "Temporary Employment in the U.S. to Grow Faster Than All Jobs Through 2025, According to New Job Forecast from TrueBlue and Emsi," November 1, 2019; Matthew Desmond, "Americans Want to Believe Jobs Are the Solution to Poverty. They're Not," *The New York Times Magazine*, September 11, 2018; Henry Farber, "Job Loss and the Decline in Job Security in the United States," in *Labor in the New Economy*, eds. Katharine Abraham,

James Spletzer, and Michael Harper (Chicago: University of Chicago Press, 2010), 223–262; Jacob Hacker and Elisabeth Jacobs, "The Rising Instability of American Family Incomes, 1969–2004: Evidence from the Panel Study of Income Dynamics," Economic Policy Institute, May 29, 2008; Erin Hatton, *The Temp Economy: From Kelly Girls to Permatemps in Postwar America* (Philadelphia: Temple University Press, 2011); Wojciech Kopczuk, Emmanuel Saez, and Jae Song, "Earnings Inequality and Mobility in the United States: Evidence from Social Security Data Since 1937," *The Quarterly Journal of Economics* 125 (2010): 91–128; Jake Rosenfeld, *You're Paid What You're Worth: And Other Myths of the Modern Economy* (Cambridge, Mass.: Harvard University Press, 2021), 158, 173; U.S. Bureau of Labor Statistics, Temporary Help Services, 1991–2021, source code CES605613200.

09.   PolicyLink, *100 Million and Counting*; Ann Huff Stevens, "The Dynamics of Poverty Spells: Updating Bane and Ellwood," *American Economic Review* 84 (1994): 34–37; U.S. Census Bureau, Current Population Survey, 2021 Annual Social and Economic Supplement, HINC-01.

10.   Karl Marx, "The Eighteenth Brumaire of Louis Bonaparte," in *The Marx–Engels Reader*, 2nd ed., ed. Robert Tucker (New York: Norton, 1978 [1852]), 594–617.

11.   National Academies of Sciences, Engineering, and Medicine, *Roadmap to Reducing Child Poverty*, 62; Office of the Assistant Secretary for Planning and Evaluation, *2020 Poverty Guidelines* (Washington, D.C.: U.S. Department of Health and Human Services, 2020); U.S. Census Bureau, Current Population Survey, 2021 Annual Social and Economic Supplement (CPS ASEC), POV-01: Age and Sex of All People, Family Members and Unrelated Individuals: 2020, Below 50% of Poverty.

12.   Robert Allen, "Absolute Poverty: When Necessity Displaces Desire," *American Economic Review* 107 (2017): 3690–3721; Robert Allen, "Poverty and the Labor Market: Today and Yesterday," *Annual Review of Economics* 12 (2020): 107–134, 113–115; Angus Deaton, "Price Indexes, Inequality, and the

Measurement of World Poverty," *American Economic Review* 100 (2010): 5–34; Angus Deaton, "The U.S. Can No Longer Hide from Its Deep Poverty Problem," *The New York Times*, January 24, 2018. 세계은행의 국제비교프로그램(International Comparison Program)이 기초 식품비를 계산하는 데 반드시 필요한 측정 단위인 값싼 기장과 수수의 가격 보고를 중단하는 바람에 이보다 최근의 국제적인 빈곤 추정은 더 어려워졌다.

13. Jason DeParle and Robert Gebeloff, "Living on Nothing but Food Stamps," *The New York Times*, January 2, 2010; Poverty Solutions, *Markers of Extreme Poverty* (Ann Arbor: University of Michigan, 2021); National Center for Homeless Education, *Federal Data Summary, School Years 2016–17 Through 2018–19* (Browns Summit, N.C.: National Center for Homeless Education, 2021); National Center for Homeless Education, *Analysis of Data, from the 2007–08 Federally Required State Data Collection for the McKinney–Vento Education Assistance Improvements Act of 2001* (Browns Summit, N.C.: National Center for Homeless Education, 2009); H. Luke Shaefer and Kathryn Edin, "Extreme Poverty Among Households with Children Since the 1996 Welfare Law," in *Social Stratification*, 5th ed., eds. David Grusky, Nima Dahir, and Claire Daviss (New York: Routledge, 2022); H. Luke Shaefer and Kathryn Edin, *Extreme Poverty in the United States, 1996 to 2011* (Ann Arbor, Mich.: National Poverty Center, 2012), table 1; H. Luke Shaefer et al., "The Decline of Cash Assistance and the Well-Being of Poor Households with Children," *Social Forces* 98 (2020): 1000–25. 극빈층 집계를 둘러싼 논쟁은 다음을 보라. Bruce Meyer et al., "The Use and Misuse of Income Data and Extreme Poverty in the United States," National Bureau of Economic Research, Working Paper 25907, May 2019; and H. Luke Shaefer, "Critique of *$2.00 a Day,* or New Evidence of Need Among America's Poor?" at twodollarsaday.com.

14. Deborah Johnson, "Connections Among Poverty, Incarceration, and Inequality," Institute for Research on Poverty, *Fast Focus* 48 (May 2020); Melissa Kearney et al., "Ten Economic Facts About Crime and Incarceration in

the United States," Policy Memo, Brookings Institution, May 2014; Becky Pettit, *Invisible Men: Mass Incarceration and the Myth of Black Progress* (New York: Russell Sage Foundation, 2012); Pew Charitable Trusts, "Probation and Parole Systems Marked by High Stakes, Missed Opportunities," September 25, 2018; Wendy Sawyer, "How Much Do Incarcerated People Earn in Each State?," Prison Policy Initiative, April 10, 2017; Wendy Sawyer and Peter Wagner, "Mass Incarceration: The Whole Pie 2022," Prison Policy Initiative, March 14, 2022; U.S. Census Bureau, "Fact Sheet: Differences Between the American Community Survey (ACS) and the Annual Social and Economic Supplement to the Current Population Survey (CPS ASEC)" (Washington, D.C.: U.S. Bureau of the Census, 2021); Bruce Western, *Punishment and Inequality in America* (New York: Russell Sage Foundation, 2006), 98.

15.   Katherine Beckett and Steve Herbert, *Banished: The New Social Control in Urban America* (New York: Oxford University Press, 2010); Gun Violence Archive 2021, verified August 28, 2022; Sheila Harris, "More Than Three-Quarters of Black Mothers Worry Their Children Will Be Victims of Police Brutality, *Essence* Survey Finds," *Essence*, June 15, 2020; Christopher Ingraham, "1 in 13 People Killed by Guns Are Killed by Police," *The Washington Post*, June 1, 2015; Susan Schweik, *The Ugly Laws* (New York: New York University Press, 2009). 총격 사망 통계에서 자살은 빠져 있다.

16.   Alexes Harris, Heather Evans, and Katherine Beckett, "Drawing Blood from Stones: Legal Debt and Social Inequality in the Contemporary U.S.," *American Journal of Sociology* 115 (2010): 1755–1799; Alexes Harris, Mary Pattillo, and Bryan Sykes, "Studying the System of Monetary Sanctions," *RSF: The Russell Sage Foundation Journal of the Social Sciences* 8 (2022): 1–34; Issa Kohler-Hausmann, *Misdemeanorland: Criminal Courts and Social Control in an Age of Broken Windows Policing* (Princeton, N.J.: Princeton University Press, 2018); Joshua Page and Joe Soss, "Preying on the Poor: Criminal Justice as Revenue Racket" in *Money and Punishment*, Circa 2020,

ed. Anna VanCleave et al. (New Haven, Conn.: Yale Law School, 2020), 15; Devah Pager et al., "Criminalizing Poverty: The Consequences of Court Fees in a Randomized Experiment," *American Sociological Review* 87 (2022): 529–553; Vesla Weaver, "The Only Government I Know," *Boston Review*, June 10, 2014; Vesla Weaver and Amy Lerman, "Political Consequences of the Carceral State," *American Political Science Review* 104 (2010): 817–833.

17.   Dean Herd, Andrew Mitchell, and Ernie Lightman, "Rituals of Degradation: Administration as Policy in the Ontario Works Programme," *Social Policy and Administration* 39 (2005): 65–79; Linda Nochlin, *Misère: The Visual Representation of Misery in the 19th Century* (London: Thames and Hudson, 2018), 8; Celeste Watkins–Hayes, *The New Welfare Bureaucrats: Entanglements of Race, Class, and Policy Reform* (Chicago: University of Chicago Press, 2009).

18.   Patrick Sharkey, "The Acute Effect of Local Homicides on Children's Cognitive Performance," *Proceedings of the National Academy of Sciences* 107 (2010): 11733–11738.

19.   Sendhil Mullainathan and Eldar Shafir, *Scarcity: Why Having Too Little Means So Much* (New York: Times Books, 2013), 13, 54, 161; Baba Shiv and Alexander Fedorikhin, "Heart and Mind in Conflict: The Interplay of Affect and Cognition in Consumer Decision Making," *Journal of Consumer Research* 26 (1999): 278–292.

20.   John Creamer, "Poverty Rates for Blacks and Hispanics Reached Historic Lows in 2019," U.S. Bureau of the Census, September 15, 2020; Lincoln Quillian et al., "Meta–Analysis of Field Experiments Shows No Change in Racial Discrimination in Hiring over Time," *Proceedings of the National Academy of Sciences* 114 (2017): 10870–10875; H. Luke Shaefer, Pinghui Wu, and Kathryn Edin, "Can Poverty in America Be Compared to Conditions in the World's Poorest Countries?," *American Journal of Medical Research* 4 (2017): 84–92; U.S. Bureau of Labor Statistics, "Labor Force Statistics from the Current Population Survey" (Washington, D.C.: Bureau of Labor

Statistics, 2021).

21.   Douglas Massey, "Still the Linchpin: Segregation and Stratification in the USA," *Race and Social Problems* 12 (2020): 1–12; Douglas Massey and Nancy Denton, *American Apartheid: Segregation and the Making of the Underclass* (Cambridge, Mass.: Harvard University Press, 1993); Robert Sampson, *Great American City: Chicago and the Enduring Neighborhood Effect* (Chicago: University of Chicago Press, 2012); William Julius Wilson, *The Truly Disadvantaged: The Inner City, the Underclass, and Public Policy* (Chicago: University of Chicago Press, 1987).

22.   미국에서 주택 소유주와 임차인의 간극은 다른 무엇보다 두드러진다. 그리고 이 간극은 인종적 불평등을 유지 온존하고 확산하려는 국정 운영의 역사적 산물이다. 미국이 항상 주택 소유주의 나라였던 것은 아니다. 이렇게 된 건 뉴딜이 특히 제대군인지원법을 활용했기 때문이다. 제대군인지원법은 1948년에 연방 예산의 15퍼센트를 사용할 정도로 거대했고, 지금도 단일한 사회정책 가운데 그 조항의 폭과 깊이가 여기에 필적할 만한 것은 없다. 제대군인지원법은 제대군인에게 저리(低利)의 주택담보대출을 제공하면서 상환을 30년까지 늦추어 주었다. 제대한 군인들은 수백만 명씩 줄을 서서 새로운 주택을 구입했다. 제2차세계대전 직후 몇 년 동안 제대군인의 주택담보대출이 전체 주택대출의 40퍼센트 이상을 차지했다. 하지만 제대군인지원법은 그 설계와 적용 모두에서 수다한 시민들을 배제했다. 루스벨트 대통령은 국회에서 뉴딜을 통과시키기 위해 민주당 내 남부 출신 세력들의 요구를 들어줄 필요가 있었다. 그래서 국회가 숱한 비(非)백인, 특히 아프리카계 미국인들이 루스벨트가 새로 창안한 기회의 사다리에 접근하지 못하게 저지했을 때 이를 묵인했다. 그래서 아프리카계 미국인들이 압도적으로 많이 종사하는 농장 노동, 주택관리 등의 일자리는 사회보장과 실업보험 같은 프로그램에서 제외됐다. 지방의 보훈청(Veterans Administration) 사무소와 흑인 차별 정책에 목매는 여러 조직들 역시 비백인 제대군인들이 제대군인지원법에 접근하지 못하도록 조직적으로 방해하는 행위를 일삼았다. 비백인 제대군인들은 보훈청을 통과한다 해도 여전히 비백인 동네의 대출 신청을 거부하는 은행과 다퉈야 했다. 연방주택청(Federal Housing Administration)은 그런 곳의 주택담보대출은 보증을 서 주지 않았기 때문이다.

역사학자 아이라 카츠넬슨(Ira Katznelson)은 완벽한 제목의 책 *When Affirmative Action Was White: An Untold History of Racial Inequality in Twentieth-Century America* (New York: Norton, 2005), 16-23, 55, 116, 122-28, 170에서 "이로 인해 심각한 결과가 초래된 것으로 드러났다"고 말한다. "1984년 제대군인지원법의 주택담보대출이 거의 무르익었을 때 백인 중위 가정의 순자산은 3만 9135달러였다. 반면 흑인 중위 가정의 순자산은 겨우 3397달러, 백인의 9퍼센트였다. 이 차이의 가장 큰 몫은 주택의 소유 여부였다." 다음도 보라. Matthew Desmond, "House Rules," *The New York Times Magazine*, May 9, 2017.

23.　Mehrsa Baradaran, *The Color of Money: Black Banks and the Racial Wealth Gap* (Cambridge, Mass.: Harvard University Press, 2017); Neil Bhutta et al., "Disparities in Wealth by Race and Ethnicity in the 2019 Survey of Consumer Finances," Board of Governors of the Federal Reserve System, September 28, 2020; Desmond, "House Rules"; Heather Long and Andrew Van Dam, "The Black-White Economic Divide Is as Wide as It Was in 1968," *The Washington Post*, June 4, 2020.

24.　빈곤 척도에 대한 다면적인 접근은 발전 경제학에서 개척됐다. 미국의 맥락에 대한 정량적인 접근법으로는 다음을 보라. Udaya Waglé, "Multidimensional Poverty: An Alternative Measurement Approach for the United States?," *Social Science Research* 37 (2008): 559-580; Roger White, *Multidimensional Poverty in America* (New York: Springer Books, 2020). 이에 대한 리뷰로는 다음을 보라. Sudhir Anand and Amartya Sen, "Concepts of Human Development and Poverty: A Multidimensional Perspective," in *United Nations Development Programme, Poverty and Human Development: Human Development Papers* (1997): 1-20; Matthew Desmond and Bruce Western, "Poverty in America: New Directions and Debates," *Annual Review of Sociology* 44 (2018): 305-318.

② 우리는 왜 더 많이 진보하지 못했는가

01.   Centers for Disease Control and Prevention, "History of Smallpox,"
       February 20, 2021; GSM Arena, "Apple iPhone 12," May 10, 2021; Lauren
       Medina, Shannon Sabo, and Jonathan Vespa, "Living Longer: Historical and
       Projected Life Expectancy in the United States, 1960 to 2060" (Washington,
       D.C.: U.S. Bureau of the Census, 2020), figure 1; National Center for Health
       Statistics, *Health, United States*, 2019 (Hyattsville, Md.: Centers for Disease
       Control and Prevention, 2021), table 5; Emily Shrider et al., "Income and
       Poverty in the United States: 2020" (Washington, D.C.: U.S. Bureau of the
       Census, 2021), 56, table B-4; The World Bank, "Mortality Rate, Infant (Per
       1,000 Live Births)—United States," May 10, 2021; "Infant Mortality Rate for
       the United States," FRED, Federal Reserve Bank of St. Louis, February 16,
       2022; The World Bank, "Individuals Using the Internet (% of Population)—
       United States," May 10, 2021.

02.   (몰리 올섄스키 자신을 비롯한) 비평가들은 오랫동안 공식빈곤척도의 결함을
       지적해 왔다. 일단 이 척도는 주택보조금과 메디케이드 같은 일부 공공부조나,
       근로장려세제 같은 환불성 세금 공제를 소득으로 치지 않는다. 가령 부모와 두
       자녀로 구성된 두 가족이 있다고 생각해 보자. A가족은 1년에 2만 6000달러를
       벌고 임대료 5000달러어치의 주택바우처와 연간 2000달러의 근로소득공제를
       받아서 실질적인 연 소득이 3만 3000달러다. B가족은 1년에 2만 8000달러를
       벌지만 이런 프로그램의 혜택은 받지 않는다. A가족은 공식적으로 빈곤층으로
       분류되어 일정한 정부 지원을 받을 자격이 생기지만, 소득이 빈곤선을 겨우
       상회하는 정도인 B가족은 그렇지 못하다. 공식빈곤척도는 생활비의 지역적
       차이라는 상당히 큰 요인 역시 무시한다. 그리고 "가족"을 협소하게 정의하기
       때문에 만일 A가족에서 부모가 결혼을 하지 않은 상태일 경우 성인 한 명(보통은
       어머니)의 소득만 계산하고, 부모가 결혼했을 때만 두 사람의 소득을 모두
       계산한다.

       연구자들은 이런 한계를 염두에 두고 보완적빈곤척도(Supplemental Poverty
       Measure)라고 하는 또 다른 척도를 개발했다. 이 척도는 생활비의 지역적 차이를

감안했고 공식빈곤척도가 무시했던 자녀와 성인의 가사 비용과 기여, 정부
수당과 세금, 의료비와 양육비 같은 주요 지출을 모두 계산했다.
보완적빈곤척도가 출시되면서 미국에서는 가난한 사람이 공식적으로 200만 명
늘어났다. 푸드스탬프, 주택보조금, 세금 혜택 같은 정부 원조를 계산함으로써
빈곤이 감소하는 효과가 나타나긴 했지만, 주거비와 의료비 상승이
저소득층에게 지우는 짐을 인정한 결과 오히려 빈곤층이 늘어난 것이다.
연구자들은 이 보완적빈곤척도를 과거로 소급 적용시키는 방법을 개발했다.
연구자들이 1967년으로 거슬러 올라가서 확인한 바에 따르면 첫째,
보완적빈곤척도율은 연방의 빈곤선보다 일관되게 높았고, 둘째, 1970년대 초
이후로 이 비율은 14퍼센트 이하였던 1997년부터 2006년 사이 10년을 제외하면,
매년 14~17퍼센트 사이에서 오르내리며 전반적으로 별 변화가 없었다. 우리는
아직도 완만하게 구릉진 언덕에 있는 상태다.

보완적빈곤척도에도 문제가 없는 건 아니다. 생활비의 지역적인 편차 ─ 그런데
이는 학교와 교통 같은 강력한 공공서비스와도 관련이 있다 ─ 에 크게 가중치를
두다 보니 어처구니없게도 캘리포니아를 미시시피나 웨스트버지니아보다도
못한 미국에서 가장 가난한 주로 꼽는다.

연구자들은 고정식(anchored) 보완적빈곤척도도 개발했다. 이 척도를
사용했을 때는 빈곤율이 지난 50년 동안 약 40퍼센트 하락한 것으로 나타났다.
2022년 초당적 연구 조직인 차일드트렌즈(Child Trends)는 고정된 빈곤 척도를
활용해서 작성한 많이 인용되는 한 보고서에서 아동빈곤이 1993년부터 2019년
사이에 59퍼센트 하락했다고 주장했다. 이게 어떻게 가능할까? 고정이란 것이
많은 일을 하고 있기 때문이다.

고정하기(Anchoring)는 잘 산다는 것(well-being)의 기준은 변치 않는다고
가정함으로써 연구자들이 시간의 경과에 따라 잘 사는 정도를 평가할 수 있게 해
주는 대중적인 통계 방법이다. 하지만 이는 어떤 특정한 해의 빈곤 수준에 대한
의심스러운 추정치를 내놓을 수 있다. 잘 산다는 것의 기준은 변하기 때문이다.
만일 우리가 빈곤율을 오늘날의 생활수준에 고정시키고 시계를 1800년으로
되돌린다면 거대한 농지를 소유하고 흑인 노동자 수백 명을 노예로 부리는
플랜테이션 소유주가 소작농으로 진락하고, 우리는 전부 귀족으로 변신할
것이다. 우리 대부분은 전기가 들어오는 집에 살면서 자가용을 굴리는데 이는

19세기의 상류층이 꿈도 꿔 보지 못한 사치이기 때문이다. 같은 이유로 만일 우리가 빈곤율을 1800년으로 고정시킬 경우 오늘날의 미국에는 이렇다 할 만한 "빈곤"이 존재하지 않는다.

그러므로 연구자들이 빈곤율이 최근 몇십 년 동안 크게 떨어졌다고 밝힐 때는 1980년에 1980년의 빈곤선 밑에서 생활했던 사람들의 비중이 오늘날에 오늘날의 빈곤선 밑에서 생활하는 사람들의 비중보다 훨씬 많다는 의미가 아니다. 엄밀히 말해서 그것은 보완적빈곤척도로 측정했을 때 1980년에 2012년의 빈곤선 밑에서 (여기서는 2012년 빈민의 생활 기준이 고정장치다) 살았던 사람의 비중이 오늘날에 2012년의 빈곤선 밑에서 살고 있는 사람의 비중보다 더 많다는 뜻이다. 그러므로 고정된 척도를 사용하는 연구자들이 빈곤이 크게 감소했다고 추정할 경우 그 원인은 이들이 빈곤선을 과거 수십 년 전의 것으로 적용시켜 우하향 곡선이 만들어졌기 때문이다. (이런 맥락에서 차일드트렌즈의 보고서는 자신들의 고정식 방법론이 관행적인 비고정식 보완적빈곤척도보다 300만 명 더 많은 어린이를 1993년의 빈곤 명부에 추가시켰기 때문에 아동빈곤이 이렇게 크게 감소한 것이라고 추정한다.) 이 방법을 사용하는 데는 충분한 이유가 있지만 — 그것은 정부 프로그램에 대한 투자가 결실이 있었음을 보여 준다 — 나는 이것이 보는 사람으로 하여금 환자가 얼마나 호전되었는지 혀를 내두르게 하려고 환자를 더 아프게 만드는 것과 비슷하다는 생각이 든다.

우리가 아무리 고정식 보완적빈곤척도를 사용한다 해도 이 지표로 관찰되는 빈곤 감소 대부분이 1970~1980년, 그리고 1995~2000년 두 시기에 일어난다는 사실에는 변함이 없다. 다시 말해서 일부 학자들이 미국이 빈곤 감소에서 큰 진전을 보였음을 드러내려고 즐겨 사용하는 척도를 가지고 계산을 해도 2000년 이후로는 더 이상 탄력이 없다. 사실 오히려 그 시기 이후로 도시의 빈곤은 증가했고, 홈리스 학생의 수부터 극빈층 가구의 수에 이르기까지 고난의 척도들은 증가세다. 나는 연구자들이 정부 프로그램이 효과가 있음을 보여 주고 싶어서 이 점을 의도적으로 부각시키지 않고 있다는 느낌이 든다. 물론 정부 프로그램은 효과가 있지만 충분치 않은 건 분명하다.

공식빈곤척도에 대해서는 다음을 보라. DeNavas-Walt and Proctor, "Income and Poverty in the United States," 44, table B-1; Bruce Meyer and James

Sullivan, "Identifying the Disadvantaged: Official Poverty, Consumption Poverty, and the New Supplemental Poverty Measure," *Journal of Economic Perspectives* 26 (2012): 111-36; National Academies of Sciences, Engineering, and Medicine, *Roadmap to Reducing Child Poverty*, 291-292; National Research Council, *Measuring Poverty: A New Approach* (Washington, D.C.: National Academies Press, 1995); O'Connor, "Poverty Knowledge and the History of Poverty Research," 169-192; O'Connor, "When Measurements Matter"; Lawrence Vale, *From the Puritans to the Projects: Public Housing and Public Neighbors* (Cambridge, Mass.: Harvard University Press, 2009), 68; Office of the Assistant Secretary for Planning and Evaluation, *2020 Poverty Guidelines* (Washington, D.C.: U.S. Department of Health and Human Services, 2020).

보완적빈곤척도에 대해서는 다음을 보라. Fox, *Supplemental Poverty Measure: 2019*, 16-21, figure 3; National Academies of Sciences, Engineering, and Medicine, *Roadmap to Reducing Child Poverty*; National Research Council, *Measuring Poverty*; Kathleen Short, "The Research Supplemental Poverty Measure: 2011" (Washington, D.C.: U.S. Bureau of the Census, 2012), table 1; Shrider et al., "Income and Poverty in the United States"; and Christopher Wimer et al., "Progress on Poverty? New Estimates of Historical Trends Using an Anchored Supplemental Poverty Measure," *Demography* 53 (2016): 1207-1218.

고정식 빈곤 척도에 대해서는 다음을 보라. Center on Poverty and Social Policy, *Historical Supplemental Poverty Measure Data* (New York: Columbia University, 2021); Jason DeParle, "Expanded Safety Net Drives Sharp Drop in Child Poverty," *The New York Times*, September 11, 2022; Fox, "Supplemental Poverty Measure: 2019," figure 4; Laura Nolan, Jane Waldfogel, and Christopher Wimer, "Long-Term Trends in Rural and Urban Poverty: New Insights Using a Historical Supplemental Poverty Measure," *The Annals of the American Academy of Political and Social Science* 672 (2017): 123-142; Jessica Semega et al., "Income and Poverty in the United

States: 2019" (Washington, D.C.: U.S. Bureau of the Census, 2020), 12, 61; H. Luke Shaefer and Pat Cooney, "How Much Did Child Poverty Fall Between 1993 and 2019?," Working Paper, University of Michigan, Poverty Solutions, September 2022; Shaefer and Edin, "Extreme Poverty Among Households with Children Since the 1996 Welfare Law"; Dana Thomson et al., *Lessons from a Historic Decline in Child Poverty* (Bethesda, Md.: Child Trends, 2022); and Wimer et al., "Progress on Poverty," 1207-1218.

03.   Daniel Bell, *The End of Ideology: On the Exhaustion of Political Ideas in the Fifties* (New York: Free Press, 1965), 283; George Orwell, *The Road to Wigan Pier* (New York: Harvest Books, 1958 [1937]), 88-90.

04.   Ron Haskins and Isabel Sawhill, *Creating an Opportunity Society* (Washington, D.C.: Brookings Institution Press, 2009), 39.

05.   U.S. Bureau of Labor Statistics, *Consumer Price Index Databases for All Urban Consumers*, 2022. 전반적으로 소비자가격지수가 추적한 모든 상품과 서비스의 가격은 2000년부터 2022년 사이에 69.3퍼센트 증가했다. 전자레인지와 텔레비전 같은 비필수재는 최근 몇 년 동안 훨씬 싸졌지만 임대료, 공과금, 의료비 같은 이보다 필수적인 항목들은 더 비싸졌다. Monica Prasad, *The Trade-Off Between Social Insurance and Financialization: Is There a Better Way?* (Washington, D.C.: Niskanen Center, 2019), figure 2.

06.   Harrington, *Other America*, 12.

07.   Paul Pierson, *Dismantling the Welfare State? Reagan, Thatcher and the Politics of Retrenchmen*t (New York: Cambridge University Press, 1994).

08.   이 수치는 2009년 달러 기준이다. 이 데이터를 모은 사람은 존스홉킨스대학교의 로버트 모핏(Robert Moffitt)과 위스콘신매디슨대학교의 그윈 파울(Gwyn Paule)이다. 이들은 2021년 8월 개인적인 교신을 통해 너그럽게도 내게 자료를 공유해 주었다. 이들이 포함시킨 자산조사 결과에 따라 지급하는 13가지 프로그램은 메디케이드, 어린이의료보험프로그램, 생활보조금, 현금 복지(cash welfare, AFDC/TANF), 근로장려세제, 아동 세액공제, 추가 아동 세액공제, 푸드스탬프, 주택 보조, 학교급식, 여성·신생아·어린이를 위한 특별보충영양지원, 헤드스타트다.

모핏과 파울이 이 자산조사 결과에 따라 지급하는 프로그램에다 최대의 사회보험 프로그램 — 사회보장 연금의 고령자 및 유족 연금, 메디케어, 실업급여, 산업재해보상보험, 장애연금 — 을 추가했더니 연방의 지출액이 1980년 1인당 3780달러에서 2018년 1인당 9457달러(2009년 달러 기준)로 150퍼센트 늘어난 것으로 나타났다.

09.   Office of Management and Budget, "Historical Tables," table 11.3; H. Luke Shaefer, Kate Naranjo, and David Harris, "Spending on Government Anti-Poverty Efforts: Healthcare Expenditures Vastly Outstrip Income Transfers," Poverty Solutions, University of Michigan, September 2019. 다음도 보라. Office of Management and Budget, *Appendix, Budget of the U.S. Government, Fiscal Year 2023* (Washington, D.C.: Government Printing Office, 2022), 164, 450, 1021.

10.   이 수치는 2009년 달러 기준이다. Robert Moffitt and Gwyn Pauley, personal communication, August 12, 2021; Shaefer et al., "Spending on Government Anti-Poverty Efforts." 다른 연구에서 모핏은 대체로 가난한 미국인들을 겨냥한 정부지출의 상당한 확대가 메디케이드나 사회보장연금 같은 몇 안 되는 프로그램들의 확대로는 설명이 안 된다는 것을 보여 주었다. 안정된 몇십 년 이후 사회보장연금을 타는 은퇴 노동자의 수가 금세기 첫 10년에 늘어나긴 했지만(베이비부머), 1인당 지출액의 증가는 이 증가세보다 시기적으로 더 앞선다. Robert Moffitt, "The Deserving Poor, the Family, and the U.S. Welfare System," *Demography* 52 (2015): 729-749; Social Security, *Fast Facts and Figures: About Social Security, 2020* (Washington, D.C.: Social Security Administration, July 2020), 14.

11.   Suzanne Mettler가 *The Submerged State: How Invisible Government Policies Undermine American Democracy* (Chicago: University of Chicago Press, 2011), 6, 16에서 말하듯 (세액공제 같은) 비가시적인 정부 수당이 늘어나면서 (공공주택 같은) 가시적인 사회 프로그램들은 줄어들었다. 복지가 위축된 것처럼 보인다면 그것은 가시성과 관련이 있다. 그래도 미국 사회복지의 전반적인 크기는 공공부조처럼 보이지 않도록 설계된 프로그램을 통해 확대됐다. 다음도 보라. Aaron Rosenthal, "Submerged for Some? Government Visibility, Race,

and American Political Trust," *Perspectives on Politics* 19 (2020): 1098-1114.

12.　Jana Parsons, "To Target Aid to the Neediest Families, We Need to Strengthen TANF," Brookings Institution, June 10, 2020.

13.　Center on Budget and Policy Priorities, on "State Fact Sheets: How States Spend Funds Under the TANF Block Grant," January 12, 2022; Diana Azevedo-McCaffrey and Ali Safawi, "To Promote Equity, States Should Invest More TANF Dollars in Basic Assistance," Center for Budget and Policy Priorities, January 12, 2022; U.S. Department of Health and Human Services, *TANF Financial Data—FY 2020* (Washington, D.C.: Office of Family Assistance, 2021).

흑인 인구가 많은 주는 빈곤가정일시부조 자금을 현금으로 지원할 가능성이 더 낮고, 싱글 맘이 낙심하게 만드는 프로그램에 이 돈을 쏟아부을 가능성이 더 높았다. 패럴린(Parolin)은 빈곤가정일시부조 지출에서 인종 불평등을 뿌리 뽑을 경우 가난한 가정으로 직접 들어가는 지원금이 늘어나고 흑인과 백인 어린이의 빈곤 격차가 15퍼센트 줄어들 것으로 추정했다. Zachary Parolin, "Temporary Assistance for Needy Families and the Black-White Child Poverty Gap," Socio-Economic Review 19 (2019): 1-31.

14.　Trevor Brown, "State Ends Marriage Initiative as Part of Budget Cuts," *Oklahoma Watch*, August 3, 2016; Krissy Clark, "Oh My God— We're on Welfare?!," *Slate*, June 2, 2016; Jenifer McKenna and Tara Murtha, *Designed to Deceive: A Study of the Crisis Pregnancy Center Industry in Nine States* (Allentown, Pa.: The Alliance, State Advocates for Women's Rights and Gender Equality, 2021), 58; Zach Parolin, "Welfare Money Is Paying for a Lot of Things Besides Welfare," *The Atlantic*, June 13, 2019; Mississippi Department of Human Services, *Mississippi State Plan for Temporary Assistance for Needy Families*, reauthorized by the Deficit Reduction Act of 2005; State of Arizona, *State Plan for Temporary Assistance for Needy Families (TANF)*, effective October 1, 2020; Texas Health and Human Services, *Texas State Plan for Temporary Assistance for Needy Families*, October 1, 2019; State of Washington, *State Plan for Temporary Assistance* for Needy Families (TANF), effective January 28, 2020, attachment B11.

15.   미국 정부는 주정부가 연방의 빈곤가정일시부조 자금을 어떻게 사용하는지 감시하지 못한다. Cindy Boren and Des Bieler, "Brett Favre to Repay Welfare Money for Appearances He Didn't Make, Mississippi Auditor Says," The Washington Post, May 7, 2020; Steve Rabey, "How Mississippi Turned Your Tax Dollars into Welfare for the Rich," Ministry Watch, May 7, 2020; Luke Ramseth, "MS Welfare Scandal Audit," The Clarion Ledger, May 6, 2020; Shad White et al., Single Audit Report (Jackson: State of Mississippi, Office of the State Auditor, 2020).

16.   Azevedo-McCaffrey and Safawi, To Promote Equity, 14; Organisation for Economic Co-operation and Development (OECD), "CO2.2: Child Poverty," OECD Family Database, August, 2021, 1; Talk Poverty, "Child Poverty—2020"; U.S. Census Bureau, American Community Survey 2019, 1-Year Estimates, table S1701.

17.   Center on Budget and Policy Priorities, "Chart Book: Social Security Disability Insurance," February 12, 2021; Social Security Administration, Annual Statistical Supplement to the Social Security Bulletin, 2019, SSA Publication No. 13-11700 (Washington, D.C.: Social Security Office of Retirement and Disability Policy, 2020), table 6.C7. 이 기간에는 생활보조금 신청 역시 1996년 192만 건에서 2010년 약 315만 건으로 급등했다. 2010년 이후로 생활보조금 신청 건수는 줄어들기 시작해서 2018년에 이르면 1990년대 중반 수준을 회복한다. Social Security Administration, SSI Annual Statistical Report, 2019, SSA Publication No. 13-11827 (Washington, D.C.: Social Security Office of Retirement and Disability Policy, 2020).

18.   Social Security Administration, "How You Earn Credits"; Social Security Administration, SSI Annual Statistical Report, 2019.

19.   "장애와 기타 수당"은 사회보장 타이틀 2 프로그램(Title II Social Security programs)을 말한다. 이 프로그램은 사회보장장애보험과 함께 고령자와 생존자 보험을 아우른다. 2019년 사회보상국은 생활보조금 신청을 처리한 신청 대리인들에게 추가로 2억 1400만 달러를 지불했다. 이 돈은 재원이 다르다.

Michael J. Astrue, Commissioner of Social Security, "Maximum Dollar Limit in the Fee Agreement Process," *Federal Register* 74 (2009): 6080; Social Security Administration, *Representation of Claimants*, Sec. 206 [42 U.S.C. 406]; Office of the Inspector General, *The Cost of Administering Claimant Representative Fees* (Woodlawn, Md.: Social Security Administration, 2018), B2; Social Security Administration, *Statistics on Title II Direct Payments to Claimant Representatives* (Washington, D.C.: Social Security Office of Retirement and Disability Policy, 2020). 다음도 보라. Hilary Hoynes, Nicole Maestas, and Alexander Strand, "The Effect of Attorney and Non-Attorney Representation on the Initial Disability Determination Process," National Bureau of Economic Research, Working Paper DRC NB16-15, September 2016.

20.   시장 행위자들은 다른 주요 반빈곤 프로그램에 할당된 연방 재정을 빨아들인다. 가령 일부 도시에서는 주택 건축과 관련된 건설 및 규제 비용 때문에 저소득층주택세액공제(Low-Income Housing Tax Credit, LIHTC) ─ 미국에서 재원의 규모가 가장 큰 정부 보조 저소득 주택 건축 ─ 를 활용한 저소득가정 주택 제공 방식이 주택바우처를 통해 주택을 제공하는 방식보다 두 배 더 비싸다. 여러 연구들은 도시에서 가장 큰 연방자금원일 때가 많은 공동체개발포괄보조금(Community Development Block Grants, CDBGs)이 고소득 지역에서 주택, 인프라, 경제개발 프로젝트를 지원하기 위해 상습적으로 사용된다는 사실 역시 보여 주었다. 저소득층주택세액공제에 대해서는 다음을 보라. Lan Deng, "The Cost-effectiveness of the Low-Income Housing Tax Credit Relative to Vouchers: Evidence from Six Metropolitan Areas," *Housing Policy Debate* 16 (2005): 469-511; Michael Eriksen, "The Market Price of Low-Income Housing Tax Credits," *Journal of Urban Economics* 66 (2009): 141-149; Edward Glaeser and Joseph Gyourko, *Rethinking Federal Housing Policy: How to Make Housing Plentiful and Affordable* (Washington, D.C.: AEI Press, 2008). 공동체개발포괄보조금에 대해서는 다음을 보라. Leah Brooks and Maxim Sinitsyn, "Where Does the Bucket Leak? Sending Money to the Poor via the Community Development Block Grant Program," *Housing Policy Debate* 24 (2014): 119-171; Robert Collinson, "Assessing the Allocation of

CDBG to Community Development Need," *Housing Policy Debate* 24 (2014): 91-118; Michael Rich, *Federal Policymaking and the Poor* (Princeton, N.J.: Princeton University Press, 1993).

21.   Arthur Okun, *Equality and Efficiency: The Big Tradeoff* (Washington, D.C.: Brookings Institution Press, 2005 [1975]).

22.   Centers for Medicare and Medicaid Services, *Financial Management Report for FY 2019* (Woodlawn, Md.: Centers for Medicare and Medicaid Services, 2020); Robert Greenstein and CBPP Staff, "Romney's Charge That Most Federal Low-Income Spending Goes for 'Overhead' and 'Bureaucrats' Is False," Center on Budget and Policy Priorities, January 23, 2012; Social Security Administration, *FY 2021 Congressional Justification* (Woodlawn, Md.: Social Security Administration, 2021), 40, 44, 138; Social Security Administration Office of Retirement and Disability Policy, *Annual Statistical Supplement to the Social Security Bulletin, 2020* (Washington, D.C.: Social Security Administration, 2021), table 4, A3; U.S. Department of Agriculture, *2021 USDA Explanatory Notes—Food and Nutrition Service* (Washington, D.C.: USDA, 2021), 34-60, 34-65.

23.   Josh Boak, "AP Fact Check: Trump Plays on Immigration Myths," *PBS News Hour*, February 8, 2019; Matthew Desmond and Mustafa Emirbayer, *Race in America* (New York: Norton, 2015), 76; Alan Gauthreaux, "An Inhospitable Land: Anti-Italian Sentiment and Violence in Louisiana, 1891-1924," in *Louisiana History: The Journal of the Louisiana Historical Association* 51 (2010): 41-68; Jessica Barbata Jackson, *Dixie's Italians: Sicilians, Race, and Citizenship in the Jim Crow Gulf South* (Baton Rouge: Louisiana State University Press, 2020).

24.   Abby Budiman, "Key Findings About U.S. Immigrants," Pew Research Center, August 20, 2020; U.S. Census Bureau, America's Foreign Born in the Last 50 Years, 2021.

25.   U.S. Census Bureau, 1970 Census: Count 4Pa—Sample Based Population Data, tables NT23, NT126; U.S. Census Bureau, American Community Survey

2019 1-Year Estimates, table B05012; U.S. Census Bureau, 1970 Census: Count 4Pa—Sample-Based Population Data, tables NT18, NT83, NT89; U.S. Census Bureau, American Community Survey 2019 1-Year Estimates, table S1701. 다음도 보라. Jeff Chapman and Jared Berntein, "Immigration and Poverty: How Are They Linked?," *Monthly Labor Review*, April 2003.

26.   Ran Abramitzky and Leah Boustan, *Streets of Gold: America's Untold Story of Immigrant Success* (New York: PublicAffairs, 2022).

27.   Francine Blau and Christopher Mackie, eds., *The Economic and Fiscal Consequences of Immigration* (Washington, D.C.: National Academies Press, 2017), 5, chap. 5.

28.   1920년대에 미국이 일부 국가에 엄격한 할당제를 부과하여 유럽발 이주를 제한했을 때 해외 출신 인구가 크게 줄었다. 이에 대응하여 지주들은 트랙터를 구입했다. 농업 자동화 시대의 막을 연 것은 트랙터의 발명 그 자체가 아니었다. 이주 노동력이 감소한 상태에서 신기술 도입이 최대의 경제적 이익을 안겨 주자 농업 자동화가 이루어졌다. 오늘날에도 동일한 패턴이 미국 전역의 대농장에서 되풀이되고 있다. 미등록 노동자들의 수가 줄어들자 지주들이 샐러드 믹스에서 견과류까지 온갖 걸 수확할 수 있는 기계를 구입했기 때문이다. 한 세기 전 많은 유럽 이주자가 광부로 일했다. 이주 할당제로 이들의 수가 급감했을 때 광산 회사들은 본토 출생 노동자 — 당시 한 논평가의 말에 따르면 이들은 "선로, 곡괭이, 삽으로 되돌아갈 생각이 없었다" — 를 모을 수도, 기계에 의지할 수도 없었다. 당시에는 그럴 만한 기술이 없었기 때문이다. 그 결과 광산업체가 줄줄이 도산했다. 오늘날에는 농장들이 광산의 전철을 밟고 있다. 2000년 캘리포니아 노동자들은 기계 수확이 불가능한 아스파라거스를 3만 7000에이커에서 수확했다. 2020년에는 겨우 4000에이커였다. 다음을 보라. Ran Abramitzky et al., "The Effect of Immigration Restrictions on Local Labor Markets: Lessons from the 1920s Border Closure," *American Economic Journal*, forthcoming (2022); Eduardo Porter, "Farming Transformation in the Fields of California," *The New York Times*, May 28, 2022.

29.   Blau and Mackie, eds., *Economic and Fiscal Consequences of Immigration*, 11.

30.　U.S. Census Bureau, Current Population Survey, Historical Poverty Tables:
People and Families—1959 to 2020, tables 4 and 10; Vee Burke, Thomas Gabe,
and Gene Falk, *Children in Poverty: Profile, Trends, and Issues* (Washington,
D.C.: Congressional Research Service, 2008), 17.

31.　David Brady and Rebekah Burroway, "Targeting, Universalism, and Single-
Mother Poverty: A Multilevel Analysis Across 18 Affluent Democracies,"
Demography 49 (2012): 719-746; David Cooper, *Raising the Federal
Minimum Wage to $15 by 2024 Would Lift Pay for Nearly 40 Million Workers*
(Washington, D.C.: Economic Policy Institute, 2019); Organisation for
Economic Co-operation and Development (OECD), *Hours of Work Needed to
Escape Poverty for Workless Families* (Paris: OECD.Stat, 2021). 다음도 보라.
Laurie Maldonado and Rense Nieuwenhuis, "Family Policies and Single
Parent Poverty in 18 OECD Countries, 1978-2008," *Community, Work and
Family* 18 (2015): 395-415; Joya Misra, Stephanie Moller, and Michelle Budig,
"Work-Family Policies and Poverty for Partnered and Single Women in
Europe and North America," *Gender and Society* 21 (2007): 804-827.

32.　Andrew Cherlin, *Labor's Love Lost: The Rise and Fall of the Working- Class
Family in America* (New York: Russell Sage Foundation, 2014), 2; Kathryn
Edin and Maria Kefalas, *Promises I Can Keep: Why Poor Women Put
Motherhood Before Marriage* (Berkeley: University of California Press, 2011);
Christina Gibson-Davis, Anna Gassman-Pines, and Rebecca Lehrman, "'His'
and 'Hers': Meeting the Economic Bar to Marriage," *Demography* 55 (2018):
2321-2343.

33.　가난한 남녀가 적당한 때가 될 때까지 결혼을 연기하기로 선택하는 거라면
어째서 아이를 갖는 걸 연기하기로 선택하지는 않는 걸까? 가장 효과적인
피임법에 제대로 접근하기 어려운 현실이 하나의 대답이 될 수 있다. 여성이
임신을 했다고 해서 결혼을 강요하지 않는 사회적 분위기 역시 한몫할 것이다.
하지만 캐스린 에든(Kathryn Edin) 등의 연구가 아주 강력하게 보여 주었듯,
아기는 팍팍한 삶에 즐거움과 영예를, 정체성과 목적을 안겨 줄 수 있디 는 사실
역시 인정할 필요가 있다. 가난한 집에서 태어난 아이들은 고생뿐만 아니라

새롭게 활기를 얻은 농담과 대물림된 요리 비법, 낮게 읊조리는 노래에도 노출될 것이다. 다음을 보라. George Akerlof and Janet Yellen, "An Analysis of Out-of-Wedlock Births in the United States," Brookings Institution, August 1, 1996; Suzanne Bianchi, John Robinson, and Melissa Milke, *Changing Rhythms of American Family Life* (New York: Russell Sage Foundation, 2006); Stephanie Coontz, *The Way We Never Were: American Families and the Nostalgia Trap* (New York: Basic Books, 2016 [1992]), xxvii, 25, 33, 43-44, 392, 402; Edin and Kefalas, *Promises I Can Keep; Dorothy Roberts, Killing the Black Body: Race, Reproduction, and the Meaning of Liberty* (New York: Vintage, 2014).

The Cultural Contradictions of Capitalism (New York: Basic Books, 1996 [1976], 18)에서 대니얼 벨(Daniel Bell)은 부르주아계급은 "모든 전통적인 사회적 관계를 해체하겠다는 의지"에서 경제에서는 급진주의를 포용했지만 문화와 성이라는 영역에서는 보수주의를 채택한다고 말했다. 미국의 부자들은 물질적인 면에서는 넘쳐 났지만 정신적 또는 성적인 면에서는 그렇지 않았다. 어쩌면 일부 미국인들이 결혼을 하지 않고 아이를 낳는 것을 숲을 밀어 버리거나 이윤을 위해 경쟁회사를 파멸시키는 것보다 더 추잡하다고 여기는 건 이 때문인지 모른다.

34. Anna Gassman-Pines and Hirokazu Yoshikawa, "Five-Year Effects of an Anti-Poverty Program on Marriage Among Never-Married Mothers," *Journal of Policy Analysis and Management* 25 (2006): 11-30; Lisa Gennetian, *The Long-Term Effects of the Minnesota Family Investment Program on Marriage and Divorce Among Two-Parent Families* (New York: MDRC, 2003); Daniel Schneider, "Lessons Learned from Non-Marriage Experiments," *The Future of Children* 25 (2015): 155-178.

35. Laura Maruschak and Todd Minton, "Correctional Populations in the United States, 2017-2018," U.S. Department of Justice, Bureau of Justice Statistics, 2020; Pew Charitable Trusts, "One in 100: Behind Bars in America 2008," February 28, 2008; Becky Pettit and Bruce Western, "Mass Imprisonment and the Life Course: Race and Class Inequality in US Incarceration," *American Sociological Review* 69 (2004): 151-169; Jeremy Travis, Bruce

Western, and F. Stevens Redburn, *The Growth of Incarceration in the United States: Exploring Causes and Consequences* (Washington, D.C.: National Academies Press, 2014); Bruce Western and Becky Pettit, "Incarceration and Social Inequality," Daedalus 139 (2010): 8-19; Western, *Punishment and Inequality in America*.

36. Maurice Chammah, "Can German Prisons Teach America How to Handle Its Most Violent Criminals?," The Marshall Project, 2015; Travis et al., *Growth of Incarceration in the United States*, 260-67. 다음도 보라. Daniel Schneider, Kristen Harknett, and Matthew Stimpson, "What Explains the Decline in First Marriage in the United States? Evidence from the Panel Study of Income Dynamics, 1969 to 2013," *Journal of Marriage and Family* 80 (2018): 791-811; Western, *Punishment and Inequality in America*, 155.

37. Center on Budget and Policy Priorities, *A Quick Guide to SNAP Eligibility and Benefits* (Washington, D.C.: CBPP, 2020); Rahim Kurwa, "The New 'Man in the House' Rules: How the Regulation of Housing Vouchers Turns Personal Bonds into Eviction Liabilities," *Housing Policy Debate* 30 (2020): 926-949; SSI Spotlights, *Understanding Supplemental Security Income—Spotlight on Living Arrangements* (Washington, D.C.: Social Security Administration, 2021); Robert Stalker, "Protecting Subsidized Housing for Families of Released Prisoners," *Clearinghouse Review* 41 (2007): 198-201. 가족정책과 현대 가족의 현실 사이의 불일치에 대해서는 다음을 보라. Lawrence Berger and Marcia Carlson, "Family Policy and Complex Contemporary Families: A Decade in Review and Implications for the Next Decade of Research and Policy Practice," *Journal of Marriage and Family* 82 (2020): 478-507.

38. Congressional Research Service, *The Earned Income Tax Credit (EITC): How It Works and Who Receives It* (Washington, D.C.: U.S. Government Printing Office, 2021).

39. Marianne Bitler et al., "The Impact of Welfare Reform on Marriage and Divorce," *Demography* 41 (2004): 213-236; Sarah Halpern-Meekin et al., *It's*

Not Like I'm Poor: How Working Families Make Ends Meet in a Post-Welfare World (Berkeley: University of California Press, 2015); Robert Moffitt, *The Effect of Welfare on Marriage and Fertility* (Washington, D.C.: National Academies Press, 1998).

40.   Wendy Wang and W. Bradford Wilcox, "The Millennial Success Sequence: Marriage, Kids, and the 'Success Sequence' Among Young Adults," AEI Institute for Family Studies, 2017; George Will, "Listen Up, Millennials. There's a Sequence to Success," *The Washington Post*, July 5, 2017. 나는 미국기업연구소의 보고서 저자인 왕과 윌콕스에게 나를 위해 추가적인 분석을 해 달라고 요청했고, 이들은 친절하게도 이에 동의하여 전일제 일자리를 얻는 것이 이 성공의 연쇄에서 단연 가장 중요한 단계임을 보여 줬다.

41.   다음을 보라. Matt Bruenig, "The Success Sequence Is About Cultural Beefs, Not Poverty," People's Policy Project, August 5, 2017; Philip Cohen, "The Failure of the Success Sequence," Cato Institute, May 16, 2018; Ashley Fetters, "The Working-to-Afford-Child-Care Conundrum," *The Atlantic*, January 18, 2020; Haskins and Sawhill, *Creating an Opportunity Society*, 69–74; Dylan Matthews, "Conservatives Love This Deeply Misleading Factoid About Poverty in America," *Vox*, July 24, 2015; Richard Reeves, Edward Rodrigue, and Alex Gold, "Following the Success Sequence? Success Is More Likely If You're White," Brookings Institution, August 6, 2015.

42.   가난한 싱글 맘의 자녀는 자라서도 높은 비율로 가난하지만, 사회학자 리자이나 베이커(Regina Baker)의 연구에 따르면 1970년대 이후로 결혼은 자녀의 빈곤을 저지하는 힘이 약해진 반면 노동은 더 강해졌다. 1990년대 중반에는 결혼이 자녀의 빈곤에 미치는 영향이 크게 떨어졌다. 이는 그 시기에 일어난 대대적인 정책 개혁 — 즉 현금 복지가 중단되고 취업에 기반한 사회안전망이 등장하면서 일자리가 있어야만 정부의 원조를 받을 수 있게 된 것 — 이 이런 흐름의 이면에 있음을 시사한다. Regina Baker, "The Changing Association Among Marriage, Work, and Child Poverty in the United States, 1974-2010," *Journal of Marriage and Family* 77 (2015): 1166-1178.

③ 우리는 어떻게 노동자를 싸게 부려 먹는가

01.   1987년 윌리엄 줄리어스 윌슨(William Julius Wilson)이 *The Truly Disadvantaged*를 출간하면서 빈곤 논쟁에 변화가 일었다. 2001년의 한 리뷰는 이 책을 "지난 25년 사이에 나온 도시 빈곤 출판물 중에서 가장 중요한 책"이라고 불렀다. 윌슨은 노동시장과 단절된 흑인 남성 극빈층에 주목하면서 도시 중심부에 빈곤이 집중된 것은 탈산업화 때문에 흑인 남성 실직이 증가한 결과라고 주장했다. 시카고와 버펄로 같은 도시에서 공장이 문을 닫자 핵심 경제 인구에 속하는 일군의 남성들이 일자리를 잃고 흑인 지역사회들에서 경제적 기반이 사라졌다. 윌슨은 빈곤의 원인을 규명하는 강력한 주장을 펼쳤지만 그의 이론은 부자들이 자신들의 잇속을 챙기려고 가난한 사람들을 억압한다는 생각에는 동의하지 않았다. 윌슨이 보기에 도시의 빈곤은 미국 산업주의의 곤경과 흑인 빈민을 양질의 일자리에서 배제하는 시스템에 그 뿌리가 있었다. 그는 도시의 빈곤은 부당한 노동조건이 아니라 일자리가 없다는 데서 기인한다고 보았다.

   Mario Luis Small and Katherine Newman, "Urban Poverty After *The Truly Disadvantaged*: The Rediscovery of the Family, the Neighborhood, and Culture," *Annual Review of Sociology* 27 (2001): 23–45, 23; Arthur Stinchcombe, "The Social Determinants of Success," *Science* 178 (1972): 603–604; Donald Tomaskovic-Devey and Dustin Avent-Holt, "Observing Organizational Inequality Regimes," *Research in the Sociology of Work* 28 (2016): 187–212; Wilson, *Truly Disadvantaged*; Erik Olin Wright, *Interrogating Inequality* (London: Verso, 1994), 36.

02.   Matthew Desmond, "Capitalism," in *The 1619 Project: A New Origin Story*, ed. Nikole Hannah-Jones (New York: One World, 2021), 165–185; Sven Beckert and Seth Rockman, eds., *Slavery's Capitalism: A New History of American Economic Development* (Philadelphia: University of Pennsylvania Press, 2016); "A Little Priest," *Sweeney Todd, the Demon Barber of Fleet Street*, music and lyrics by Stephen Sondheim, book by Hugh Wheeler, based on Christopher Bond's *Sweeney Todd*, directed by Hal Prince, opened at the

Uris Theatre March 1, 1979.

03. 리치슨(Richeson)은 여러 연구를 통해 인종적 진보가 이루어지고 있다는 폭넓은 믿음이 현실의 속도를 훨씬 앞서고 있음을 보여 준다. 2019년의 한 논문은 미국인들이 1963년에는 흑백 간의 경제적 격차를 약 40퍼센트포인트 과소평가한 반면 2016년에는 약 80퍼센트포인트 과소평가하고 있음을 보여 준다. 2016년의 경제적 격차는 1960년대와 별 차이 없이 컸지만 평균적인 미국인들은 크게 줄어들었으리라고 생각했다. 리치슨은 자신의 연구 결과를 이렇게 요약했다. "사람들은 50년 전에는 최소한 어느 정도는 상황이 안 좋았지만 이제는 상당히 좋아졌다고 추정하는 경향을 보인다." Michael Kraus et al., "The Misperception of Racial Economic Inequality," *Perspectives on Psychological Science* 14 (2019): 899-921; Jennifer Richeson, "Americans Are Determined to Believe in Black Progress," *The Atlantic*, September 2020.

04. 착취에 대한 사회학적 설명은 다음을 보라. David Brady, Monica Biradavolu, and Kim Blankenship, "Brokers and the Earnings of Female Sex Workers in India," *American Sociological Review* 80 (2015): 1123-1149; Arthur Sakamoto and ChangHwan Kim, "Is Rising Earnings Inequality Associated with Increased Exploitation? Evidence for U.S. Manufacturing Industries, 1971-1996," *Sociological Perspectives* 53 (2012): 19-44; Aage Sørensen, "Toward a Sounder Basis for Class Analysis," *American Journal of Sociology* 105 (2000): 1523-1558; Erik Olin Wright, *Class Counts: Comparative Studies in Class Analysis* (New York: Cambridge University Press, 1997).

05. Annette Bernhardt et al., *Broken Laws, Unprotected Workers: Violations of Employment and Labor Laws in America's Cities* (Chicago: Center for Economic Development, 2009), 42, 44; Reuben Miller, *Halfway Home: Race, Punishment, and the Afterlife of Mass Incarceration* (New York: Little, Brown, 2021); Peter Wagner and Alexi Jones, "State of Phone Justice: Local Jails, State Prisons and Private Phone Providers," Prison Policy Initiative, 2019.

06. Brady, Biradavolu, and Blankenship, "Brokers and the Earnings of Female Sex Workers in India," 1127; John Steinbeck, *The Grapes of Wrath* (New York:

Penguin Classics, 2006 [1939]), 38.

07.   Matthew Desmond, "Dollars on the Margins," *The New York Times Magazine*, February 23, 2019.

08.   George Stigler, "The Economics of Minimum Wage Legislation," *American Economic Review* 36 (1946): 358-365.

09.   Charles Brown, Curtis Gilroy, and Andrew Kohen, "The Effect of the Minimum Wage on Employment and Unemployment," *Journal of Economic Literature* 20 (1982): 487-528; Richard Posner, *Economic Analysis of Law*, 9th ed. (New York: Wolters Kluwer, 2014).

10.   David Card and Alan Krueger, "Minimum Wages and Employment: A Case Study of the Fast-Food Industry in New Jersey and Pennsylvania," *American Economic Review* 84 (1994): 772-793.

11.   이 문헌에 대한 메타 연구와 리뷰로는 다음을 추천한다. Hristos Doucouliagos and Tom Stanley, "Publication Selection Bias in Minimum-Wage Research? A Meta-Regression Analysis," *British Journal of Industrial Relations* 47 (2009): 406-442; David Neumark and Peter Shirley, "Myth or Measurement: What Does the New Minimum Wage Research Say About Minimum Wages and Job Loss in the United States?," National Bureau of Economic Research, Working Paper 28388, May 2021; David Neumark and William Wascher, "Minimum Wages and Employment," *Foundations and Trends in Microeconomics* 3 (2007): 1-182; John Schmitt, *Why Does the Minimum Wage Have No Discernible Effect on Employment?* (Washington, D.C.: Center for Economic and Policy Research, 2013).

12.   정부가 임금이 가장 형편없는 노동자들의 급료를 올리는 정책을 시행할 때 고용주들이 노동시간을 줄인다는 증거는 많지 않다. 업체는 가격을 인상함으로써 손실을 만회하는 듯하다. 가령 새너제이(San Jose)가 최저임금을 10퍼센트 인상시켰을 때 음식점들은 음식 가격을 0.58퍼센트 인상했다. 증거를 포괄적으로 검토한 결과 최저임금 10퍼센트 인상은 식품 가격을 4퍼센트 이하로 인상시켰고 전반석인 물가는 0.4퍼센트 이하로 인상됐다. Sylvia Allegretto and Michael Reich, "Are Local Minimum Wages Absorbed by Price Increases?

Estimates from Internet-based Restaurant Menus," Institute for Research on Labor and Employment, Working Paper 124-15, November 21, 2016; Sara Lemos, "A Survey of the Effects of the Minimum Wage on Prices," *Journal of Economic Surveys* 22 (2008): 187-212.

13.   Rosenfeld, *You're Paid What You're Worth*, 5. 이런 임금격차는 다양한 부문에서 널리 존재한다. 가령 2018년 독일의 사무원들은 구매력에 맞춰 임금을 조정한 뒤 미국의 사무원들보다 23퍼센트를 더 가져갔고, 서비스직과 판매직 노동자들은 13퍼센트를, 농업 노동자들은 17퍼센트를 더 가져갔다. International Labour Organization, "Average Monthly Earnings of Employees by Sex and Occupation—Annual," ILOSTAT, 2020.

14.   Jefferson Cowie, *Stayin' Alive: The 1970s and the Last Days of the Working Class* (New York: New Press, 2010), 2; Philip Dray, *There Is Power in a Union: The Epic Story of Labor in America* (New York: Anchor Books, 2010); Melvyn Dubofsky and Foster Rhea Dulles, *Labor in America: A History*, 8th ed. (Malden, Mass.: Wiley, 2010), 337-338; Henry Farber et al., "Unions and Inequality over the Twentieth Century: New Evidence from Survey Data," National Bureau of Economic Research, Working Paper 24587, May 2018 (updated April 2021); Barry Hirsch, David Macpherson, and Wayne Vroman, "Estimates of Union Density by State," *Monthly Labor Review* 124 (2001): 51-55; Lawrence Mishel et al., *The State of Working America*, 12th ed. (Ithaca, N.Y.: Cornell University Press, 2012), 26-27, 184-185, 289-291.

15.   "Discrimination by Labor Union Bargaining Representatives Against Racial Minorities," *The Yale Law Journal* 56 (1947): 731-737; Dray, There Is Power in a Union, 482-83; Desmond, "Capitalism," 183; Robin Kelley, "Building Bridges: The Challenge of Organized Labor in Communities of Color," *New Labor Forum* 5 (1999): 42-58, 46-48; H. Luke Shaefer and Elizabeth Sammons, "The Development of an Unequal Social Safety Net: A Case Study of the Employer-Based Health Insurance (Non)System," *Journal of Sociology and Social Welfare* 36 (2009): 177-197, 190-191.

16.   Cowie, Stayin' Alive, 222, 229-233, 246; Dubofsky and Dulles, *Labor in*

America, 385-386.

17.   Dray, *There Is Power in a Union*, 627, 636, 644-649; Andrew Glass,
       "Reagan Fires 11,000 Striking Air Traffic Controllers, Aug. 5, 1981," *Politico*,
       August 5, 2017; Joseph McCartin, *Collision Course: Ronald Reagan, the Air
       Traffic Controllers, and the Strike That Changed America* (New York: Oxford
       University Press, 2011), 295, 301.

18.   전미노동관계법은 고용주가 노동자들이 노조를 조직할 경우 문을 닫겠다는
       예고를 하는 것 — 당신들이 노조를 결성할 경우 공장이 문을 닫을 수 있다 — 은
       허락하지만 위협 — 당신들이 노조를 결성할 경우 우리는 공장을 닫아 버릴
       것이다 — 은 금지한다. 고용주들은 이 두 가지를 다 한다. 1995년 미시간주 ITT
       자동차 공장의 관리자들은 노조가 파업 찬반 투표를 하는 동안 수축포장을
       완료한 장비를 가득 실은 트랙터 트레일러 13대를 주차시켜 놓고 찬성이
       가결되면 회사는 짐을 싸서 떠나겠다는 신호를 보냈다. 텍사스에 위치한
       의류업체 프루트오브더룸(Fruit of the Loom) 공장의 간부들은 노조 조직
       활동이 활발히 진행되는 동안 "노조 조끼를 입으면 실업자 된다(Wear the Union
       Label. Unemployed)"라고 적힌 현수막을 걸어 놓기도 했다. Kate
       Bronfenbrenner, "We'll Close! Plant Closings, Plant-Closing Threats, Union
       Organizing and NAFTA," *Multinational Monitor* 18 (1997): 8-14, 8; Kate
       Boo, "The Churn," *The New Yorker*, March 21, 2004; Thomas Kochan et al.,
       "Worker Voice in America: Is There a Gap Between What Workers Expect and
       What They Experience?," *ILR Review* 72 (2019): 3-38, 4-5, 7-8, 19-21, 30;
       Gordon Lafer and Lola Loustaunau, *Fear at Work* (Washington, D.C.:
       Economic Policy Institute, 2020), 3-7; Celine McNicholas et al., *Unlawful:
       U.S. Employers Are Charged with Violating Federal Law in 41.5% of All Union
       Election Campaigns* (Washington, D.C.: Economic Policy Institute, 2019);
       David Streitfeld, "How Amazon Crushes Unions," *The New York Times
       Magazine*, March 16, 2021; U.S. Bureau of Labor Statistics, "Union Members
       Summary" (Economic News Release), January 20, 2022.

19.   노조 연구에 관한 2017년의 메타분석에 따르면 건설과 교육 부문에서 미국
       노조는 약간의 긍정적인 영향이 있지만 제조업에서는 통계적으로 유의미한

영향이 없었다. Hristos Doucouliagos, Richard Freeman, and Patrice Laroche, *The Economics of Trade Unions: A Study of a Research Field and Its Findings* (London: Routledge, 2017), 56-59, 67-69, 89, 104-105. 다음도 보라. John Addison's insightful review of *The Economics of Trade Unions* published in *ILR Review* 71 (2018): 273-276.

2004년의 한 리뷰는 상대적으로 경쟁이 치열하지 않고 원가를 의식하는 부문에서는 관리자들이 노조의 노력에 효율성 증대로 대응하기 때문에 노조가 생산성에 긍정적인 영향을 더 많이 미친다고 확인했다. 여러 연구는 건설회사, 민간 병원, 요양원에서는 노조가 생산성 증대와 관련이 있음을 확인했지만, 제재소와 제조업 같은 다른 부문에서는 생산성에 영향을 미치지 않거나 부정적인 영향을 미친다고 보고한 연구들도 있다. 이는 노조가 없는 회사들이 생산성을 신장하는 경영 기법을 채택하는 경우가 많다는 데 그 부분적인 원인이 있는 것이다. 다시 말해서 노조와 생산성 간의 부정적인 관계는, 노조가 있는 회사들이 노조와는 별 관련이 없는 이유로 최적의 생산성에 이르지 못한 상태임을 반영하는 것일 수 있다. Barry Hirsch, "What Do Unions Do for Economic Performance?," Journal of Labor Research 25 (2004): 415-455.

다음도 보라. Richard Freeman and James Medoff's classic book, *What Do Unions Do?* (New York: Basic Books, 1984) ; John DiNardo and David Lee, "Economic Impacts of New Unionization on Private Sector Employers: 1984-2001," *Quarterly Journal of Economics* 119 (2004): 1383-1441; and Brigham Frandsen, "The Surprising Impacts of Unionization: Evidence from Matched Employer-Employee Data," *Journal of Labor Economics* 39 (2021): 861-894.

20. Eric Posner and E. Glen Weyl, *Radical Markets: Uprooting Capitalism and Democracy for a Just Society* (Princeton, N.J.: Princeton University Press, 2018), 11. 다음도 보라. Chad Syverson, "Challenges to Mismeasurement Explanations for the US Productivity Slowdown," *Journal of Economic Perspectives* 31 (2017): 165-186.

21. 여기서 말하는 "통상 노동자"는 미국 노동통계청의 분류에 따라 "비감시 생산 노동자"를 지칭한다. 노동력의 80퍼센트를 차지하는 이 범주에서는 보통

관리자와 고소득자가 제외된다. Drew Desilver, "For Most U.S. Workers, Real Wages Have Barely Budged in Decades," Pew Research Center, August 7, 2018; John Schmitt, Elise Gould, and Josh Bivens, "America's Slow-Motion Wage Crisis: Four Decades of Slow and Unequal Growth," Economic Policy Institute, 2–3. 다음도 보라. U.S. Bureau of Labor Statistics, "Union Members Summary" (Economic News Release), January 20, 2022; Congressional Research Service, *Real Wage Trends, 1979 to 2019* (Washington, D.C.: Congressional Research Service, 2020).

22. Raj Chetty et al., "The Fading American Dream: Trends in Absolute Income Mobility Since 1940," *Science* 356 (2017): 398–406; Thomas DiPrete, "The Impact of Inequality on Intergenerational Mobility," *Annual Review of Sociology* 46 (2020): 379–398; Michael Hout, "Americans' Occupational Status Reflects the Status of Both of Their Parents," *Proceedings of the National Academy of Sciences* 115 (2018): 9527–9532; Xi Song et al., "Long-Term Decline in Intergenerational Mobility in the United States Since the 1850s," *Proceedings of the National Academy of Sciences* 117 (2020): 251–258.

23. 미국 노동통계청은 노동 빈곤층을 최소한 한 해의 절반을 노동을 하거나 구직활동에 썼지만 빈곤선 아래인 사람으로 정의한다. 2018년 미국에서 이 범주에 속하는 사람은 약 700만 명이었다. U.S. Bureau of Labor Statistics, "A Profile of the Working Poor, 2019," May 2021; Matthew Desmond, "Why Work Doesn't Work Anymore," *The New York Times Magazine*, September 11, 2018; Schmitt et al., *America's Slow-Motion Wage Crisis*, figure D.

24. 저임금 대학생을 위한 펠 그랜트 프로그램의 예산은 1980~1981학년도에는 75억 달러였고 2020~2021학년도에는 260억 달러였다(2020년 달러 기준). Margaret Cahalan et al., *Indicators of Higher Education Equity in the United States: 2020 Historical Trend Report* (Washington, D.C.: The Pell Institute for the Study of Opportunity in Higher Education, Council for Opportunity in Education, and Alliance for Higher Education and Democracy of the University of Pennsylvania, 2020), 40, 43, 216; Richard Fry and Anthony

Cilluffo, "A Rising Share of Undergraduates Are from Poor Families, Especially at Less Selective Colleges," Pew Research Center, May 22, 2019, 3–4; U.S. Census Bureau, Current Population Survey, 2021 Annual Social and Economic Supplement, tables PINC–03 and HINC–01; U.S. Department of Education, National Center for Education Statistics, Integrated Postsecondary Education Data System, Fall 2021, table E12. 다음도 보라. Stijn Broecke, Glenda Quintini, and Marieke Vandeweyer, "Wage Inequality and Cognitive Skills: Reopening the Debate," in *Education, Skills, and Technical Change: Implications for Future US GDP Growth*, eds. Charles Hulten and Valerie Ramey (Chicago: University of Chicago Press, 2018), 251–286. 전 세계의 교육과 빈곤 데이터는 다음을 보라. National Center for Education Statistics, "International Educational Attainment," May 2022; OECD Data, "Poverty Rate."

25.　Thomas Frank, *Listen, Liberal; or, Whatever Happened to the Party of the People?* (New York: Metropolitan Books, 2016), 85–89; David Howell, "Low Pay in Rich Countries: Institutions, Bargaining Power, and Earnings Inequality in the U.S., U.K., Canada, Australia and France," Washington Center for Equitable Growth, December 2021; David Howell and Arne Kalleberg, "Declining Job Quality in the United States: Explanations and Evidence," *RSF: The Russell Sage Foundation Journal of the Social Sciences* 5 (2019): 1–53, 42.

26.　Geoffrey Gilbert, "Adam Smith on the Nature and Causes of Poverty," *Review of Social Economy* 55 (1997): 273–291; John Stuart Mill, *Principles of Political Economy*, vol. 1 (New York: Appleton, 1877), bk. 2, chap. 1.

27.　Gerald Davis, *The Vanishing American Corporation: Navigating the Hazards of a New Economy* (Oakland, Calif.: Berrett-Koehler, 2016), 144. 다음도 보라. Howell and Kalleberg, "Declining Job Quality in the United States," 10, 22; Steven Vallas, "Platform Capitalism: What's at Stake for Workers?," *New Labor Forum* 28 (2019): 48–59.

28.　Desmond, "Why Work Doesn't Work Anymore"; Howell and Kalleberg,

"Declining Job Quality in the United States," 14; Rosenfeld, *You're Paid What You're Worth*, 234-237; Daisuke Wakabayashi, "Google's Shadow Work Force: Temps Who Outnumber Full-Time Employees," *The New York Times*, May 28, 2019; David Weil, *The Fissured Workplace* (Cambridge, Mass.: Harvard University Press, 2014); David Weil, "Mending the Fissured Workplace," in *What Works for Workers? Public Policies and Innovative Strategies for Low-Wage Workers*, ed. Stephanie Luce et al. (New York: Russell Sage Foundation, 2014), 108-133, 109, 111.

29.　Peter Coy, "Why Are Fast Food Workers Signing Noncompete Agreements?," *The New York Times*, September 29, 2021; Rosenfeld, *You're Paid What You're Worth*, 57-67, 74-82; Alan Krueger and Orley Ashenfelter, "Theory and Evidence on Employer Collusion in the Franchise Sector," *Journal of Human Resources* (2021): 1-33; Evan Starr, J. J. Prescott, and Norman Bishara, "Noncompete Agreements in the US Labor Force," *The Journal of Law and Economics* 64 (2021): 53-84.

30.　Natasha Bernal, "Uber Has Lost in the Supreme Court. Here's What Happens Next," *Wired*, February 19, 2021; The Center for European Policy Analysis (CEPA), "Gig Workers or Full Timers—Europe's Balancing Act," June 24, 2022; Pieter Haeck, "Uber Drivers Are Employees, Dutch Judge Rules," *Politico*, September 13, 2021; Len Sherman, "Why Can't Uber Make Money?," *Forbes*, December 14, 2017; Vallas, "Platform Capitalism," 48; Steven Vallas and Juliet Schor, "What Do Platforms Do? Understanding the Gig Economy," *Annual Review of Sociology* 46 (2020): 273-294. 기그 노동의 증가에 대해서는 다음을 보라. Lawrence Katz and Alan Krueger, "The Rise and Nature of Alternative Work Arrangements in the United States, 1995-2015," *ILR Review* 72 (2019): 382-416.

31.　로비 관련 통계는 정계의 자금을 추적하는 초당적인 연구 집단 Open Secrets에서 얻은 것이다. 다음을 보라. Neil Bradley, "U.S. Chamber Letter on H.R. 582, the 'Raise the Wage Act,'" U.S. Chamber of Commerce, July 11, 2019; Lee Drutman, *The Business of America Is Lobbying: How Corporations*

Became Politicized and Politics Became More Corporate (New York: Oxford University Press, 2015); Lee Drutman, "How Corporate Lobbyists Conquered American Democracy," *The Atlantic*, April 20, 2015; Sean Redmond, "Union Membership Drops to Previous Low in 2021," U.S. Chamber of Commerce, January 26, 2022; Vallas, "Platform Capitalism," 54.

32.   Desmond, "Capitalism"; Jodi Kantor and Arya Sundaram, "The Rise of the Worker Productivity Score," *The New York Times*, August 14, 2022; Lamar Pierce, Daniel Snow, and Andrew McAfee, "Cleaning House: The Impact of Information Technology Monitoring on Employee Theft and Productivity," *Management Science* 61 (2015): 2299–2319; Steven Vallas, Hannah Johnston, and Yana Mommadova, "Prime Suspect: Mechanisms of Labor Control at Amazon's Warehouses," *Work and Occupations* 49 (2022): 421–456; Alex Wood, *Despotism on Demand: How Power Operates in the Flexible Workplace* (Ithaca, N.Y.: Cornell University Press, 2020).

33.   Suresh Naidu, Eric Posner, and Glen Weyl, "Antitrust Remedies for Labor Market Power," *Harvard Law Review* 132 (2018): 536–601; Suresh Naidu, Eric Posner, and Glen Weyl, "More and More Companies Have Monopoly Power over Workers' Wages. That's Killing the Economy," *Vox*, April 6, 2018.

34.   U.S. Government Accountability Office, *Federal Social Safety Net Programs: Millions of Full-Time Workers Rely on Federal Health Care and Food Assistance Programs*, GAO-21-45 (Washington, D.C.: Government Accountability Office, 2020), 9-10.

35.   보충영양지원프로그램의 데이터는 2020년 2월 기준이며, 여기에는 19~64세 사이의 성인 노동자가 포함된다. 메디케이드 등록자 수에는 19~64세 사이의 비장애, 비고령자 성인이 포함된다. U.S. Government Accountability Office, *Federal Social Safety Net Programs*, 38, 41, 59, 65; Jane Little, "Largest N.C. Employers," *Triad Business Journal*, July 30, 2020; Sean McFadden and Hilary Burns, "The Largest Employers in Massachusetts," *Boston Business Journal*, July 30, 2020; Oklahoma Department of Commerce Policy, Re search and Economic Analysis Division, *Oklahoma's Largest Employers* (Oklahoma

City, Okla.: Oklahoma Department of Commerce, 2020), 1.

36.   근로장려세제는 최근 수십 년 동안 일어난 미국 사회복지제도의 변화를 상징한다. 미국의 사회복지는 극빈층 실업자에 대한 지원을 철회하고, 차상위층과 노동 빈곤층으로 지원을 확대해 왔다. 오늘날 빈곤선 바로 위와 아래에 있는 가족들은 20년 전에 비해 정부 지원을 상당히 많이 받고 있는 반면, 빈곤선 저 아래 있는 사람들은 상당히 적게 받는다. (Moffitt, "Deserving Poor," 741). 다음을 보라. Center on Budget and Policy Priorities, "Policy Basics: The Earned Income Tax Credit," December 10, 2019; Congressional Research Service, *Earned Income Tax Credit (EITC)*; Zachary Parolin, Matthew Desmond, and Christopher Wimer, "Inequality Below the Poverty Line Since 1967: The Role of U.S. Welfare Policy," Princeton University, Working Paper, March 2022.

37.   "Brown Introduces Bill to Boost Free Tax Preparation and Filing Services to Help Ohioans Get Full Return," Office of U.S. Senator Sherrod Brown, January 27, 2017; The Institute for a Competitive Workforce, *Community Building Through the Earned Income Tax Credit (EITC)* (Washington, D.C.: U.S. Chamber of Commerce, 2007); Steven Greenhouse, "How Walmart Persuades Its Workers Not to Unionize," *The Atlantic*, June 8, 2015; Robert Greenstein, "Greenstein: Assessing the Tax Provisions of the Bipartisan Budget and Tax Deals," Center on Budget and Policy Priorities, December 16, 2015; Pamela Herd and Donald Moynihan, *Administrative Burden: Policymaking by Other Means* (New York: Russell Sage Foundation, 2019), 205; National Restaurant Association, "Statement on the Introduction of the Raise the Wage Act of 2021," January 26, 2021; National Restaurant Association, "How to Help the Working Poor; and Problems of the Working Poor," hearings before the Subcommittee on Human Resources, 101st Congress (1989); National Restaurant Association, "National Restaurant Association Statement on Today's Labor Activities," Restaurant News Resource, September 4, 2014; Rosenfeld, *You're Paid What You're Worth*, 249; Walmart, "Walmart Foundation Teams Up with United Way and One

Economy to Provide Free Tax Preparation and Filing Services," February 10, 2009.

38. Rosenfeld, *You're Paid What You're Worth*, 117, 143; Hiroko Tabuchi, "Walmart Stock Sinks After a Warning on Sales," *The New York Times*, October 14, 2015; Phil Wahba, "Walmart Takes $20 Billion Hit as Weak Forecast Scares Investors," *Fortune*, October 14, 2015. 노동비용과 기업이윤의 관계에 대해서는 다음을 보라. John Abowd, "The Effect of Wage Bargains on the Stock Market Value of the Firm," *American Economic Review* 79 (1989): 774–800; Mirko Draca, Stephen Machin, and John Van Reenen, "Minimum Wages and Firm Profitability," *American Economic Journal: Applied Economics* 3 (2011): 129–151.

39. Neil Bhutta et al., *Changes in U.S. Family Finances from 2016 to 2019: Evidence from the Survey of Consumer Finances* (Washington, D.C.: Board of Governors of the Federal Reserve System, 2020), 18, 40; Thorstein Veblen, *Absentee Ownership: Business Enterprise in Recent Times: The Case of America* (New Brunswick, N.J.: Transaction Publishers, 2009 [1923]); Edward Wolff, "Household Wealth Trends in the United States, 1962 to 2016: Has Middle Class Wealth Recovered?," National Bureau of Economic Research, Working Paper 24085, November 2017.

40. Juliet Schor and William Attwood-Charles, "The 'Sharing' Economy: Labor, Inequality, and Social Connections on For-Profit Platforms," *Sociology Compass* 11 (2017): 1–16, 9; Kaitlyn Tiffany, "In Amazon We Trust—But Why?," *Vox*, October 25, 2018.

41. Accountable.US, "Corporate Donations Tracker" ; Valerie Wilson and William Darity, Jr., "Understanding Black-White Disparities in Labor Market Outcomes Requires Models That Account for Persistent Discrimination and Unequal Bargaining Power," Economic Policy Institute, March 25, 2022, 10.

42. Lindsey Rose Bullinger, "The Effect of Minimum Wages on Adolescent Fertility: A Nationwide Analysis," *American Journal of Public Health* 107 (2017): 447–452; Ellora Derenoncourt and Claire Montialoux, "Minimum

Wages and Racial Inequality," *The Quarterly Journal of Economics* 136 (2021): 169–228; Kelli Komro et al., "The Effect of an Increased Minimum Wage on Infant Mortality and Birth Weight," *American Journal of Public Health* 106 (2016): 1514–1516; Paul Leigh, Wesley Leigh, and Juan Du, "Minimum Wages and Public Health: A Literature Review," *Preventive Medicine* 118 (2019): 122–134; Kerri Raissian and Lindsey Rose Bullinger, "Money Matters: Does the Minimum Wage Affect Child Maltreatment Rates?," *Children and Youth Services Review* 72 (2017): 60–70; Joseph Sabia, M. Melinda Pitts, and Laura Argys, "Are Minimum Wages a Silent Killer? New Evidence on Drunk Driving Fatalities," *Review of Economics and Statistics* 101 (2019): 192–199; Tsu-Yu Tsao et al., "Estimating Potential Reductions in Premature Mortality in New York City from Raising the Minimum Wage to $15," *American Journal of Public Health* 106 (2016): 1036–1041.

43. "Tobacco Industry Marketing," American Lung Association, December 10, 2020; Leigh et al.,"Minimum Wages and Public Health"; Kelly McCarrier et al., "Associations Between Minimum Wage Policy and Access to Health Care: Evidence from the Behavioral Risk Factor Surveillance System, 1996–2007," *American Journal of Public Health* 101 (2011): 359–367; Tsao et al., "Estimating Potential Reductions in Premature Mortality in New York City from Raising the Minimum Wage to $15."

④ 우리는 어떻게 가난한 사람들이 더 많은 비용을 치르도록 강요하는가

01. Charles Tilly, *Durable Inequality* (Berkeley: University of California Press, 1998); Wright, *Class Counts*, chap. 1. 우리에게 선택지가 있어야 한다는 믿음, 그리고 선택지가 없을 때는 부당한 대우를 받게 된다는 믿음은 절대 급진적이거나 한쪽에만 치우친 극단적인 시각이 아니다. 사회주의자였던 조지 오웰이 가난한 사람을 주체적으로 행동하는 사람이 아니라 타인의 행동에

영향을 받는 사람이라고 설명했을 때, 그리고 절대 사회주의자일 수 없는 프리드리히 하이에크가 "우리가 어떤 노력을 해도 우리가 처한 조건을 바꿀 수 없다는 인식만큼 그 조건을 견디기 힘들게 만드는 것도 없다"라고 말했을 때, 이들은 본질적으로 같은 말을 한 것이다. Friedrich Hayek, *The Road to Serfdom* (New York: Routledge, 2005 [1944]), 98; Orwell, *Road to Wigan Pier*, 49.

02.   Elizabeth Blackmar, *Manhattan for Rent, 1785-1850* (Ithaca, N.Y.: Cornell University Press, 1989), 199; Matthew Desmond and Nathan Wilmers, "Do the Poor Pay More for Housing? Exploitation, Profit, and Risk in Rental Markets," *American Journal of Sociology* 124 (2019): 1090-1124; Lewis Mumford, *The Culture of Cities* (New York: Harcourt, Brace, 1938), 82-86; Lewis Mumford, *The City in History: Its Origins, Its Transformations, and Its Prospects* (New York: MJF Books, 1961), 417; Riis, *How the Other Half Lives*, 11.

03.   Arnold Hirsch, *Making the Second Ghetto: Race and Housing in Chicago, 1940-1960* (New York: Cambridge University Press, 1983), 29; Beryl Satter, *Family Properties: How the Struggle over Race and Real Estate Transformed Chicago and Urban America* (New York: Metropolitan Books, 2009), 5; Allan Spear, *Black Chicago: The Making of a Negro Ghetto, 1890-1920* (Chicago: University of Chicago Press, 1967), 148; Thomas Sugrue, *The Origins of the Urban Crisis: Race and Inequality in Postwar Detroit* (Princeton, N.J.: Princeton University Press, 2005 [1996]), 54; Isabel Wilkerson, *The Warmth of Other Suns: The Epic Story of America's Great Migration* (New York: Vintage, 2010), 270-271.

04.   Marx, "The Eighteenth Brumaire of Louis Bonaparte"; Wright, *Interrogating Inequality*, 49.

05.   U.S. Census Bureau, American Community Survey, 1985-2022; U.S. Department of Housing and Urban Development, "40th Percentile Fair Market Rent, 1985-2022."

06.   Abha Bhattarai, Chris Alcantara, and Andrew Van Dam, "Rents Are Rising Everywhere. See How Much Prices Are Up in Your Area," *The Washington*

Post, April 21, 2022; U.S. Census Bureau, "Housing Vacancies and Homeownership (CPS/HVS)," table 4.

07.   2011년부터 2017년 사이 다세대(5세대 이상) 부동산의 소유주는 임대소득이 24퍼센트 늘었지만 이들의 운영비는 겨우 18퍼센트 늘었다. 시장가치로 하위 25분위에 속하는, 주로는 가난한 동네에 위치한 부동산을 소유한 임대주들은 2012년부터 2018년 사이에 임대소득이 47퍼센트 증가했지만 운영비는 겨우 14퍼센트 늘었다. 저자의 계산, U.S. Census Bureau, Rental Housing Finance Survey, 2012 and 2018.

08.   Desmond and Wilmers, "Do the Poor Pay More for Housing?" 우리가 사용한 임대주택금융조사에는 단일 세대 임대용 부동산은 빠져 있었다. 가장 최근의 임대주택금융조사에는 이런 부동산도 들어 있는데 여전히 가난한 동네의 임대주 이윤 마진이 더 높게 나타난다.

09.   여기서 가난한 동네는 빈곤율이 27퍼센트 이상인 센서스 구역이다. 부유층 동네는 빈곤율이 8퍼센트 미만인 센서스 구역이고, 중간층 동네는 그 사이의 구역이다.

10.   가난한 동네의 임대주들은 더 형편이 나은 지역의 임대주에 비해 높은 수리 비용과 잦은 임대료 연체를 상대한다. 위험을 예상한 임대주들은 임대료를 상승시킬 수 있다. 마치 자신이 감당해야 하는 손실을 만회하려고 미래의 세입자들에게 과거 세입자들이 감내한 불운의 비용을 지불하도록 요구하여 위험을 사회화하듯이. 인식상의 시장 위험(perceived market risk)과 소비자 착취는 오래전부터 밀접한 관계가 있었다. 연방주택관리국은 흑인 동네에 대출을 불허하는 레드라이닝을 선언할 때 이 지역에서 주택담보대출을 해 주는 건 너무 위험하다는 주장으로 그 결정을 정당화했다. 저소득층 소비자를 상대하며 위험이 예상된다는 이유로 높은 이자를 정당화하는 전당포, 수표 현금 교환소, 고금리 소액 대부업체, 임대 후 매입 업체 등에서도 동일한 패턴이 나타난다. 소외계층에게 고위험 집단이라는 낙인을 찍고 이들에게 사회적 비용을 지불하도록 강요할 때 소비자 착취가 가능해진다. David Caplovitz, *The Poor Pay More: Consumer Practices of Low-Income Families* (New York: Free Press, 1967 [1963]); Satter, *Family Properties*; Sugrue, *Origins of the Urban Crisis*.

인식상의 시장 위험은 가난한 동네에서 임대료 이윤을 더 높이 끌어올리는 데 도움을 줄 뿐만 아니라 투자자들이 이쪽 시장에 몰려들지 못하게 함으로써 임대료를 꾸준히 높게 유지하는 역할을 할 수도 있다. 일반적으로 진입장벽이 낮은 시장에서 더 높은 이윤을 가져갈 수 있을 때 사업가들은 그 시장에 진입할 방법을 찾아낸다. 그러다가 시간이 지나면 처음에 이들을 유혹했던 쏠쏠한 재미가 사라질 수 있다. 하지만 임대주택 시장의 신규 진입자, 그리고 가난하지 않은 지역에서 주로 활동하던 노련한 투자자들마저도 가난한 동네의 세입자들에게서 더 높은 이윤을 뽑아낼 수 있다는 사실을 잘 모를 수 있다. 일반적으로 사람들은 가난한 동네의 임대주택에 대해 보상이 아니라 위험만을 강조하는데, 이런 상황에서 가장 많은 득을 보는 사람들은 이런 오해를 바로잡을 이유가 전혀 없다. 가난한 동네는 주변 여건이 열악하기 때문에 강력한 이윤 발생 잠재력도 있다. 투자자들이 이 기회를 감지하더라도 이 험난하고 도덕적으로 모호한 사업에 참여하고자 하는 사람은 많지 않다. 한 부동산 투자자의 직설적인 표현처럼 "맞아요, 당신은 열악한 동네에서 돈을 벌 수 있죠. 그렇지만 문명화된 사람이라면 전혀 마주쳐서는 안 되는 종류의 문제를 맞닥뜨릴 수도 있어요. 가장 괜찮은 동네에서 가장 형편없는 집을 찾아보는 게 더 나아요." Carleton Sheets, *Real Estate: The World's Greatest Wealth Builder* (Chicago: Bonus Books, 1998), 232.

11.   U.S. Census Bureau, American Community Survey 2019 5-Year Estimates, tables B25031 and B17020. 다음도 보라. Geoff Boeing and Paul Waddell, "New Insights into Rental Housing Markets Across the United States: Web Scraping and Analyzing Craigslist Rental Listings," *Journal of Planning Education and Research* 37 (2017): 457–476.

12.   Philip Garboden, "Amateur Real Estate Investing," *Journal of Urban Affairs* (2021): 1–20; Devin Rutan and Matthew Desmond, "The Concentrated Geography of Eviction," *The Annals of the American Academy of Political and Social Science* 693 (2021): 64–81.

13.   Desmond, *Evicted*, part 3. Hope Harvey et al., "Forever Homes and Temporary Stops: Housing Search Logics and Residential Selection," *Social Forces* 98 (2020): 1498–1523.

14. Lincoln Quillian, John Lee, and Brandon Honoré, "Racial Discrimination in the US Housing and Mortgage Lending Markets: A Quantitative Review of Trends, 1976-2016," *Race and Social Problems* 12 (2020): 13-28. 다음도 보라. Maria Krysan and Kyle Crowder, *Cycle of Segregation: Social Processes and Residential Stratification* (New York: Russell Sage Foundation, 2017); Douglas Massey, "Racial Discrimination in Housing: A Moving Target," *Social Problems* 52 (2005): 148-151.

15. 2021년 가을 realtor.com은 라키아 힉비의 집이 9만 3900달러라고 추정했다. 나는 라키아의 주택담보대출 월 납입료를 추산하기 위해 다음의 가정을 세웠다. 신용점수는 700~719 사이이고, 이에 따라 3.5퍼센트 이자의 35년 고정형 주택담보대출에 선금으로 7퍼센트를 지불할 것이다. 나는 라키아에게 신용점수를 물어보지 않았다. 하지만 점수가 이보다 훨씬 낮다고 해도(620~639) 라키아가 세금과 보험료를 포함해서 내야 하는 월 납입료 추정액(622달러)은 여전히 지금 내고 있는 임대료보다 크게 낮다. Matthew Desmond, " 'The Moratorium Saved Us. It Really Did,' " *The New York Times*, September 30, 2021.

16. Jacob Faber, "Segregation and the Geography of Creditworthiness: Racial Inequality in a Recovered Mortgage Market," *Housing Policy Debate* 28 (2018): 215-247; Desmond, "House Rules"; Baradaran, *Color of Money*, 106-109; Matthew Goldstein, "Where a Little Mortgage Goes a Long Way," *The New York Times*, August 2, 2020; Linna Zhu and Rita Ballesteros, "Making FHA Small-Dollar Mortgages More Accessible Could Make Homeownership More Equitable," *Urban Wire*, Urban Institute, April 22, 2021.

17. Mehrsa Baradaran, *How the Other Half Banks* (Cambridge, Mass.: Harvard University Press, 2015), 103-107; Caplovitz, *The Poor Pay More*, xv; John Caskey, *Fringe Banking: Check-Cashing Outlets, Pawnshops, and the Poor* (New York: Russell Sage Foundation, 1994), 13; Rudolf Goldscheid, "A Sociological Approach to Problems of Public Finance," in *Classics in the Theory of Public Finance*, eds. Richard Musgrave and Alan Peacock (London:

Macmillan, 1958), 202–213; Melanie Tebbutt, *Making Ends Meet: Pawnbroking and Working-Class Credit* (New York: St. Martin's Press, 1983), 2.

18. Caskey, *Fringe Banking*, 87–89; Peter Smith, Shezal Babar, and Rebecca Borné, *Banks Must Stop Gouging Consumers During the COVID-19 Crisis* (Washington, D.C.: Center for Responsible Lending, 2020).

19. Baradaran, *How the Other Half Banks*, 141–143; Matthew Goldberg, "Survey: Free Checking Accounts on the Rise as Total ATM Fees Fall," Bankrate, October 20, 2021.

20. Baradaran, *How the Other Half Banks*, 5–12; Emily Flitter, " 'Banking While Black': How Cashing a Check Can Be a Minefield," *The New York Times*, June 18, 2020; Laurie Goodman and Bing Bai, "Traditional Mortgage Denial Metrics May Misrepresent Racial and Ethnic Discrimination," *Urban Wire: Housing and Housing Finance,* Urban Institute, August 23, 2018; Raheem Hanifa, "High-Income Black Homeowners Receive Higher Interest Rates Than Low-Income White Homeowners," Harvard Joint Center for Housing Studies, February 16, 2021; Jacob Rugh and Douglas Massey, "Racial Segregation and the American Foreclosure Crisis," *American Sociological Review* 75 (2010): 629–651.

21. Federal Deposit Insurance Corporation, *How America Banks: Household Use of Banking and Financial Services*, 2019 FDIC Survey, October 2020, 12–13. 다음도 보라. Lisa Servon, *The Unbanking of America: How the New Middle Class Survives* (New York: Houghton Mifflin Harcourt, 2017).

22. Mario Small et al., "Banks, Alternative Institutions and the Spatial-Temporal Ecology of Racial Inequality in US Cities," *Nature Human Behaviour* (2021): 1–7; Frederick Wherry and Parijat Chakrabarti, "Accounting for Credit," *Annual Review of Sociology* 48 (2022): 131–147.

23. Tony Armstrong, "The Cost of Being Unbanked: Hundreds of Dollars a Year, Always One Step Behind," NerdWallet, September 13, 2016; Baradaran, *How the Other Half Banks*, 1, 138–139; Caskey, Fringe Banking; Meghan Greene et

al., *The FinHealth Spend Report 2021: What Financially Coping and Vulnerable Americans Pay for Everyday Financial Services* (Chicago: Financial Health Network, 2021), table 6; Lisa Servon, "RiteCheck 12," Public Books, July 10, 2013; Walmart, "Check Cashing," Walmart.com. 팬데믹으로 인해 2020년은 이례적인 해였음에도, 수표 현금화 수수료 수입은 전년과 거의 동일했다(16억 6000만 달러). 2018년에는 사람들이 수표 현금화 수수료로 날린 돈이 17억 3000만 달러였다. 개인적인 교신, Meghan Greene, director of Research for Financial Health Network, November 11, 2021.

24. Tara Siegel Bernard, "Apps Will Get You Paid Early, for a Price," *The New York Times*, October 2, 2020; Laurence Darmiento, "The Hidden Costs Behind the Cash Advance App Dave," *Los Angeles Times*, May 19, 2022; Emily Stewart, "Buy Now, Pay Later Sounds Too Good to Be True Because It Is," *Vox*, August 11, 2022; Evan Weinberger, "Earned-Wage Access Products Face Fresh Scrutiny from CFPB, States," *Bloomberg Law*, February 3, 2022.

25. 신용이 없거나 점수를 매길 수 없는 신용 기록을 가진 소비자 수치에 대한 추정치 — 총 4500만 명 — 는 다음에서 가져왔다. Kenneth Brevoort, Philipp Grimm, and Michelle Kambara, *Data Point: Credit Invisibles* (Washington, D.C.: Consumer Financial Protection Bureau, May 2015). 좀 더 최근에는 신용 보고 회사 엑스페리언(Experian)이 (다른 방법을 이용해서) 4900만 명이라고 추정한 연구를 발표했다. Experian, *2022 State of Alternative Credit Data* (Costa Mesa, Calif.: Experian, 2022).

어떻게 그 많은 미국인에게 신용점수가 없을 수 있을까? 가난한 사람들이 지불하는 많은 비용이 신용등급평가 기관에 신고되지 않기 때문이다. 만일 당신이 주택담보대출을 제때 상환할 경우 당신의 신용점수가 올라갈 수 있지만, 임대료를 성실하게 납부하는 것은 보통 신용을 올리는 데는 전혀 도움이 되지 않는다. 자동차 할부금은 어떤가? 신용 당국에 신고된다. 신용카드 대금은 어떤가? 신고된다. 공과금은? 보통 신고되지 않는다. 핸드폰 요금은? 보통 안 된다. 그러니까 연체되지 않는 이상 그렇다. 그러나 연체가 발생할 경우 집주인, 광역 수도 회사, 핸드폰 회사는 당신의 체납 시 실을 부채 징수 기관으로 넘길 수 있고, 그러면 당신의 신용이 악화된다. 신용 당국은 가난한 사람들이 상황이

나쁠 때만 관심을 가지는 것 같다. 다음을 보라. Consumer Financial Protection Bureau, "Your Tenant and Debt Collection Rights," September 23, 2021; Consumer Financial Protection Bureau, "CFPB Study Shows Financial Product Could Help Consumers Build Credit," July 13, 2020; Caroline Ratcliffe et al., "Delinquent Debt in America," Urban Institute, July 30, 2014, 1–2, 4, 7–8; Michele Scarbrough, "Who Are the Credit Invisible?," Consumer Financial Protection Bureau, December 12, 2016; Lisa Stifler and Leslie Parrish, "Debt Collection and Debt Buying" in *The State of Lending in America and Its Impact on Households* (Durham, N.C.: Center for Responsible Lending, 2014), 2–4, 6; Frederick Wherry, Kristin Seefeldt, and Anthony Alvarez, *Credit Where It's Due: Rethinking Financial Citizenship* (New York: Russell Sage Foundation, 2019), 2, 25.

26. Barbara Kiviat, "The Art of Deciding with Data: Evidence from How Employers Translate Credit Reports into Hiring Decisions," *Socio-Economic Review* 17 (2019): 283–309; Barbara Kiviat, "The Moral Limits of Predictive Practices: The Case of Credit-Based Insurance Scores," *American Sociological Review* 84 (2019): 1134–1158; Marion Fourcade, "Ordinal Citizenship," *The British Journal of Sociology* 72 (2021): 154–173.

27. Baradaran, *How the Other Half Banks*, 109; Center for Responsible Lending, "Map of U.S. Payday Interest Rates," March 23, 2021. 고금리 소액 대출이 온라인으로 방향을 전환하고 — 요즘에는 이런 대출의 약 절반이 인터넷상에서 이루어진다 — 일부 주가 규제를 보강하면서 2000년대 중반에 약 2만 4000개로 절정에 달했던 고금리 소액 대출 점포의 수가 약 1만 3700개로 줄어들었다. 그래도 이 수는 웰스파고와 뱅크오프아메리카의 지점 수를 모두 합한 것보다 많다. 추가로 고금리 소액 대출은 아니지만 자동차 담보대출을 제공하는 점포도 4000곳 이상 있다. Bureau of Consumer Financial Protection, "Payday Vehicle Title, and Certain High-Cost Installment Loans," 12 CFR Part 1041, Docket No. CFPB-2019-0006, July 2020, 8; Pew Charitable Trusts, "Auto Title Loans: Market Practices and Borrowers' Experiences," March 2015; Statista, "Leading Banks in the United States in 2021, by Number of

Branches," May 2022.

28. Consumer Financial Protection Bureau, "What Are the Costs and Fees for a Payday Loan?," last reviewed January 17, 2022; Consumer Financial Protection Bureau, "What Is a Payday Loan?," June 2, 2017; Pew Charitable Trusts, "Payday Loan Facts and the CFPB's Impact," May 2016.

29. Kathleen Burke et al., "Data Point: Payday Lending," CFPB Office of Research, 2014; Pew Charitable Trusts, "Payday Loan Facts." 다음을 보라. Baradaran, *How the Other Half Banks*, 101-112; Jeannette Bennett, "Fast Cash and Payday Loans," Economic Research, FRED, Federal Reserve Bank of St. Louis, April 2019; Consumer Financial Protection Bureau, "Consumer Use of Payday, Auto Title, and Pawn Loans," May 5, 2021; Pew Charitable Trusts, "Payday Lending in America: Who Borrows, Where They Borrow, and Why," 2021; Susan Urahn et al., "Fraud and Abuse Online: Harmful Practices in Internet Payday Lending," Pew Charitable Trusts, 2014.

30. Nick Bourke, "Momentum Is Building for Small-Dollar Loans," Pew Charitable Trusts, September 12, 2018; Pew Charitable Trusts, "Standards Needed for Safe Small Installment Loans from Banks, Credit Unions," February 15, 2018.

31. 개인적인 교신, Alex Horowitz, 주요 담당관, Consumer Finance Project, Pew Charitable Trusts, November 9, 2021; Pew Charitable Trusts, "Payday Lending in America: Policy Solutions," October 30, 2013, 18, 28; Pew Charitable Trusts, "Trial, Error, and Success in Colorado's Payday Lending Reforms," December 2014, tables 1 and 3.

32. 내가 여기서 "최대 98억 달러"라고 표현한 것은 이 수치가 일시불형 소액 대출의 수입 추정치(45억 달러)와 "재정적으로 취약한" 가구에게 해 주는 할부 대출의 수입(53억 달러)을 더한 것이기 때문이다. 여기에는 이런 가구에 해 주는 모든 할부 대출은 고금리 소액 대출을 수반한다는 전제가 있다 보니 문제가 발생한다. 진정한 수치는 45억 달러와 98억 달러 사이 어딘가일 것이고, 그중에서도 98억 달러 쪽에 더 가까울 것이다 고금리 소액 대출업체는 많은 경우 복합적인 지불 방식에 의지하기 때문이다. 이 수치를 보고한

금융건강네트워크(Financial Health Network)는 자체적인 방법론을 이용해서 우량 신용점수 보유 여부, 납기일 준수 여부, 부채가 관리 가능한 수준인지 등 여덟 가지 척도를 근거로 "재정적으로 취약한" 가구를 확인한다. 이 척도는 100점 만점으로 표현되는데, 40점 밑이면 재정적으로 취약하다고 간주한다. 다음을 보라. Greene et al., The FinHealth Spend Report 2021, table A1. 다음도 보라. Bennett, "Fast Cash and Payday Loans"; Pew Charitable Trusts, "Payday Loan Facts and the CFPB's Impact: Fact Sheet," January 14, 2016; Peter Smith, Shezal Babar, and Rebecca Borné, Banks Must Stop Gouging Consumers During the COVID-19 Crisis; James Baldwin, Nobody Knows My Name (New York: Dial Press, 1961), 59.

33.   Keeanga-Yamahtta Taylor, Race for Profit: How Banks and the Real Estate Industry Undermined Black Homeownership (Chapel Hill: University of North Carolina Press, 2019). 다음을 보라. Baradaran, How the Other Half Banks, 3; Tressie McMillan Cottom, "Where Platform Capitalism and Racial Capitalism Meet: The Sociology of Race and Racism in the Digital Society," Sociology of Race and Ethnicity 6 (2020): 441–449; Nathaniel Popper, "Big Banks Play Key Role in Financing Payday Lenders," Los Angeles Times, September 15, 2010; Wherry et al., Credit Where It's Due, 102.

34.   "최선의 나쁜 선택"이라는 표현은 질리언 슬리(Gillian Slee)가 프린스턴대학교 대학원생이던 시절에 우리가 같이 쓴 논문에서 사용한 것이다. 나는 슬리의 허락을 받고 여기서 이 표현을 쓴다.

35.   Sumit Agarwal, Brent Ambrose, and Moussa Diop, "Do Minimum Wage Increases Benefit Intended Households? Evidence from the Performance of Residential Leases," Federal Reserve Bank of Philadelphia, Working Paper 19-28, July 2019. 다음도 보라. Atsushi Yamagishi, "Minimum Wages and Housing Rents: Theory and Evidence," Regional Science and Urban Economics 87 (2021): 1-13. 임금이 인상되면 임대료를 올리는 집주인의 역사에 대해서는 다음을 보라. Blackmar, Manhattan for Rent; Mumford, City in History.

36.   Tommy Orange, There There (New York: Alfred A. Knopf, 2018), 104.

37.   이 점에서 사회과학도 책임이 있다. 지나치게 오랫동안 빈곤 연구 산업 집단, 그리고 그와 발맞춘 많은 공공정책이 특히 대대적이고 장기간에 걸친 조사를 통해 빈민에 대한 개인 수준의 데이터를 수집하는 데 초점을 맞춰 왔다. 이런 일방적인 데이터를 통해 우리는 권력과 착취를 진지하게 실증적으로 다루지 않은 채, 불평등에 대한 증거 기반을 쌓았다. 개인 수준의 데이터는 권력과 착취 같은 구조적인 힘을 다루는 데는 무력하다. 가령 당신이 내게 누군가의 퇴거 위험에 대해 설명해 달라고 하면 나는 우리가 가진 최고의 사회과학적 데이터, 수천만 달러가 들어간 데이터베이스를 근거로, 사람들의 인종과 젠더와 가정 상황을 언급해 가며 그 질문에 대답할 수 있다. 마치 퇴거와 관련된 제반 상황들보다 퇴거자 자체가 더 중요하다는 듯이. 예일대학교 법대 교수인 해럴드 코(Harold Koh)는 이렇게 말하기도 했다. "우리는 무엇이 중요한지 가늠할 수 없을 때, 가늠할 수 있는 것을 중요해 보이게 만드는 경향이 있다." 사회과학은 취약층의 개인 변수들을 측정해 왔고, 그래서 이 정보가 대단히 중요해 보이게 만들었다. 다음 세대의 불평등 학자들은 권력, 소유권, 착취에 대한 데이터를 더 중요하게 부각시키면 좋겠다. 다음을 보라. Harold Koh, "The Just, Speedy, and Inexpensive Determination of Every Action?," *University of Pennsylvania Law Review* 162 (2014): 1525–1542.

⑤   우리는 복지에 어떤 식으로 의지하는가

01.   Matthew Desmond, "Can America's Middle Class Be Saved from a New Depression?," *The New York Times Magazine*, May 26, 2020; Dylan Matthews, "The Coronavirus Unemployment Insurance Plan, Explained," *Vox*, March 29, 2020.

02.   Peter Ganong, Pascal Noel, and Joseph Vavra, "US Unemployment Insurance Replacement Rates During the Pandemic," *Journal of Public Economics* 191 (2020): 1–12; U.S. Chamber of Commerce, "U.S. Chamber Calls for Ending $300 Weekly Supplemental Unemployment Benefits to Address Labor Shortages," May 7, 2021; Matthews, "Corona-virus Unemployment Insurance

Plan, Explained."

03.   Patrick Cooney and H. Luke Shaefer, "Material Hardship and Mental Health Following the COVID-19 Relief Bill and American Rescue Plan Act," Poverty Solutions, University of Michigan, May 2021; John Creamer, et al., "Poverty in the United States: 2021" (Washington: U.S. Bureau of the Census, 2022), table B-2; Jason DeParle, "Pandemic Aid Programs Spur a Record Drop in Poverty," *The New York Times*, July 28, 2021; Dylan Matthews, "How the US Won the Economic Recovery," *Vox*, April 30, 2021; Laura Wheaton, Linda Giannarelli, and Ilham Dehry, "2021 Poverty Projections: Assessing the Impact of Benefits and Stimulus Measures," Urban Institute, July 28, 2021.

04.   Adam Chandler, "No, Unemployment Benefits Don't Stop People from Returning to Work," *The Washington Post*, May 13, 2021; "Stories from the Great American Labor Shortage," *The New York Times*, *The Daily*, August 3, 2021; Jillian Kay Melchior, "Covid Unemployment Relief Makes Help Impossible to Find," *The Wall Street Journal*, April 23, 2021.

05.   이 수치에는 농장 노동은 포함되지 않았다. 알래스카는 2021년 6월에 주당 300달러인 실업수당을 중단했지만 다른 보강된 수당들은 유지했다. Sarah Chaney Cambon and Danny Dougherty, "States That Cut Unemployment Benefits Saw Limited Impact on Job Growth," *The Wall Street Journal*, September 1, 2021; Ben Casselman, "Cutoff of Jobless Benefits Is Found to Get Few Back to Work," *The New York Times*, August 20, 2021; Kyle Coombs et al., "Early Withdrawal of Pandemic Unemployment Insurance: Effects on Earnings, Employment and Consumption," Columbia University, Working Paper, August 2021; U.S. Bureau of Labor Statistics, "State Employment and Unemployment Summary," August 20, 2021.

06.   한 연구는 2021년 여름, 실업수당을 삭감한 주에서 취업률이 더 빠르게 올라가긴 했지만 그 효과가 크지는 않았다고 밝혔다. Joseph Altonji et al., "Employment Effects of Unemployment Insurance Generosity During the Pandemic," Yale University, July 14, 2020; David Autor, "Good News: There's a Labor Shortage," *The New York Times*, September 4, 2021; Alexander Bartik

et al., "Measuring the Labor Market at the Onset of the COVID-19 Crisis," National Bureau of Economic Research, Working Paper 27613, July 2020; Arindrajit Dube, "The Impact of the Federal Pandemic Unemployment Compensation on Employment: Evidence from the Household Pulse Survey," University of Massachusetts, Amherst, Working Paper, July 31, 2020; Michele Evermore and Marokey Sawo, "Unemployed Workers and Benefit 'Replacement Rate': An Expanded Analysis," National Employment Law Project and Groundwork Collaborative, August 2020.

07.   Joseph Townsend, *A Dissertation on the Poor Laws, By a Well-Wisher of Mankind* (Berkeley: University of California Press, 1971 [1786]), 13-14.

08.   Karl Polanyi, *The Great Transformation: The Political and Economic Origins of Our Time* (Boston: Beacon Press, 2001 [1944]), 81, 114, 147. 다음도 보라. Desmond, "Capitalism"; Robin Einhorn, "Slavery and the Politics of Taxation in the Early United States," *Studies in American Political Development* 14 (2000): 156-183; Paul Finkelman, *Supreme Injustice: Slavery in the Nation's Highest Court* (Cambridge, Mass.: Harvard University Press, 2018); Mark Graber, *Dred Scott and the Problem of Constitutional Evil* (New York: Cambridge University Press, 2006); Thomas Malthus, *An Essay on the Principle of Population*, McMaster University Archive for the History of Economic Thought, 1798; Paul Starr, *Entrenchment: Wealth, Power, and the Constitution of Democratic Societies* (New Haven, Conn.: Yale University Press, 2019).

09.   "Text of President Clinton's Announcement on Welfare Legislation," *The New York Times*, August 1, 1996; Council of Economic Advisers, *Expanding Work Requirements in Non-Cash Welfare Programs* (Washington, D.C.: The White House, July 2018); Dray, *There Is Power in a Union*; University of Chicago, General Social Survey, NORC, 2018; Martin Gilens, *Why Americans Hate Welfare: Race, Media, and the Politics of Antipoverty Policy* (Chicago: University of Chicago Press, 1999), 8; Nancy Fraser and Linda Gordon, "A Genealogy of Dependency: Tracing a Keyword of the U.S. Welfare State,"

Signs: Journal of Women in Culture and Society 19 (1994): 309-336; Josh Levin, *The Queen: The Forgotten Life Behind an American Myth* (New York: Back Bay Books, 2019), 85, 87; Charles Murray, *Losing Ground: American Social Policy, 1950-1980* (New York: Basic Books, 1985), 9; Margaret Somers and Fred Block, "From Poverty to Perversity: Ideas, Markets, and Institutions over 200 Years of Welfare Debate," *American Sociological Review* 70 (2005): 260-287.

10. Jazmin Brown-Iannuzzi et al., "Wealthy Whites and Poor Blacks: Implicit Associations Between Racial Groups and Wealth Predict Explicit Opposition Toward Helping the Poor," *Journal of Experimental Social Psychology* 82 (2019): 26-34; General Social Survey, "Hard Working—Lazy," 2021; Gilens, *Why Americans Hate Welfare*; John Levi Martin and Matthew Desmond, "Political Position and Social Knowledge," *Sociological Forum* 25 (2010): 1-26; University of Chicago, General Social Survey, NORC, 1990-2018; Suzanne Mettler, *The Government-Citizen Disconnect* (New York: Russell Sage Foundation, 2018), 76; Rosenthal, "Submerged for Some?," 4.

11. Malthus, quoted in Somers and Block, "From Poverty to Perversity," 273; *The New Yorker, Politics and More Podcast*, "The Child Tax Credit: One Small Step Toward Universal Basic Income?" September 6, 2021.

12. Arcenis Rojas and Ann Foster, "Program Participation and Spending Patterns of Families Receiving Government Means-Tested Assistance," *Monthly Labor Review*, U.S. Bureau of Labor Statistics, January 2018; U.S. Bureau of Labor Statistics, "Table 1101. Quintiles of Income Before Taxes: Annual Expenditure Means, Shares, Standard Errors, and Coefficients of Variation, Consumer Expenditure Surveys, 2020," September 2021; Thorstein Veblen, *The Theory of the Leisure Class* (London: Macmillan, 1912 [1899]), 44.

13. Stacia West et al., *Preliminary Analysis: SEED's First Year* (Stockton, Calif.: Stockton Economic Empowerment Demonstration, 2021). 2009년 4월, 연방정부는 대침체기에 대한 대책을 수립하면서 미국회복재투자법(American

Recovery and Reinvestment Act)의 일환으로 보충영양지원프로그램을
확대했다. 이 보충영양지원프로그램 수급자들은 평균적으로 개인당 푸드스탬프
수령액이 매달 100달러가량에서 125달러로 늘어났는데, 이는 이 프로그램의
역사상 한 번에 가장 많은 증액이었다. 4인 가족 기준으로 하면 하룻밤 새
푸드스탬프 수령액이 매달 100달러가 더 생긴 것이다. 이들은 그걸 어떻게
썼을까? 주로 더 많은 식료품을 구입하는 데 썼고, 덕분에 숨통이 생긴
소득으로는 주택을 개선하거나 사회적 이동 기회에 투자(가령 지역 전문대학에
등록하는 등)하는 경향을 보였다. 보충영양지원금을 인상할 경우 담배나 술
소비가 늘어난다는 증거는 전혀 없었다. Jiyoon Kim, "Do SNAP Participants
Expand Non-Food Spending When They Receive More SNAP
Benefits?—Evidence from the 2009 SNAP Benefits Increase," *Food Policy* 65
(2016): 9-20. 다른 여러 연구들은 근로장려세제 수령액이 늘어날 경우 자녀를
둔 저소득층 노동자들은 더 많이 저축하고 부채를 상환하는 방식으로 반응하는
경향을 보인다고 확인했다. Lauren Jones and Katherine Michelmore, "The
Impact of the Earned Income Tax Credit on Household Finances," *Journal of
Policy Analysis and Management* 37 (2018): 521-45; H. Luke Shaefer,
Xiaoqing Song, and Trina Williams Shanks, "Do Single Mothers in the United
States Use the Earned Income Tax Credit to Reduce Unsecured Debt?,"
Review of Economics of the Household 11 (2013): 659-680.

14. 버네타는 가명이다.

15. Mary Jo Bane and David Ellwood, *Welfare Realities: From Rhetoric to
Reform* (Cambridge, Mass.: Harvard University Press, 1994), 33, 40, 95-96;
Greg Duncan, Martha Hill, and Saul Hoffman, "Welfare Dependence Within
and Across Generations," *Science* 239 (1988): 467-471; La- Donna Pavetti,
*The Dynamics of Welfare and Work: Exploring the Process by Which Women
Work Their Way Off Welfare*, PhD Dissertation (Cambridge, Mass.: Harvard
University, 1993), 29.

16. Desmond, "House Rules"; Jay Shambaugh, Lauren Bauer, and Audrey
Breitwieser, "Who Is Poor in the United States? Examining the
Characteristics and Workforce Participation of Impoverished Americans,"

Brookings Institution, October 2017, 1–10.

17. Gilbert Crouse and Suzanne Macartney, *Welfare Indicators and Risk Factors: Eighteenth Report to Congress* (Washington, D.C.: U.S. Department of Health and Human Services, 2021), 21; Internal Revenue Service, "EITC Participation Rate by States Tax Years 2011 Through 2018," January 15, 2021; Jennifer Haley et al., "Medicaid/CHIP Participation Reached 93.7 Percent Among Eligible Children in 2016," *Health Affairs* 37 (2018): 1194–1199, 1194; Pamela Herd and Donald Moynihan, *Administrative Burden: Policymaking by Other Means* (New York: Russell Sage Foundation, 2019), 6–7; Sarah Lauffer and Alma Vigil, *Trends in Supplemental Nutrition Assistance Program Participation Rates: Fiscal Year 2016 to Fiscal Year 2018* (Washington, D.C.: U.S. Department of Agriculture, 2021), 3.

18. Mettler, *Government-Citizen Disconnect*, 49; Robert Moffitt, "An Economic Model of Welfare Stigma," *American Economic Review* 73 (1983): 1023–1035.

19. 이 달러 가치는 신청 자격이 있으나 보조금을 청구하지 않은 가구의 평균적인 청구액이 보조금을 청구한 가구와 같은 수준이라고 가정한다. 나는 프로그램별 참여자 수와 프로그램 이전 보조금의 양, 그리고 코로나19 팬데믹 기간 동안 일어난 등록자 수의 변동을 활용했다. 근로장려세제 참여율은 조세 연도 2018년의 것이고, 프로그램 참여와 평균 보조금 액수는 조세 연도 2019년의 것이다. 보충영양지원프로그램 참여율과 평균 보조금 액수는 회계연도 2019년의 것이다. "정부 의료보험"은 2019년 메디케이드/어린이의료보험프로그램 — 어린이의료보험프로그램 참여를 포함한, 어린이 메디케이드 — 의 참여율을 나타낸다. 중위 보조 금액은 역시 2019년의 것이지만 어린이의료보험프로그램은 포함하지 않는다. 등록자 데이터는 2019년 12월의 것이고, 여기에는 연령집단별 등록을 보고한 49개 주 데이터가 들어 있다. 성인 메디케이드 참여율은 2019년 메디케이드/어린이의료보험프로그램 내 부모 참여율을 가지고 추정했다. 중위 보조 금액은 65세 이하 비장애인 중에서 메디케이드 확대가 적용되지 않는 성인의 2019년 자료이다. 등록자 데이터는 2019년 12월 성인의 것이고,

연령집단별 등록을 보고한 49개 주 데이터가 들어가 있다. 장애 성인, 고령자 등 확대가 적용되는 사람은 등록자당 중위 지출이 더 높은데, 이는 미청구 정부 의료보험 추정치가 과소평가되어 있다는 뜻이다. 실업수당 참여율은 2002~2015년 평균이고 보조 금액은 2019년의 것이다. 이 기간 동안 시간이 흐르면서 참여는 감소했는데, 이는 나의 미청구 실업수당 추정치가 역시 실제보다 적을 수 있다는 뜻이다. 생활보조금 참여율은 2016년의 것이고 등록 데이터와 평균 보조 금액은 2019년의 것이다. 내가 여기서 한 것처럼 조사와 행정 데이터를 결합했을 때 수령률은 과대평가될 수 있고, 따라서 나의 미청구 보조금 총액 추정치는 보수적일 가능성이 있다. 다음을 보라. Stéphane Auray and David Fuller, "Eligibility, Experience Rating, and Unemployment Insurance Take-Up," *Quantitative Economics* 11 (2020): 1059–1107, 1061; Centers for Medicare and Medicaid Services, "Medicaid Per Capita Expenditures," October 2021; Centers for Medicare and Medicaid Services, "Medicaid and CHIP Enrollment Trends Snapshot Through June 2020," August 31, 2020; Crouse and Macartney, *Welfare Indicators and Risk Factors*, 23; Herd and Moynihan, *Administrative Burden*, 6; Internal Revenue Service, "Statistics for Tax Returns with the Earned Income Tax Credit (EITC)—2019 Tax Returns Processed in 2020 by State with EITC Claims," March 10, 2022; Internal Revenue Service, "EITC Participation Rate by States Tax Years 2011 to 2018," March 10, 2022; Jennifer Haley et al., "Uninsurance Rose Among Children and Parents in 2019," Urban Institute, 2021, table B.1; Sarah Lauffer and Alma Vigil, *Trends in Supplemental Nutrition Assistance Program Participation Rates: Fiscal Year 2016 to Fiscal Year 2018* (Washington, D.C.: U.S. Department of Agriculture, 2021), xiii; Social Security Administration, "SSI Monthly Statistics, 2019," January 2020, table 1; U.S. Department of Agriculture, "SNAP Data Tables," August 12, 2022; Ben Sommers et al., *Understanding Participation Rates in Medicaid: Implications for the Affordable Care Act* (Washington, D.C.: Department of Health and Human Services, 2012), 4–5; U.S. Department of Labor, "Monthly Program and Financial Data," July 7, 2022.

20.   Arthur Delaney and Michael McAuliff, "Paul Ryan Wants 'Welfare Reform Round 2,' " *Huffington Post*, March 20, 2012.

21.   여기서 "주택 소유자 보조금"은 회계연도 2020년의 주택담보대출 이자 감면(247억 3000만 달러), 소유자 실거주 주택에 대한 주와 지방정부의 부동산세 감면(64억 5000만 달러), 양도소득세 면제(394억 5000만 달러), 그리고 귀속임대료(imputed rent) 면제(1232억 1000만 달러)를 말한다. Office of Management and Budget, *Analytical Perspectives: Budget of the U.S. Government Fiscal Year 2022* (Washington, D.C.: Office of Management and Budget, 2021), 109; Office of Management and Budget, "Historical Tables," table 3.2. 다음도 보라. Desmond, "House Rules"; Joint Committee on Taxation, *Estimates of Federal Tax Expenditures for Fiscal Years 2020–2024* (Washington, D.C.: Joint Committee on Taxation, 2020), 27–35.

22.   Mettler, *Government-Citizen Disconnect*, 4, 45, 48. 다음도 보라. Christopher Howard, *The Welfare State Nobody Knows: Debunking Myths About US Social Policy* (Princeton, N.J.: Princeton University Press, 2008), chap. 1. 국제적인 사회복지제도 비교는 다음도 보라. Irwin Garfinkel, Lee Rainwater, and Timothy Smeeding, *Wealth and Welfare States: Is America a Laggard or Leader?* (New York: Oxford University Press, 2010); Jacob Hacker, *The Divided Welfare State: The Battle over Public and Private Social Benefits in the United States* (New York: Cambridge University Press, 2002); Jacob Hacker, "Bringing the Welfare State Back In: The Promise (and Perils) of the New Social Welfare History," *Journal of Policy History* 17 (2005): 125-154.

23.   Mettler, *Government-Citizen Disconnect*, 67, 71; Heather McGhee, *The Sum of Us: What Racism Costs Everyone and How We Can Prosper Together* (New York: One World, 2021), 45.

24.   Congressional Budget Office, *Federal Subsidies for Health Insurance Coverage for People Under 65: 2022 to 2032* (Washington, D.C.: Congress of the United States, June 2022); Congressional Research Service, *Worker Participation in Employer-Sponsored Pensions: Data in Brief* (Washington, D.C.: U.S. Government Printing Office, 2021), 4; Gilens, *Why Americans*

Hate Welfare, 3; Jonathan Gruber, "The Tax Exclusion for Employer-Sponsored Health Insurance," *National Tax Journal* 64 (2011): 511-530; Kaiser Family Foundation, *Health Insurance Coverage of the Total Population* (Washington, D.C.: Kaiser Family Foundation, 2019); Mettler, Government-Citizen Disconnect, 4, 37, 58-61, 63; Mettler, *Submerged State*, 10; Nicholas Turner, "Tax Expenditures for Education," Department of the Treasury, Office of Tax Analysis, Working Paper 113, November 2016, table 1.

25.   Congressional Budget Office, *The Budget and Economic Outlook: 2021 to 2031* (Washington, D.C.: Congress of the United States, 2021), 19-20; Congressional Budget Office, *Health Care* (Washington, D.C.: Congress of the United States, 2021); Kaiser Family Foundation, *Health Insurance Coverage of the Total Population*; Social Security Administration, FY 2021 *Congressional Justification* (Washington, D.C.: Social Security Administration, 2021); "Gross Domestic Product for Russian Federation," FRED, Federal Reserve Bank of St. Louis, 2022.

26.   여기서 "중간층 가정"은 소득분포에서 중간 분위에 속하는 가정을 의미한다. Congressional Budget Office, *The Distribution of Major Tax Expenditures in 2019* (Washington, D.C.: Congress of the United States, 2021). 회계연도 2023년의 군사비와 방위비 예산은 8380억 달러를 넘어설 것으로 예상된다. Congressional Budget Office, "Congressional Budget Office Cost Estimate: H.R. 7900, National Defense Authorization Act for Fiscal Year 2023, at a Glance," July 6, 2022.

27.   Congressional Budget Office, *The Budget and Economic Outlook: 2021 to 2031*, 19-20; Congressional Budget Office, *Health Care*; Kaiser Family Foundation, *Health Insurance Coverage of the Total Population*; Social Security Administration, *FY 2021 Congressional Justification*; Congressional Budget Office, *Distribution of Major Tax Expenditures in 2019*; Congressional Research Service, *Worker Participation in Employer-Sponsored Pensions*, 4; Molly Michelmore, *Tax and Spend: The Welfare State, Tax Politics, and the Limits of American Liberalism* (Philadelphia: University of Pennsylvania

Press, 2012), 1; Richard Reeves, *Dream Hoarders: How the American Upper Middle Class Is Leaving Everyone Else in the Dust, Why That Is a Problem, and What to Do About It* (Washington, D.C.: Brookings Institution, 2017).

28. Emmanuel Saez and Gabriel Zucman, *The Triumph of Injustice: How the Rich Dodge Taxes and How to Make Them Pay* (New York: Norton, 2019), 13–16; Internal Revenue Service, *IRS Provides Tax Inflation Adjustments for Tax Year 2020* (Washington, D.C.: U.S. Department of the Treasury, 2019).

29. Howard, *Welfare State Nobody Knows*; Christopher Howard, *The Hidden Welfare State* (Princeton, N.J.: Princeton University Press, 1999); Suzanne Mettler, "Making What Government Does Apparent to Citizens: Policy Feedback Effects, Their Limitations, and How They Might be Facilitated," *The Annals of the American Academy of Political and Social Science* 685 (2019): 30–46, 35; Mettler, *Submerged State*, 42–43.

30. Mettler, "Making What Government Does Apparent to Citizens," 40–41, 45; Mettler, *Submerged State*, 18.

31. Reeves, *Dream Hoarders*, 5–6.

32. Daniel Kahneman and Amos Tversky, "Prospect Theory: An Analysis of Decision Under Risk," Econometrica 47 (1979): 263–292.

33. Monica Prasad, "Filing Your Taxes Is an Expensive Time Sink. That's Not an Accident," *The Atlantic*, April 4, 2019.

34. 오쿤(Okun, *Equality and Efficiency*, 99)의 입장을 따를 경우, 우리는 세금 감면 혜택과 복지수당을 "마이너스 세금"으로 이해할 수 있다. 두 가지 모두 민간의 지출을 신장하기 위한 정부 지원금 기능을 하기 때문이다.

35. 나는 프린스턴대학교의 퇴거연구소의 연구 전문가 제이컵 하스(Jacob Haas)와 함께 Congressional Budget Office's report, *The Distribution of Household Income*, 2018, Supplemental Data, August 4, 2021에 있는 2018년 데이터를 근거로 삼았다. 인구를 세전과 양도 전 소득을 근거로 다섯 개 소득 집단(5분위)으로 구분했을 때, 분포의 중앙(세 번째 5분위)에 속하는 평균 가정은 소득이 6만 3900달러였다. 여기서 소득은 "시장 소득"을 일컫고, 근로소득, 사업소득, 자본소득(자본 이익 포함), 과거의 서비스에서 퇴직할 때

받는 소득, 기타 비정부적인 소득원으로 구성된다. 사회보험 수당은
사회보장연금(노령연금, 유족연금, 장애연금), 메디케어(이런 수당을 제공하는
데 따르는 정부의 평균적인 비용으로 계산), 실업수당, 산재보상으로 구성된다.
자산조사 결과에 따라 지급하는 양여금은 현금 지급금과, 연방·주·지방정부
원조 프로그램을 통해 제공되는 현물 서비스이다. 연방의 세금은 개별소득세,
급여세, 법인소득세, 소비세로 이루어진다. (이 분석에서 어떤 주어진 해의
세금은 그 세금이 언제 지불되었는지와 무관하게, 그해에 받은 소득을 근거로 한
가정이 내야 하는 금액이었다.) 이 네 가지에서 발생하는 세금이 회계연도
2018년 연방 수입의 93퍼센트를 차지했다. 미국 가정에 할당되지 않은 연방의
나머지 수입원으로는 주정부의 실업수당 예치금, 부동산 선물세, 연준의 순소득,
관세, 기타 수수료와 벌금이 있다. 이는 2011년의 자료를 가지고 메틀러가 했던
분석(*Government-Citizen Disconnect*, table 3.2)과 똑같다.

36.　이 추정치는 의회 예산처에서 기록해 놓은 2018년, 2019년, 그리고 2016년
각각의 주요 사회 프로그램, 세제 혜택, 고등교육 지원금을 더해서 얻은 것이다.
다음을 보라. Congressional Budget Office, *The Distribution of Household
Income, 2018* (Washington, D.C.: Congressional Budget Office, 2021),
Supplemental Data tables 1 and 3; Congressional Budget Office, *The
Distribution of Major Tax Expenditures in 2019* (Washington, D.C.:
Congressional Budget Office, 2021), figure 2; Congressional Budget Office,
The Budget and Economic Outlook: 2019 to 2029 (Washington, D.C.:
Congressional Budget Office, 2019), figure 4-4; Congressional Budget Office,
*Distribution of Federal Support for Students Pursuing Higher Education in
2016* (Washington, D.C.: Congressional Budget Office, 2018), table 5.
　　나는 자산조사 결과에 따른 양여금, 사회보험 수당, 조세지출을 포함한다. 나는
사회보장제도(노령연금, 유족연금, 장애연금), 메디케이드(이런 수당을 제공하는
데 따르는 정부의 평균적인 비용으로 계산), 실업수당과 산재보험을 감안한다.
나는 자산조사 결과에 따라 지급하는 양여금(연방, 주, 지방정부 지원
프로그램에서 나오는 현금 지급금와 현물 양여금 모두)을 감안한다. 또한 다음
조세지출을 감안한다. 취업을 근거로 한 의료보험은 제외, 연금과 퇴직금은 제이,
자본 이익과 배당금에 대한 순 특혜세율, 아동 세액공제, 근로장려세제, 보험료

세액공제, 기부금 공제, 적격사업 소득공제, 사망으로 인한 양도자산에 대한 자본 이익의 제외, 사회보장연금과 철도 은퇴수당은 제외, 주요 거주지 판매 자본 이익은 제외, 소유자 실거주지의 주택담보대출 이자 공제, 주와 지방세액 공제. 고등교육 프로그램에 관해서, 나는 펠 그랜트(Pell Grant), 연방보충교육기회 장학금(Federal Supplemental Educational Opportunity Grant), 학자금대출 보조금, 퇴직군인 수당, 근로장학생, 교육비 세액공제, 징세 가능한 소득에서 교육비의 제외, 학자금대출 이자, 등록금, 실습비에 대한 공제로 들어가는 지불을 감안한다. 소득분포 데이터와 가구수는 2018년의 것이고 조세지출 데이터는 2019년의 것이다. 2019년의 조세지출 금액, 2016년의 고등교육 금액을 2018년 의회예산처 추정치상의 각 5분위에 포함된 가구의 수로 나눈다.

의회 예산처 데이터는 대부분의 조세지출뿐만 아니라 저소득 가구 대상 프로그램에 할당된 많은 양의 정부 보조금을 포함하고 있지만 모두 다 들어 있는 건 아니다. 특히 이 데이터는 전체 소득세 지출의 약 84퍼센트를 포함한 것으로 보인다. 동시에 이 데이터는 청년 직업훈련 프로그램과 헤드스타트를 비롯, 주로 저소득층을 위한 여러 프로그램도 누락하고 있다. 자산조사 결과에 따른 프로그램의 데이터는 다음 보고서를 근거로, 저소득가정에 대한 연방 지출의 약 87퍼센트를 포함한다(조세지출 제외). Congressional Research Service's report *Federal Spending on Benefits and Services for People with Low Income: FY2008-FY2018* (Washington, D.C.: Congressional Research Service, 2021). 따라서 부유한 가정과 가난한 가정이 받는다고 보고된 정부 혜택의 양은 비슷한 수준으로 저평가되었을 가능성이 높다.

37. Desmond, "Why Work Doesn't Work Anymore"; Seth Holmes, " 'Oaxacans Like to Work Bent Over': The Naturalization of Social Suffering Among Berry Farm Workers," *International Migration* 45 (2007): 39-68.

38. 오늘날 널리 유통되는 빈곤 논쟁의 지배적인 용어들은 1930년대에 은행과 기업을 규제하고 빈민과 취약계층에게 지원 대책을 제공했던 뉴딜 프로그램에 대한 대응에서 등장했다. 1947년《밀워키센티넬(Milwaukee Sentinel)》에 실렸던 이 사설을 생각해 보자. "뉴딜을 통해 자유기업의 사적인 지출에서 전체주의적인 정부지출로의 중심 이동이 꾸준히 진행됐다. 자유기업하에서 시민은 자신이 살고자 하는 삶을 위해 자신의 돈을 쓰고자 한다. 집단주의의

폭정하에서 정부는 징세를 통해 시민이 가진 많은 비중의 돈을 몰수해서 자기가 알아서 지출한다." 이 사설의 저자는 상호적인 의존과 공동의 공동체를 존재하지 않는 척 숨길 뿐만 아니라 공격적으로 폄하하고자 했다.

역사학자 로런스 글리크먼(Lawrence Glickman)은 자신의 책 『자유기업』에서 "자유기업은 산업계가 존중받을 만한 외형에 자신의 몸을 숨기기 위한 반동적인 담론이었다"라고 말한다. 이 담론은 첫째, 종말론적인 용어를 채택했다. 그래서 뉴딜은 그저 미국의 사회복지를 확대하는 게 아니라 "폭정"이나 "노예제"나 "전체주의적인 정부지출"로 귀결될 것이었다. 둘째, 반빈곤 프로그램에는 포위된 자유기업 시스템을 향한 전면전이라는 프레임이 씌워졌다. 그리고 셋째, 자본주의냐 사회주의냐, 자유냐 폭정이냐 양자택일을 해야 했다. 중간 지대는 없었다. 뉴딜은 통과됐다. 하지만 아이러니하게도 사회보장연금 같은 뉴딜 프로그램들이 인기를 얻으면서 바로 이런 프로그램에 반대하려고 시작된 반정부적인 선동 문구들 역시 인기를 얻었다. 오늘날 복지지출 확대에 반대하는 사람들은 아직도 이런 극단적인 표현을 사용한다. 2020년 《폭스뉴스》의 한 평론가는 청중에게 진보적인 민주당원들은 "미국에서 가난을 종식시키는 유일한 방법은 미국을 지구상에서 가장 힘 있고 잘사는 나라로 만들어 준 경제 시스템을 박살 내는 거"라고 믿는다고 말했다. 그리고 교전에 들어갔다. 상원 공화당 원내총무 미치 매코널(Mitch McConnell)은 최근 공화당을 "사회주의로부터 이 나라를 지키는 방화벽"으로 묘사했다. 그리고 선동에 들어갔다. 《폭스뉴스》 평론가 숀 해니티(Sean Hannity)는 상원의원 버니 샌더스의 강령을 "단 한 가지, 그러니까 정부가 우리 일상의 모든 측면을 장악하고 통제하는 데만 관심이 있는 소련 사회주의식 급진주의"라고 표현한 적도 있었다. 이런 종류의 언어를 바로 프로파간다라고 한다.

"Your Money and Your Freedom," *Milwaukee Sentinel*, November 17, 1947; Lawrence Glickman, *Free Enterprise: An American History* (New Haven, Conn.: Yale University Press, 2019), 7, 14, 44, 81–82, 87, 100, 107, 235; Justin Haskins, "Sanders, AOC and Other Socialists Are Wrong— Socialism Is a Cause of Poverty, Not the Cure," Fox News, February 8, 2020; Sean Hannity, "Bernie Sanders Isn't a Socialist, He's a Marxist," Fox News, February 25, 2020; Kelsey Snell, "McConnell's 2020 Plan: Cast GOP as 'Firewall' Against

Socialism," National Public Radio, April 11, 2019.

39.   Pew Research Center, "Most Americans Point to Circumstances, Not Work
Ethic, for Why People Are Rich or Poor," March 2, 2020; Spencer Piston, *Class
Attitudes in America: Sympathy for the Poor, Resentment of the Rich, and
Political Implications* (New York: Cambridge University Press, 2018), 3, 33,
46; Leslie McCall, *The Undeserving Rich: American Beliefs About Inequality,
Opportunity, and Redistribution* (New York: Cambridge University Press,
2013), 7, 99, 119, 152–154.

40.   Congressional Budget Office, *The Distribution of Major Tax Expenditures in
2019* (Washington, D.C.: Congressional Budget Office, 2021), figure 2;
Desmond, "House Rules"; Christopher Ellis and Christopher Faricy, *The
Other Side of the Coin: Public Opinion Toward Social Tax Expenditures*
(New York: Russell Sage Foundation, 2021), 37; Joint Committee on Taxation,
Estimates of Federal Tax Expenditures for Fiscal Years 2020–2024, JCX-23-
20 (Washington, D.C.: Joint Committee on Taxation, November 5, 2020),
42–43; Barbara Ransby, *Ella Baker and the Black Freedom Movement: A
Radical Democratic Vision* (Chapel Hill: University of North Carolina Press,
2003), 305.

⑥ 우리는 어떻게 기회를 구입하는가

01.   Paul Krugman, "For Richer," *The New York Times*, October 20, 2002; "City
Life in the Second Gilded Age," *The New York Times Magazine*, October 14,
2007. 저자들은 불평등 비판을 미국 최상류층 너머로 확장하기 시작한다.
다음을 보라. Reeves, *Dream Hoarders; Matthew Stewart, The 9.9 Percent:
The New Aristocracy That Is Entrenching Inequality and Warping Our
Culture* (New York: Simon & Schuster, 2021).

02.   Bhutta et al., *Changes in U.S. Family Finances from 2016 to 2019*, 16;
Thomas Colson, "English Homes Are Nearly a Third of the Size of American

Homes," *Business Insider*, October 14, 2017; National Marine Manufacturers Association, "U.S. Boat Sales Reached 13-Year High in 2020, Recreational Boating Boom to Continue Through 2021," January 6, 2021; Debbie Phillips-Donaldson, "US Pet Food Sales Rose 10% in 2020, 5% Projected for 2021," Petfood Industry, March 26, 2021; Joe Pinsker, "Why Are American Homes So Big?," *The Atlantic*, September 12, 2019; U.S. Travel Association, "Travel: The Hardest-Hit U.S. Industry," June 11, 2021.

03. 존 메이너드 케인스(John Maynard Keynes)는 1930년에 저술한 자신의 유명한 에세이 "Economic Possibilities for Our Grandchildren"에서 가까운 미래 — 지금 우리가 살고 있는 미래 — 에는 과학과 경제성장이 우리를 "긴박한 경제적 걱정"에서 해방시켜 주고 따라서 우리는 "여가를 어떻게 보낼까"라는 문제에 집중하게 될 거라고 예언했다. 케인스보다 한 세대 앞선 소스타인 베블런(Thorstein Veblen)은 그의 글에서 이보다는 훨씬 덜 낙관적인 전망을 내놓았다. 베블런은 아무리 경제나 기술이 발달해도 여가는 모든 인민이 아니라 특정 계급 — 유산계급 — 에게만 허락된다는 사실을 이해했다. "문화적 진보 과정에서 유한계급(leisure class)의 등장은 소유권의 등장과 맞물린다"라고 Veblen은 *Theory of Leisure Class*, 22에 적었다. 그는 서비스 경제가 존재한다면 그 서비스를 제공하는 누군가가 있어야 한다는 것을 이해했던 것이다. 다음을 보라. Daniel Bell, *The Coming of Post-Industrial Society: A Venture in Social Forecasting* (New York: Basic Books, 1973), 456-474; John Maynard Keynes, *Essays in Persuasion* (London: Palgrave Macmillan, 1930), 321-332.

04. Scholastica (Gay) Cororaton, "The Impact of Russia-Ukraine Tensions on the U.S. Housing Market," National Association of Realtors, March 7, 2022; Brenda Medina, "Are Oligarchs Hiding Money in US Real Estate? Ownership Information Is a Missing Link, Researchers Say," *International Consortium of Investigative Journalists*, April 1, 2022; Tom Namako, "New York City's Mayor Says He's Not Sure What to Do About Rich Russians Buying Up All the Nice Apartments," *BuzzFeed News*, October 27, 2021.

05. Stuart Middleton, "'Affluence' and the Left in Britain, c. 1958 1974," *The English Historical Review* 129 (2014): 107-138.

06. John Kenneth Galbraith, *The Affluent Society* (Boston: Houghton Mifflin, 1998 [1958]), 64, 186–199.

07. Ibid., chap. 17.

08. Monica Prasad, *Starving the Beast: Ronald Reagan and the Tax Cut Revolution* (New York: Russell Sage Foundation, 2018), 1; Eric Scorsone and Nicolette Bateson, *Long-Term Crisis and Systemic Failure: Taking the Fiscal Stress of America's Older Cities Seriously* (East Lansing: Michigan State University Extension, 2011).

09. 전국 데이터는 개인소비지출가격지수(Personal Consumption Expenditures Price Index)를 이용해서 인플레이션에 맞춰 조정했다. U.S. Bureau of Economic Analysis, "Real Personal Income [RPI]," FRED, Federal Reserve Bank of St. Louis; Office of Management and Budget, "Historical Tables," table 1.3; Office of Management and Budget, "Historical Tables," table 3.2. 개별 주의 데이터에서 개인소득 데이터는 전국교육통계센터(National Center for Education Statistics, NCES)의 데이터와 일관성을 유지하기 위해 개인 소비지출보다는 소비자가격지수를 이용해서 인플레이션에 맞춰 조정했다. 전국교육통계센터의 데이터는 2020~2021년의 달러화로 환산한, 1989~1990년과 2017~2018년, 그리고 현재의 초중등 교육 지출액이다. National Center for Education Statistics, "Digest of Education Statistics," 2020, table 236.25; U.S. Bureau of Economic Analysis, "Personal Income by State," Interactive Data Tables; U.S. Bureau of Economic Analysis, "Personal Consumption Expenditures: Chain-type Price Index [PCEPI]," FRED, Federal Reserve Bank of St. Louis; U.S. Bureau of Labor Statistics, "Consumer Price Index for All Urban Consumers: All Items in U.S. City Average [CPIAUCSL]," FRED, Federal Reserve Bank of St. Louis.

10. U.S. Bureau of Economic Analysis, "Shares of Gross Domestic Product: Government Consumption Expenditures and Gross Investment," FRED, Federal Reserve Bank of St. Louis, 1950–2021; U.S. Bureau of Economic Analysis, "Shares of Gross Domestic Product: Personal Consumption Expenditures," FRED, Federal Reserve Bank of St. Louis, 1950–2021; U.S.

Bureau of Economic Analysis, "Shares of Gross Domestic Product: Gross Private Domestic Investment," FRED, Federal Reserve Bank of St. Louis, 1950-2021.

11.   Committee for a Responsible Federal Budget, "Is President Trump's Tax Cut the Largest in History Yet?," October 25, 2017; Prasad, *Starving the Beast*, 2, 137-145; Alex Schwartz, *Housing Policy in the United States*, 4th ed. (New York: Routledge, 2021); Jerry Tempalski, *Revenue Effects of Major Tax Bills, Updated Tables for All 2012 Bills* (Washington, D.C.: Office of Tax Analysis, Department of the Treasury, 2013).

12.   Ben Christopher, "Why Do We Keep Voting on This? Exploring Prop. 13's 'Tax Revolt Family Tree,'" *Cal Matters*, October 21, 2020; Thomas Edsall with Mary Edsall, *Chain Reaction: The Impact of Race, Rights, and Taxes on American Politics* (New York: Norton, 1991), 18, 129-131; Clyde Haberman, "The California Ballot Measure That Inspired a Tax Revolt," *The New York Times*, October 16, 2016; Prasad, *Starving the Beast*, 5. 정당 구분을 넘어선 사안으로서의 감세에 대해서는 다음도 보라. Isaac Martin, *The Permanent Tax Revolt: How the Property Tax Transformed American Politics* (Stanford, Calif.: Stanford University Press, 2008), 23.

13.   Edsall and Edsall, *Chain Reaction*, 130; Haberman, "The California Ballot Measure That Inspired a Tax Revolt."

14.   Edsall and Edsall, *Chain Reaction*, 5-6, 13-14, 135; Kevin Kruse, *White Flight: Atlanta and the Making of Modern Conservatism* (Princeton, N.J.: Princeton University Press, 2005), 106-107; McGhee, *The Sum of Us*, 38.

15.   Georgia Department of Education, *Atlanta Public Schools (761) Enrollment by Ethnicity/Race, Fiscal Year 2022—Data Report*; Kruse, *White Flight*, 106, also 15, 123-125, 169-171, 178, 239-240; McGhee, *The Sum of Us*, 28; U.S. Census Bureau, "Quick Facts: Atlanta City, Georgia." 다음도 보라. Dan Carter, *The Politics of Rage: George Wallace, the Origins of the New Conservatism, and the Transformation of American Politics*, 2nd ed. (Baton Rouge: Louisiana State University Press, 2000 [1995]); Michael Goldfield,

The Color of Politics: Race and the Mainsprings of American Politics (New York: New Press, 1997).

북부의 백인들이 남부 출신의 흑인들에게 동네를 내어 주고 떠난 흑인 대이동 기간(1940~1970년) 동안 이 패턴의 전조가 있었다. 다음을 보라. Ellora Derenoncourt, "Can You Move to Opportunity? Evidence from the Great Migration," *American Economic Review* 112 (2022): 369-408. 그리고 듀보이스에 따르면 그 전에는 재건기간(1860~1880년) 동안 "신흥 미국 산업 엘리트들이…… 막대한 자본투자에서 얻은 엄청난 이윤의 힘을 통해…… 국가적인 행복이 아니라 개인의 성취"를 손에 넣고자 했다. W.E.B. Du Bois, *Black Reconstruction in America, 1860-1880* (New York: Free Press, 1998 [1935]), 586.

16. 아이러니하게도 재원 부족에 허덕이던 공공재들을 사유화하자는 제안은 이런 기관들이 이미 너무 황폐해졌기 때문에 실패하곤 한다. 폴 피어슨(Paul Pierson)이 자신의 고전 *Dismantling the Welfare State?*에서 보여 주듯 1980년대에 영국 대처 총리가 영국의 공공주택을 사유화할 수 있었던 것은 많은 공공주택이 좋은 상태였기 때문이지만, 레이건 대통령은 누구도 이미 허물어져 가는 공공주택들을 매입하고 싶지 않아 하는 바람에 미국에서는 똑같은 일을 할 수 없었다. 한편 부유한 미국인들이 주로 의지하는 공적 기관들 — 연방항공국 같은 — 은 투자 철회도, 사유화 요구도 논외다.

17. David Grusky and Alair MacLean, "The Social Fallout of a High- Inequality Regime," *The Annals of the American Academy of Political and Social Science* 663 (2016): 33-52; Charles Varner, Marybeth Mattingly, and David Grusky, "The Facts Behind the Visions," *Pathways*, Spring 2017, 3-8.

18. Congressional Budget Office, *The Budget and Economic Outlook: 2018 to 2028* (Washington, D.C.: Congress of the United States, 2018), 106; Conor Dougherty, "California's 40-Year-Old Tax Revolt Survives a Counterattack," *The New York Times*, November 10, 2020.

19. 나는 찰스 틸리(Charles Tilly)의 책 *Durable Inequality* (Berkeley: University of California Press, 1998), chap. 5에서 "기회 축척"이라는 표현을 처음 접했다. 여러 도시의 다양한 공적 투자에 대해서는 다음을 보라. Jessica Trounstine,

"Segregation and Inequality in Public Goods," *American Journal of Political Science* 60 (2016): 709-725.

20.   "기회를 향한 이사" 정책의 결과에 대해서는 다음을 보라. Xavierde Souza Briggs, Susan Popkin, and John Goering, *Moving to Opportunity: The Story of an American Experiment to Fight Ghetto Poverty* (New York: Oxford University Press, 2010); Raj Chetty, Nathaniel Hendren, and Lawrence Katz, "The Effects of Exposure to Better Neighborhoods on Children: New Evidence from the Moving to Opportunity Experiment," *American Economic Review* 106 (2016): 855-902; William Clark, "Intervening in the Residential Mobility Process: Neighborhood Outcomes for Low-Income Populations," *Proceedings of the National Academy of Sciences* 102 (2005): 15307-15312.

21.   Alexander Sahn, "Racial Diversity and Exclusionary Zoning: Evidence from the Great Migration," Princeton University Center for the Study of Democratic Politics, Working Paper, November 23, 2021; Brentin Mock, "The Housing Proposal That's Quietly Tearing Apart Atlanta," *Bloomberg*, November 22, 2021; Jessica Trounstine, *Segregation by Design: Local Politics and Inequality in American Cities* (New York: Cambridge University Press, 2018).

22.   Emily Badger and Quoctrung Bui, "Cities Start to Question an American Ideal: A House with a Yard on Every Lot," *The New York Times*, June 18, 2019; Nico Calavita and Alan Mallach, eds., *Inclusionary Housing in International Perspective* (Cambridge, Mass.: Lincoln Institute of Land Policy, 2010); Justin Fox, "Single Family Zoning Is Weird," *Bloomberg*, January 18, 2020; Sonia Hirt, "To Zone or Not to Zone: Comparing European and American Land-use Regulation," PNDonline, 2019, 1-14, 4-5, 7-8; Sahn, "Racial Diversity and Exclusionary Zoning." 단독주택 용도 지구 대체 방안의 출처는 American Community Survey (2015-2019)이다. 이 서베이에 따르면 미국 전체 주택의 62퍼센트가 독립적인 단독주택이다.

23.   Edward Glaeser and Joseph Gyourko, "The Economic Implications of Housing Supply," *Journal of Economic Perspectives* 32 (2018): 3-30; Joseph

Gyourko, Albert Saiz, and Anita Summers, "A New Measure of the Local Regulatory Environment for Housing Markets: The Wharton Residential Land Use Regulatory Index," *Urban Studies* 45 (2008): 693-721; Matthew Kahn, "Do Liberal Cities Limit New Housing Development? Evidence from California," *Journal of Urban Economics* 69 (2011): 223-228; Sahn, "Racial Diversity and Exclusionary Zoning," 31.

24. 민주당원들의 환경주의 성향은 이런 연구 결과와는 무관하다. Jerusalem Demsas, "60 Percent of Likely Voters Say They're in Favor of Public Housing. So Why Isn't There More of It?," *Vox*, January 26, 2021; William Marble and Clayton Nall, "Where Self- Interest Trumps Ideology: Liberal Homeowners and Local Opposition to Housing Development," *The Journal of Politics* 83 (2021): 1747-1763. 다음도 보라. Demis Glasford, "The Privileged Liberal Principle-Implementation Gap: How the Personal Behavior of Privileged Liberals Contributes to Social Inequality," *Journal of Applied Social Psychology* 52 (2022): 865-885.

25. Edsall and Edsall, *Chain Reaction*, 12, 282-283; Lily Geismer, *Don't Blame Us: Suburban Liberals and the Transformation of the Democratic Party* (Princeton, N.J.: Princeton University Press, 2015), 173-200; Kruse, *White Flight*, 106-107, 125, 178, 196-204.

26. McGhee, *The Sum of Us*, chap. 1. 다음도 보라. Du Bois, Black Reconstruction, chaps. 1 and 2; Anne Case and Angus Deaton, *Deaths of Despair and the Future of Capitalism* (Princeton, N.J.: Princeton University Press, 2020); Jonathan Metzl, *Dying of Whiteness: How the Politics of Racial Resentment Is Killing America's Heartland* (New York: Basic Books, 2019).

27. 2021년 벅헤드(Buckhead)라고 하는 애틀랜타 북부의 부유한 지역 주민들은 시가 몇몇 동네에 다세대주택을 더 많이 지을 수 있도록 허가하는 제안을 수립 중이라는 소식을 접하고는 시에서 행정적으로 독립하기 위한 위원회를 꾸렸다. 다음을 보라. Mock, "The Housing Proposal That's Quietly Tearing Apart Atlanta." 인종적으로 통합되고도 안정된 동네가 점점 흔해지고 있지만 여전히 분리가 규칙이고 통합은 예외다. 다음을 보라. Kyle Crowder, Jeremy Pais, and

Scott South, "Neighborhood Diversity, Metropolitan Constraints, and Household Migration," *American Sociological Review* 77 (2012): 325-353.

28. 나는 학교와 교실의 빈곤이 교육성과에 미치는 영향과 관련된 방대한 연구들을 근거로 세 가지를 강조하고 싶다. 첫째, 아이들이 집에서, 그리고 동네에서 상대하는 가난을 해결하기 위해서는 아무런 조치를 취하지 않은 채 교실을 계급적으로 통합시키기만 하는 방식으로 ― 그것도 학기중에만 담장 너머의 아이들을 허락하는 방식으로 ― 가난한 아이들의 기회를 확대하려는 정책은 결과가 제한적일 것이다. 둘째, 똑똑하고 열정적인 학생, 또는 교육열이 높은 부모를 둔 학생, 또는 두 가지 모두에 해당하는 학생은 이 나라에서 가장 가난한 학교에서도 교실에서(그리고 표준화된 시험에서) 여전히 두각을 나타낸다. 그런 학교에서 근무하는 최고의 교사들이 그 증인이다. 하지만 ― 이게 내 세 번째 결론인데 ― 미국에서는 그것만으로는 대학에 가지 못한다. 거기서 정말 도움이 되는 것은 부유한 고등학교에 다니는 것이다. 다음을 보라. David Armor, Gary Marks, and Aron Malatinszky, "The Impact of School SES on Student Achievement: Evidence from U.S. Statewide Achievement Data," *Educational Evaluation and Policy Analysis* 40 (2018): 613-630; Douglas Downey, *How Schools Really Matter: Why Our Assumptions About Schools and Inequality Is Mostly Wrong* (Chicago: University of Chicago Press, 2019); Jennifer Jennings et al., "Do Differences in School Quality Matter More Than We Thought? New Evidence on Educational Opportunity in the Twenty-first Century," *Sociology of Education* 88 (2015): 56-82; Douglass Lee Lauen and S. Michael Gaddis, "Exposure to Classroom Poverty and Test Score Achievement: Contextual Effects or Selection?," *American Journal of Sociology* 118 (2013): 943-979; Ann Owens, "Income Segregation Between School Districts and Inequality in Students' Achievement," *Sociology of Education* 91 (2017): 1-27; Robert Sampson, Patrick Sharkey, and Stephen Raudenbush, "Durable Effects of Concentrated Disadvantage on Verbal Ability Among African-American Children," *Proceedings of the National Academy of Sciences* 105 (2008): 845-852.

라이스대학교의 교육사회학자 루스 로페스 털리(Ruth López Turley)는 나와

이메일을 주고받으면서 "사회적 지위 유지 온존 기계장치"라는 표현을 썼다. 나는 그의 허락을 받고 이 표현을 빌렸다.

29. Tressie McMillan Cottom, *Thick and Other Essays* (New York: New Press, 2019), 106.

⑦ 가난 종식에 투자하라

01. Leo Tolstoy, *What Then Must We Do?*, trans. Aylmer Maude (Ford House, Hartland, UK: Green Books, 1991 [1886]), 1, 63.

02. Ibid., 63.

03. Bhutta et al., *Changes in U.S. Family Finances from 2016 to 2019*, 18, 40; Edward Glaeser, Joseph Gyourko, and Raven Saks, "Why Have Housing Prices Gone Up?," *American Economic Review* 95 (2005): 329-333; Jennifer Surane et al., "Bank Overdraft Fees Are Costing American Consumers $8 Billion," *Bloomberg*, July 26, 2022.

04. John Guyton et al., "Tax Evasion at the Top of the Income Distribution: Theory and Evidence," National Bureau of Economic Research, Working Paper 28542, March 2021.

05. "부를 낚는 그물(wealth trap)"은 다음에서 가져온 것이다. Gary Solon, "What We Didn't Know About Multigenerational Mobility," *Ethos*, February 14, 2016.

06. Sampson, *Great American City*; Patrick Sharkey and Jacob Faber, "Where, When, Why, and for Whom Do Residential Contexts Matter? Moving Away from the Dichotomous Understanding of Neighborhood Effects," *Annual Review of Sociology* 40 (2014): 559-579; Wilson, Truly Disadvantaged.

07. 우리는 베블런의 "과시적인 소비" 개념이 그보다는 덜 유명한 그의 "포식자의 삶" 개념과 전혀 거리가 멀지 않다는 사실을 때로 망각한다. Veblen, *Theory of the Leisure Class*, 43, 57.

08. Okun, *Equality and Efficiency*, 16.

09. 다음을 보라. Janet Currie, "The Take-up of Social Benefits," in *Public Policy and the Income Distribution*, ed. Alan Auerbach, David Card, and John Quigley (New York: Russell Sage Foundation, 2006), 80-148; Moffitt, "Economic Model of Welfare Stigma," 1023-1024. 주별 보충영양지원프로그램 참여율은 다음을 보라. USDA, Food and Nutrition Service, *SNAP Participation Rates by State, All Eligible People* (Washington, D.C.: U.S. Department of Agriculture, 2021). 보충영양지원프로그램 추정치는 이 프로그램에 등록한 사람의 수를 얻기 위한 행정 데이터와 수급 자격이 되는 사람들의 규모를 측정하는 조사 데이터를 결합하여 계산했기 때문에 불완전하다. 하지만 이 추정치는 어디서든 불완전하다. 한 주의 정확한 등록자 수 추정치는 부정확할 수 있지만 주별 등록자 수의 차이는 여전히 의미가 있다. 다음을 보라. Stacy Dickert- Conlin et al., "The Downs and Ups of the SNAP Caseload: What Matters?," *Applied Economic Perspectives and Policy* 43 (2021): 1026-1050; Peter Ganong and Jeffrey Liebman, "The Decline, Rebound, and Further Rise in SNAP Enrollment: Disentangling Business Cycle Fluctuations and Policy Changes," *American Economic Journal: Economic Policy* 10 (2018): 153-176; Caroline Ratcliffe, Signe-Mary McKernan, and Kenneth Finegold, "Effects of Food Stamp and TANF Policies on Food Stamp Receipt," *Social Service Review* 82 (2008): 291-334; U.S. Department of Agriculture, *State Options Report*, 14th ed. (Washington, D.C.: U.S. Department of Agriculture, 2018), 6-33, 49.

10. Raj Chetty and Emmanuel Saez, "Teaching the Tax Code: Earnings Responses to an Experiment with EITC Recipients," *American Economic Journal: Applied Economics* 5 (2013): 1-31; Manasi Deshpande and Yue Li, "Who Is Screened Out? Application Costs and the Targeting of Disability Programs," *American Economic Journal: Economic Policy* 11 (2019): 213-248, 232-233; Colin Gray, "Leaving Benefits on the Table: Evidence from SNAP," *Journal of Public Economics* 179 (2019): 1-15; Tatiana Homonoff and Jason Somerville, "Program Recertification Costs: Evidence from SNAP," National Bureau of Economic Research, Working Paper 27311, June 2020, 3.

행동 조정이 수급률에 아무런 영향을 미치지 않는다고 확인한 연구로는 다음을 보라. Elizabeth Linos et al., "Can Nudges Increase Take-up of the EITC? Evidence from Multiple Field Experiments," National Bureau of Economic Research, Working Paper 28086, 2020.

11. Saurabh Bhargava and Dayanand Manoli, "Psychological Frictions and the Incomplete Take-Up of Social Benefits: Evidence from an IRS Field Experiment," *American Economic Review* 105 (2015): 3489–3529; Amy Finkelstein and Matthew Notowidigdo, "Take-Up and Targeting: Experimental Evidence from SNAP," *The Quarterly Journal of Economics* 134 (2019): 1505–1556.

12. 2020년에 빈곤한 가정은 729만 세대였고 평균적인 가정이 더 이상 공식적으로 빈곤하다는 판정을 받지 않으려면 1만 1318달러가 필요했다. 이 모든 가정이 빈곤에서 벗어나려면 825억 5000만 달러가 들어갈 것이다. 여기에 가족과 살지 않으면서 빈곤에서 벗어나려면 평균 7802달러가 필요한 "무연고 개인" 1192만 명을 감안하면 추가로 929억 7000만 달러가 더 필요했다. 그리고 빈곤선을 넘으려면 평균적으로 1만 1731달러가 있어야 하는 가난한 "무연고 하위 가족" — 또 다른 무연고 가족과 같이 사는 가족을 일컫는 정부의 이상한 용어 — 14만 3000세대도 있다. 이들을 모두 빈곤선 위로 끌어올리려면 16억 8000만 달러가 더 있어야 한다. 이 모두를 더하면 1772억 달러가 나온다. 현행인구조사(Current Population Survey)의 연간사회경제보충자료(Annual Social and Economic Supplement)는 빈곤선 밑에 있는 가족의 수와 이들 가족의 평균적인 부족액 추정치를 매년 내놓는다. U.S. Census Bureau, Current Population Survey, 2021 Annual Social and Economic Supplement, CPS Detailed Tables for Poverty, POV-28. 모든 수치는 2020년 달러화로 환산되어 있다. 이런 방식으로 나는 맷 브루닉(Matt Bruenig)의 분석 "How Much Money Would It Take to Eliminate Poverty in America?," *The American Prospect*, September 24, 2013을 업데이트하고 더 부연했다.

13. 미국식품의약국은 2010년 1610억 달러어치의 음식이 버려졌다고 추정했다. 이 유실률이 그대로라고 가정했을 때 인플레이션을 감안해서 추정하면 2020년 금액으로는 1916억 7000만 달러에 해당한다. U.S. Food and Drug

Administration, "Food Loss and Waste," November 19, 2021. 다른 연구들도 이
결과를 뒷받침한다. 다음을 보라. Zach Conrad, "Daily Cost of Consumer Food
Wasted, Inedible, and Consumed in the United States, 2001-2016," *Nutrition
Journal* 19 (2020): 1-9.

14. Alan Rappeport, "Tax Cheats Cost the U.S. $1 Trillion Per Year, I.R.S. Chief
Says," *The New York Times*, October 13, 2021.

15. Guyton et al., "Tax Evasion at the Top of the Income Distribution"; Saez and
Zucman, *Triumph of Injustice*, 60-62; Gabriel Zucman and Gus Wezerek,
"This Is Tax Evasion, Plain and Simple," *The New York Times*, July 7, 2021.
다음도 보라. Tax Justice Network, *The State of Tax Justice* 2021 (Bristol,
England: Tax Justice Network, 2021), 27.

16. Heather Boushey, *Unbound: How Inequality Constricts Our Economy and
What We Can Do About It* (Cambridge, Mass.: Harvard University Press,
2019), 91, 94-95, 104.

17. Emmanuel Saez and Gabriel Zucman, "How to Tax Our Way Back to
Justice," *The New York Times*, October 11, 2019; Tax Policy Center,
"Historical Highest Marginal Income Tax Rates," February 9, 2022; Tax
Policy Center, "Corporate Top Tax Rate and Bracket," February 14, 2022.

18. Boushey, *Unbound*, chap. 3; Ross Douthat, *The Decadent Society: How We
Became the Victims of Our Own Success* (New York: Avid Reader, 2020).

19. The Editorial Board, "The Democrats' Wealth-Tax Mirage," *The Wall Street
Journal*, October 25, 2021.

20. 오쿤(Okun, *Equality and Efficiency*, 59)은 공공정책의 핵심 계명은
"무언가가 주어진 것이 되면 함부로 제거되지 않는다"라고 말한 적이 있었다.
실제로 정부가 어떤 보조금을 한번 제공하면 그것이 아무리 퇴행적이고
터무니없다 해도 흐름을 뒤집기가 날로 힘들어진다. 그런데 역시 정부는 빈민
원조에서는 이 계명을 아주 경솔하게 깨곤 했다. 워싱턴은 노조가 권력을 갖도록
도왔다가 그걸 제거하는 걸 거들었다. 높다란 공공주택 단지를 만들었다가
다이너마이트로 터뜨렸다. 현금 복지를 확대했다가 난데없이 그 프로그램을
폐지했다. 정부는 코로나19 기간 동안 연장된 실업급여와 강화된 아동

세액공제라는 형태로 미국의 저소득층에게 과감한 구호 대책을 확대했다가
팬데믹이 잠잠해지기 시작하자 이 모든 원조를 철회하기도 했다. 내가 보기에
오쿤의 계명은 부자들을 위한 복지에 더 많이 들어맞는 것 같지만, 그런
혜택마저도 철 밥통은 아니다. 내가 워싱턴에서 적정가격 주택 정책을 적극
지지하기 시작하자 많은 동료 지지자가 그 어떤 선출직 관료들도 주택담보대출
이자 감면은 건드리지 않을 거라고 내게 말했다. 그건 정치에서는 금기
사항이어서 개혁 대상이 되기 힘들다고. 하지만 도널드 트럼프 집권 첫해에
의회는 그걸 개혁했다. 2017년의 감세와 일자리법(Tax Cuts and Jobs Act)이
가져온 적자 타격을 완화하기 위해 트럼프 행정부는 주택담보대출 이자 감면
한도를 100만 달러에서 75만 달러로 내렸는데, 이는 자유주의적인 주택
운동가들이 수년 동안 바꾸려고 로비 활동을 벌인 내용이었다. 그 후 나는
개혁이 불가능하다는 호언장담을 회의적으로 바라보기 시작했다. 자문을 받을
권리 뉴욕시동맹(Right to Counsel NYC Coalition)을 조직한 수재나
블랭클리(Susanna Blankley)는 내게 "모든 건 가능해지기 전까지는
불가능하다"라고 말하기도 했다.

21. Chye-Ching Huang and Brandon Debot, "Corporate Tax Cuts Skew to
Shareholders and CEOs, Not Workers as Administration Claims," Center on
Budget and Policy Priorities, August 16, 2017; Congressional Budget Office,
Options for Reducing the Deficit: 2021 to 2030 (Washington, D.C.:
Congressional Budget Office, 2020), 75, 77; Lucas Goodman et al., "How Do
Business Owners Respond to a Tax Cut? Examining the 199A Deduction for
Pass-through Firms," National Bureau of Economic Research, Working Paper
28680, April 2021, 8; Samantha Jacoby, "Repealing Flawed 'Pass-Through'
Deduction Should Be Part of Recovery Legislation," Center on Budget and
Policy Priorities, June 1, 2021; Joint Committee on Taxation, *Estimates of
Federal Tax Expenditures for Fiscal Years 2020-2024* (Washington, D.C.:
Joint Committee on Taxation, 2020), 28, 42; Chuck Marr, "JCT Highlights
Pass- Through Deduction's Tilt Toward the Top," Center on Budget and Policy
Priorities, April 24, 2018; Gordon Mermin et al., *An Updated Analysis of
Former Vice President Biden's Tax Proposals* (Washington, D.C.: Tax Policy

Center, 2020), 9; Saez and Zucman, *Triumph of Injustice*, 19; Tax Policy
Center, "T20-0137—Tax Benefit of the Preferential Rates on Long-Term
Capital Gains and Qualified Dividends, Baseline: Current Law, Distribution of
Federal Tax Change by Expanded Cash Income Percentile, 2019," April 22,
2020.

22.   Abby Goodnough, "As Some Get Free Health Care, Gwen Got Squeezed: An
Obamacare Dilemma," *The New York Times*, February 19, 2018.

23.   Sarah Donovan, *Universal Basic Income Proposals for the United States*
(Washington, D.C.: Congressional Research Services, 2018); Hillary Hoynes
and Jesse Rothstein, "Universal Basic Income in the US and Advanced
Countries," National Bureau of Economic Research, Working Paper 25538,
February 2019, 2, 5-6, 13-14, 17.

24.   "EITC Fast Facts," Internal Revenue Service, January 14, 2022; Robert
Greenstein, *Targeting, Universalism, and Other Factors Affecting Social
Programs' Political Strength* (Washington, D.C.: The Hamilton Project, June
2022), 1-8, 10.

25.   john a. powell, Stephen Menendian, and Wendy Ake, *Targeted
Universalism: Policy and Practice* (Berkeley, Calif.: Haas Institute for a Fair
and Inclusive Society, 2019). 다음도 보라. Theda Skocpol, *Social Policy in the
United States: Future Possibilities in Historical Perspective* (Princeton, N.J.:
Princeton University Press, 2020 [1995]), chap. 8.

26.   Justin Elliott, Patricia Callahan, and James Bandler, "Lord of the Roths,"
ProPublica, June 24, 2021; Harrington, Other America, 157-158.

27.   Thomas Blanchet, Emmanuel Saez, and Gabriel Zucman, "Real- Time
Inequality," National Bureau of Economic Research, Working Paper 30229,
July 2022, 4, 25; Bernard Yaros et al., *Global Fiscal Policy in the Pandemic*
(New York: Moody's Analytics, 2022).

28.   Desmond, "'The Moratorium Saved Us'"; U.S. Department of Housing and
Urban Development, *Fiscal Year 2020: Budget in Brief* (Washington, D.C.:
U.S. Department of Housing and Urban Development, 2020); Kay Jowers et

al., "Housing Precarity and the COVID-19 Pandemic: Impacts of Utility Disconnection and Eviction Moratoria on Infections and Deaths Across US Counties," National Bureau of Economic Research, Working Paper 28394, January 2021; Jasmine Rangel et al., "Preliminary Analysis: 11 Months of the CDC Moratorium," The Eviction Lab, August 21, 2021.

29.   Chris Arnold and Kenny Malone, "The Rent Help Is Too Damn Slow," *Planet Money*, October 1, 2021; Annie Nova, "Just a Sliver of Assistance Has Reached Renters, with Eviction Ban About to Expire," July 13, 2021; Ron Lieber, "Why Do We Make Things So Hard for Renters?," *The New York Times*, August 6, 2021.

30.   퇴거 집행 추정치는 다음에서 가져왔다. Eviction Lab's "Eviction Tracking System," developed by Peter Hepburn and Renee Louis. Emily Benfer et al., "The COVID-19 Eviction Crisis: An Estimated 30-40 Million People in America Are at Risk," Aspen Institute, August 7, 2020; U.S. Department of the Treasury, *Emergency Rental Assistance Program (ERA1) Interim Report*, January 1-November 30, 2021.

31.   Gromis et al., "Estimating Eviction Prevalence Across the United States."

32.   Walter Brueggemann, *The Prophetic Imagination*, 40th Anniversary ed. (Minneapolis: Fortress Press, 2018 [1978]), 4, 39.

33.   "Evaluating the Success of the Great Society," *The Washington Post*, May 17, 2014; "A Short History of SNAP," U.S. Department of Agriculture, Food and Nutrition Service, 2018; Melody Barnes and Julian Zelizer, "What Democrats Can Learn from Lyndon Johnson's Great Society," CNN, February 3, 2020; Economic Opportunity Act of 1964, Pub. L. No. 88-452, 78 Stat. 508 (1964); Lucy Danley, "A Brief History and Overview of the Head Start Program," First Five Years Fund, October 16, 2020.

34.   Guyton et al., "Tax Evasion at the Top of the Income Distribution," 4.

35.   1959년에는 미국인의 22.4퍼센트가 공식 빈곤선 밑에서 살았다. 1970년에는 12.6퍼센트가 그랬다. 시장과 정부가 힘을 모아 이 같은 상당한 빈곤 감축을 일궈 낸 것이었다. 빈민 관련 정부지출이 크게 증가했다. 먼저 사회보장연금이

확대됐다. 1950년에는 사회보장연금을 청구한 고령자가 16퍼센트뿐이었다. 1965년이 되자 75퍼센트가 청구했다. 의회는 1960년대에 사회보장연금 지급금을 늘렸고, 그러자 노인 빈곤율이 크게 줄었다. 빈곤과의 전쟁과 위대한 사회를 통해 의회는 다른 핵심적인 여러 원조도 진행시켰다. 1965년부터 1970년까지 보건, 교육, 복지에 대한 정부투자가 세 배 넘게 늘어났다. 이런 일이 전형적인 미국 노동자의 소득을 끌어올린 꾸준한 경제성장기에 일어났다는 사실이 중요하다. 1960년부터 1973년까지 남성의 연 중위소득은 3만 7600달러에서 5만 3300달러로 증가했다. 폭넓은 소득 증가에 정부 지원 확대가 결합하면서 수백만 미국인이 빈곤에서 해방된 것이다. 하지만 1973년 이후 임금은 정체하기 시작했고, 그 이후 노동시장의 빈곤 감소 능력은 줄어들었다. 이는 정부지출이 늘어도 빈곤이 별로 감소하지 않고 폭넓은 번영도 요원한 오늘날과 같은 경제성장 체제로 귀결됐다.

　다음을 보라. Rebecca Blank, "Why Were Poverty Rates So High in the 1980s?," in *Poverty and Prosperity in the USA in the Late Twentieth Century*, eds. Dimitri Papadimitriou and Edward Wolff (London: Macmillan, 1993), 25-26; Martha Bailey and Sheldon Danziger, eds., *Legacies of the War on Poverty* (New York: Russell Sage Foundation, 2013); Ajay Chaudry et al., *Poverty in the United States: 50-Year Trends and Safety Net Impacts* (Washington, D.C.: U.S. Department of Health and Human Services, 2016), 4-5; Sheldon Danziger and Peter Gottschalk, *America Unequal* (New York: Russell Sage Foundation, 1995), 102-103; Gary Engelhardt and Jonathan Gruber, "Social Security and the Evolution of Elderly Poverty," National Bureau of Economic Research, Working Paper 10466, May 2004; Eli Ginzberg and Robert Solow, *The Great Society: Lessons for the Future* (New York: Basic Books, 1974); Kathleen McGarry, "The Safety Net for the Elderly," in *Legacies of the War on Poverty*, eds. Martha Bailey and Sheldon Danziger (New York: Russell Sage Foundation, 2013), 181-188; Semega et al., *Income and Poverty in the United States: 2019*, 61, table B-5; U.S. Census Bureau, Current Population Survey, Historical Poverty Tables: People and Families—1959 to 2020, table 2; Wimer et al., "Progress on Poverty?," Jane

Waldfogel, "Presidential Address: The Next War on Poverty," *Journal of Policy Analysis and Management* 35 (2016): 267-278, 267.

36.   Jaime Dunaway-Seale, "U.S. Rent Prices Are Rising 4x Faster Than Income (2022 Data)," Real Estate Witch, May 16, 2022. 다음도 보라. Alicia Mazzara, "Rents Have Risen More Than Incomes in Nearly Every State Since 2001," Center on Budget and Policy Priorities, December 10, 2019.

37.   근로장려세제가, 특히 교육 수준이 가장 낮은 노동자의 임금을 억제한다는 증거도 있다. 이는 수당을 훨씬 적게 받는 무자녀 노동자들에게 특히 해롭다. 다음을 보라. Margot Crandall- Hollick, *The Earned Income Tax Credit (EITC): A Brief Legislative History* (Washington, D.C.: Congressional Research Service, 2018 [2020]); Andrew Leigh, "Who Benefits from the Earned Income Tax Credit? Incidence Among Recipients, Coworkers and Firms," *The B.E. Journal of Economic Analysis and Policy* 10 (2010): 1-41; Jesse Rothstein, "Is the EITC as Good as an NIT? Conditional Cash Transfers and Tax Incidence," *American Economic Journal: Economic Policy* 2 (2010): 177-208; Jesse Rothstein and Ben Zipperer, "The EITC and Minimum Wage Work Together to Reduce Poverty and Raise Incomes," *Economic Policy Institute Report* (2020): 1-10.

주택바우처가 있는 세대는 유사한 수준의 주택과 동네에서 보조금을 받지 않는 임차인들에 비해 상당히 더 많은 월세를 낸다는 증거도 있다. Robert Collinson and Peter Ganong, "How Do Changes in Housing Voucher Design Affect Rent and Neighborhood Quality?," *American Economic Journal: Economic Policy* 10 (2018): 62-89; Matthew Desmond and Kristin Perkins, "Are Landlords Overcharging Housing Voucher Holders?," *City and Community* 15 (2016): 137-162.

⑧ 빈민에게 권력을

01.   Xavier de Souza Briggs and Russell Jackson, "How a $15 Minimum Wage
       Could Help Restaurants and Other Hard-Hit Small Businesses," Brookings
       Institution, February 22, 2021; U.S. Bureau of Labor Statistics,
       Characteristics of Minimum Wage Workers, 2020 (Washington, D.C.: BLS
       Reports, February 2021); Drew DeSilver, "The U.S. Differs from Most Other
       Countries in How It Sets Its Minimum Wage," Pew Research Center, May 20,
       2021; One Fair Wage, *The Key to Saving the Restaurant Industry
       Post-COVID 19*, 2022.

02.   Desmond, "Dollars on the Margins"; Leigh et al., "Minimum Wages and
       Public Health."

03.   Sharon Block and Benjamin Sachs, *Clean Slate for Worker Power: Building a
       Just Economy and Democracy* (Cambridge, Mass.: Labor and Worklife
       Program, Harvard Law School, 2020), 2, 16-18; Desmond, "Capitalism,"
       181-183; Dray, *There Is Power in a Union*, 184; Rayford Whittingham Logan,
       The Betrayal of the Negro: From Rutherford B. Hayes to Woodrow Wilson
       (New York: Collier, 1965 [1954]), 142.

04.   특히 노조 결성 시도 대부분은 성공적인 계약 합의로 끝나지 않는다.
       1999년부터 2004년 사이에 있었던 노조 결성 시도에 대한 한 연구는
       전미노동위원회에 올라온 진정서 중에서 5분의 1만이 선거 인증서 발급 2년
       이내에 계약으로 마무리됐음을 보여 주었다.
       John-Paul Ferguson, "The Eyes of the Needles: A Sequential Model of Union
       Organizing Drives, 1999-2004," *ILR Review* 62 (2008): 3-21.

05.   Block and Sachs, *Clean Slate for Worker Power*, section 3B; Farber et al.,
       "Unions and Inequality over the Twentieth Century"; Gordon Lafer and Lola
       Loustaunau, *Unlawful*.

06.   Kate Andrias, "The New Labor Law," *The Yale Law Journal* 126 (2016):
       1-100; Block and Sachs, *Clean Slate for Worker Power*, section 3B; David Rolf,
       A Roadmap to Rebuilding Worker Power (New York: The Century

Foundation, 2018).

07.　DeSilver, "The U.S Differs from Most Other Countries in How It Sets Its Minimum Wage."

08.　Kate Andrias, "Union Rights for All: Toward Sectoral Bargaining in the United States," in *The Cambridge Handbook of U.S. Labor Law for the Twenty-First Century*, Richard Bales and Charlotte Garden, eds. (New York: Cambridge University Press, 2020), chap. 6; Block and Sachs, *Clean Slate for Worker Power*, section 3B; Martin Rama, "Bargaining Structure and Economic Performance in the Open Economy," *European Economic Review* 38 (1994): 403-415. 미국의 맥락에서 부문별 교섭에 대한 비판은 다음을 보라. Veena Dubal, "Sectoral Bargaining Reforms: Proceed with Caution," *New Labor Forum* 31 (2022): 11-14.

09.　Orwell, *Road to Wigan Pier*, 227.

10.　Sonya Acosta and Erik Gartland, "Families Wait Years for Housing Vouchers Due to Inadequate Funding," Center on Budget and Policy Priorities, July 22, 2021; U.S. Department of Housing and Urban Development, *Picture of Subsidized Housing, 2020* (Washington, D.C.: HUD, 2021).

11.　Wells Dunbar, "No Room at the Complex," *The Austin Chronicle*, September 14, 2007; Michael Kimmelman, "In a Bronx Complex, Doing Good Mixes with Looking Good," *The New York Times*, September 26, 2011.

12.　Jacqueline Chiofalo et al., "Pediatric Blood Lead Levels Within New York City Public Versus Private Housing, 2003-2017," *American Journal of Public Health* 109 (2019): 906-911; Andrew Fenelon et al., "The Impact of Housing Assistance on the Mental Health of Children in the United States," *Journal of Health and Social Behavior* 59 (2018): 447-463; Jeehee Han and Amy Ellen Schwartz, "Are Public Housing Projects Good for Kids After All?," Annenberg Institute, Brown University, Working Paper 21-437, July 2021; Henry Pollakowski et al., "Childhood Housing and Adult Outcomes: A Between-Siblings Analysis of Housing Vouchers and Public Housing," *American Economic Journal: Economic Policy* 14 (2022): 235-272.

13. Alanna McCargo et al., "The Micro Mortgage Marketplace Demonstration Project," Urban Institute, December 2020.

14. Alanna McCargo, Bing Bai, and Sarah Strochak, "Small-Dollar Mortgages: A Loan Performance Analysis," Urban Institute, December 2020, 1, 6; McCargo et al., "The MicroMortgage Marketplace Demonstration Project," 8; National Rural Housing Coalition, "Rural Housing Success Story: Section 502 Direct Loans," January 2011; USDA spokesperson, email correspondence, March 15, 2022.

15. Matthew Desmond, "The Tenants Who Evicted Their Landlord," *The New York Times Magazine,* October 13, 2020.

16. Amanda Huron, *Carving Out the Commons: Tenant Organizing and Housing Cooperatives in Washington, DC* (Minneapolis: University of Minnesota Press, 2018), 77-78; Ronald Lawson, ed., *The Tenant Movement in New York City, 1904-1984* (New Brunswick, N.J.: Rutgers University Press, 1986), 221-222.

17. Huron, *Carving Out the Commons*, 2-3, 55.

18. 다음을 보라. Bhattarai et al., "Rents Are Rising Everywhere." 홈리스 학생 추정치는 다음을 보라. Advocates for Children in New York, "New Data Show Number of NYC Students Who Are Homeless Topped 100,000 for Fifth Consecutive Year," December 2020; National Center for Homeless Education, *Federal Data Summary, School Years 2016-2017 Through 2018-2019* (Greensboro, N.C.: National Center for Homeless Education, April 2021).

19. Baradaran, How the Other Half Banks, 141-143; Aluma Zernik, "Overdrafts: When Markets, Consumers, and Regulators Collide," *Georgetown Journal on Poverty Law and Policy* 26 (2018): 1-45, 4.

20. Neil Bhutta, Jacob Goldin, and Tatiana Homonoff, "Consumer Borrowing After Payday Loan Bans," *The Journal of Law and Economics* 59 (2016): 225-259; Jialan Wang and Kathleen Burke, "The Effects of Disclosure and Enforcement on Payday Lending in Texas," *Journal of Financial Economics* 145 (2022): 489-507.

21.   Bhutta et al., "Consumer Borrowing After Payday Loan Bans"; Consumer Federation of America, "Payday Loan Information for Consumers," 2022; Wang and Burke, "The Effects of Disclosure and Enforcement on Payday Lending in Texas," 489–507.

22.   Jonathan Macey, "Fair Credit Markets: Using Household Balance Sheets to Promote Consumer Welfare," *Texas Law Review* 100 (2022): 683–745; Frederick Wherry, "Payday Loans Cost the Poor Billions, and There's an Easy Fix," *The New York Times*, October 29, 2015.

23.   Martha Bailey, "Reexamining the Impact of Family Planning Programs on US Fertility: Evidence from the War on Poverty and the Early Years of Title X," *American Economic Journal: Applied Economics* 4 (2012): 62–97; Thomas Carper, Andrea Kane, and Isabel Sawhill, "Following the Evidence to Reduce Unplanned Pregnancy and Improve the Lives of Children and Families," *The Annals of the American Academy of Political and Social Science* 678 (2018): 199–205; Jocelyn Finlay and Marlene Lee, "Identifying Causal Effects of Reproductive Health Improvements on Women's Economic Empowerment Through the Population Poverty Research Initiative," The *Milbank Quarterly* 96 (2018): 300–322; Lawrence Finer and Mia Zolna, "Declines in Unintended Pregnancy in the United States, 2008–2011," *New England Journal of Medicine* 374 (2016): 843–852; Stefanie Fischer, Heather Royer, and Corey White, "The Impacts of Reduced Access to Abortion and Family Planning Services on Abortions, Births, and Contraceptive Purchases," *Journal of Public Economics* 167 (2018): 43–68; Claudia Goldin, "The Quiet Revolution That Transformed Women's Employment, Education, and Family," *American Economic Review* 96 (2006): 1–21.

24.   Kathryn Kost, Isaac Maddow-Zimet, and Ashley Little, "Pregnancies and Pregnancy Desires at the State Level: Estimates for 2017 and Trends Since 2012," Guttmacher Institute, September 2021; Margot Sanger-Katz, "Set It and Forget It: How Better Contraception Could Be a Key to Reducing Poverty," *The New York Times*, December 18, 2018; Upstream USA, Delaware

Contraceptive Access Now.

25. Roberts, *Killing the Black Body*; Sanger-Katz, "Set It and Forget It"; Kim Severson, "Thousands Sterilized, a State Weighs Restitution," *The New York Times, December* 9, 2011.

26. Diana Greene Foster, *The Turnaway Study: Ten Years, a Thousand Women, and the Consequences of Having—or Being Denied—an Abortion* (New York: Simon & Schuster, 2021); Diana Greene Foster et al., "Comparison of Health, Development, Maternal Bonding, and Poverty Among Children Born After Denial of Abortion vs. After Pregnancies Subsequent to an Abortion," *JAMA Pediatrics* 172 (2018): 1053-1060; Diana Greene Foster et al., "Socioeconomic Outcomes of Women Who Receive and Women Who Are Denied Wanted Abortions in the United States," *American Journal of Public Health* 108 (2018): 407-413; Sarah Miller, Laura Wherry, and Diana Greene Foster, "The Economic Consequences of Being Denied an Abortion," National Bureau of Economic Research, Working Paper 26662, January 2020.

27. "Employers Are Begging for Workers. Maybe That's a Good Thing," *The Ezra Klein Show*, June 8, 2021; C. Wright Mills, The Power Elite (New York: Oxford University Press, 1956 [2000]), 335.

28. 노조 조합원을 위한 편익 프로그램의 하나인 유니온플러스(Union Plus)는 노조원이 만든 상품의 목록을 정리해 놓았다. 다음도 보라. Sarah Reinhardt, "During Pandemic, It's All Tricks and No Treats for Mars Wrigley Workers," Union of Concerned Scientists, October 26, 2020; Mercedes Streeter, "UPS Is Winning the Delivery Wars with Its Unionized Workers," *Jalopnik*, November 8, 2021.

29. Lawrence Glickman, *Buying Power: A History of Consumer Activism in America* (Chicago: University of Chicago Press, 2009), 5-6, 14-15, 31-32, 69-71, 306, 390.

30. James Bessen, "Everything You Need to Know About Occupational Licensing," *Vox*, November 18, 2014; Jamie Lauren Keiles, "The Man Who Turned Credit-Card Points into an Empire," *The New York Times Magazine*,

January 5, 2021; Scott Schuh, Oz Shy, and Joanna Stavins, "Who Gains and Who Loses from Credit Card Payments? Theory and Calibrations," Federal Reserve Bank of Boston, Discussion Paper 10-3, November 2010.

31. Elizabeth Levy Paluck and Donald Green, "Deference, Dissent, and Dispute Resolution: An Experimental Intervention Using Mass Media to Change Norms and Behavior in Rwanda," *American Political Science Review* 103 (2009): 622-644; Elizabeth Levy Paluck and Donald Green, "Prejudice Reduction: What Works? A Review and Assessment of Research and Practice," *Annual Review of Psychology* 60 (2009): 339-367.

32. James Alm, Kim Bloomquist, and Michael McKee, "When You Know Your Neighbour Pays Taxes: Information, Peer Effects and Tax Compliance," *Fiscal Studies* 38 (2017): 587-613; Jörg Paetzold and Hannes Winner, "Tax Evasion and the Social Environment," Center for Economic Policy Research, December 17, 2016.

33. Gallup, "Labor Unions," 2021.

34. B Lab, "Best for the World 2022: Workers"; Teamsters Local 332, "Union Made."

35. James Baldwin, "Fifth Avenue, Uptown," *Esquire*, July 1960.

⑨ 담장을 허물자

01. Raj Chetty and Nathaniel Hendren, "The Impacts of Neighborhoods on Intergenerational Mobility I: Childhood Exposure Effects," *The Quarterly Journal of Economics* 133 (2018): 1107-1162; Raj Chetty, Nathaniel Hendren, and Lawrence Katz, "The Effects of Exposure to Better Neighborhoods on Children: New Evidence from the Moving to Opportunity Experiment," *American Economic Review* 106 (2016): 855-902; Eric Chyn, "Moved to Opportunity: The Long-Run Effects of Public Housing Demolition on Children," *American Economic Review* 108 (2018): 3028-3056; Patrick

Sharkey, *Stuck in Place: Urban Neighborhoods and the End of Progress Toward Racial Equality* (Chicago: University of Chicago Press, 2013).

02. Friedrich Nietzsche, *Thus Spoke Zarathustra*, trans. R. J. Hollingdale (London: Penguin UK, 1974), 2.

03. Ryan Enos, *The Space Between Us: Social Geography and Politics* (New York: Cambridge University Press, 2017).

04. Derrick Bell, *Silent Covenants: Brown v. Board of Education and the Unfulfilled Hopes for Racial Reform* (New York: Oxford University Press, 2004); Mary Pattillo, "Black Middle-Class Neighborhoods," *Annual Review of Sociology* 31 (2005): 305-329. 체리힐에 대한 통계는 2022년 3월 25일, 페어셰어하우징센터의 애덤 고든(Adam Gordon)과의 개인적인 교신을 통해 얻었다.

05. Nikole Hannah-Jones, "Choosing a School for My Daughter in a Segregated City," *The New York Times Magazine*, June 9, 2016; Rucker Johnson, *Children of the Dream: Why School Integration Works* (New York: Basic Books, 2019), chap. 2.

06. Richard Kahlenberg, "From All Walks of Life: New Hope for School Integration," *American Educator*, Winter 2012-2013, 4-5; Heather Schwartz, *Housing Policy Is School Policy: Economically Integrative Housing Promotes Academic Success in Montgomery County, Maryland* (Washington, D.C.: The Century Foundation, 2010).

다음도 보라. Kendra Bischoff and Ann Owens, "The Segregation of Opportunity: Social and Financial Resources in the Educational Contexts of Lower- and Higher-Income Children, 1990-2014," *Demography* 56 (2019): 1635-1664; Ann Owens, Sean Reardon, and Christopher Jencks, "Income Segregation Between Schools and School Districts," *American Educational Research Journal* 53 (2016): 1159-1197; Jennifer Jennings et al., "Do Differences in School Quality Matter More Than We Thought? New Evidence on Educational Opportunity in the Twenty-First Century, *Sociology of Education* 88 (2015): 56-82; Ann Owens, "Income Segregation Between

School Districts and Inequality in Students' Achievement," *Sociology of Education* 91 (2017): 1–27.

07.   Ann Owens, "Inequality in Children's Contexts: Income Segregation of Households with and without Children," *American Sociological Review* 81 (2016): 549–574; Owens, Reardon, and Jencks, "Income Segregation Between Schools and School Districts," 1159–1197; Sean Reardon et al., "Has Income Segregation Really Increased? Bias and Bias Correction in Sample–Based Segregation Estimates," *Demography* 55 (2018): 2129–2160; Sean Reardon and Ann Owens, "60 Years After Brown: Trends and Consequences of School Segregation," *Annual Review of Sociology* 40 (2014): 199–218.

08.   Grounded Solutions Network, *Inclusionary Housing*, 2022; Emily Hamilton, "Inclusionary Zoning and Housing Market Outcomes," *Cityscape* 23 (2021): 161–194; Office of Policy Development and Research, *Inclusionary Zoning and Mixed–Income Communities* (Washington, D.C.: U.S. Department of Housing and Urban Development, Spring 2013).

09.   Calavita and Mallach, *Inclusionary Housing in International Perspective*, 8, 11.

10.   Len Albright, Elizabeth Derickson, and Douglas Massey, "Do Affordable Housing Projects Harm Suburban Communities? Crime, Property Values, and Taxes in Mount Laurel, NJ," *City and Community* 12 (2013): 89–112; Mai Nguyen, "Does Affordable Housing Detrimentally Affect Property Values? A Review of the Literature," *Journal of Planning Literature* 20 (2005): 15–26.

11.   Richard Rothstein, *The Color of Law: A Forgotten History of How Our Government Segregated America* (New York: Liveright, 2017), 201.

12.   Katherine Levine Einstein, David Glick, and Maxwell Palmer, *Neighborhood Defenders: Participatory Politics and America's Housing Crisis* (New York: Cambridge University Press, 2019), 36, 97, 106; Alexis de Tocqueville, Democracy in America, ed. J. P. Mayer, trans. George Lawrence (New York: Perennial Classics, 2000 [1835]), 511; Jesse Yoder, "Does Property Ownership Lead to Participation in Local Politics? Evidence from Property Records and

Meeting Minutes," *American Political Science Review* 114 (2020): 1213-1229.

13.　Einstein, Glick, and Palmer, *Neighborhood Defenders*, 4-5, 17, 106.

14.　이 브로슈어를 내게 먼저 보여 준 미시간대학교의 알렉산드라 머피(Alexandra Murphy)에게 감사의 말을 전한다.

15.　H. Robert Outten et al., "Feeling Threatened About the Future: Whites' Emotional Reactions to Anticipated Ethnic Demographic Changes," *Personality and Social Psychology Bulletin* 38 (2012): 14-25; Lincoln Quillian, "Prejudice as a Response to Perceived Group Threat: Population Composition and Anti-Immigrant and Racial Prejudice in Europe," *American Sociological Review* 60 (1995): 586-611; Rachel Wetts and Robb Willer, "Privilege on the Precipice: Perceived Racial Status Threats Lead White Americans to Oppose Welfare Programs," *Social Forces* 97 (2018): 793-822; Clara Wilkins and Cheryl Kaiser, "Racial Progress as Threat to the Status Hierarchy: Implications for Perceptions of Anti-White Bias," *Psychological Science* 25 (2014): 439-446.

16.　Larry Bartels, *Unequal Democracy* (Princeton, N.J.: Princeton University Press, 2016); Derek Brown, Drew Jacoby-Senghor, and Isaac Raymundo, "If You Rise, I Fall: Equality Is Prevented by the Misperception That It Harms Advantaged Groups," *Science Advances* 8 (2022): 1-18; Piston, *Class Attitudes in America*, 6, 56-62; McCall, Undeserving Rich, 35, 47, 217.

17.　Jenny Schuetz, Fixer-Upper: How to Repair America's Broken Housing Systems (Washington, D.C.: Brookings Institution Press, 2022); Neil Smith and Peter Williams, eds., *Gentrification of the City* (London: Routledge, 2013).

18.　Greenstein, *Targeting, Universalism, and Other Factors Affecting Social Programs' Political Strength*, 17.

19.　Oliver Cromwell Cox, *Caste, Class, and Race: A Study in Social Dynamics* (New York: Doubleday, 1948), 345. 다음도 보라. Desmond, "Capitalism"; Du Bois, *Black Reconstruction*.

20.　이 개념은 대공황 시절 일부 경제학자들 사이에서도 인기가 있었다. 다음을

보라. Stuart Chase, *The Economy of Abundance* (New York: MacMillan, 1934); Albert Newman, *Enough for Everybody* (Indianapolis: Bobbs-Merrill, 1933).

21.   Desmond, "The Tenants Who Evicted Their Landlord"; Robin Wall Kimmerer, "The Serviceberry: An Economy of Abundance," *Emergence Magazine*, December 10, 2020; E. P. Thompson, "The Moral Economy of the English Crowd in the Eighteenth Century," *Past and Present* 50 (1971): 76-136.

22.   James Baldwin, "Faulkner and Desegregation," in *The Price of the Ticket: Collected Nonfiction, 1948-1985* (New York: St. Martin's Press, 1985), 147.

23.   Martin Luther King, *Why We Can't Wait* (New York: Penguin, 1964), 65.

24.   Kimmerer, "Serviceberry"; Franklin D. Roosevelt, "State of the Union Message to Congress," January 11, 1944.

25.   "Happiness Among Americans Dips to Five-Decade Low," *UChicago News*, June 16, 2020.

26.   Alex Bell et al., "Who Becomes an Inventor in America? The Importance of Exposure to Innovation," *The Quarterly Journal of Economics* 134 (2019): 647-713; Plato, *The Republic* (New York: Penguin Classics, 1987), 312.

27.   반빈곤 투자는 좀 더 넓은 국가적 관심을 계기로 이루어지는 경우가 많다. 1946년 제2차세계대전 기간 동안 징병 위원회를 관리했던 루이스 허시 장군(General Lewis Hershey)은 국회에서 전쟁 기간 동안 신병의 6분의 1이 군대의 신체검사를 통과하지 못했고, 이 중 40~60퍼센트에서 영양실조나 부실한 식사가 문제였다고 증언했다. 국민 영양 관리를 소홀히 하는 바람에 상비군을 확보하는 데 심각한 지장이 초래된 것이다. 허시 장군은 국회에서 음식 부족과 영양 부실이 민주주의와 국가안보를 위험에 몰아넣었다고 말했다. 워싱턴은 전국학교급식프로그램(National School Lunch Program) 설립으로 대응했는데, 이 프로그램은 수많은 저소득층 아동을 비롯, 수천만 아동에게 식사를 제공한다. 군대는 영양사를 고용하고, 인간의 생리에 대한 숱한 연구를 실시하고, 건강한 식사에 대한 선전영화를 제작했다. 이런 노력은 칼로리 계산량과 일일 비타민 섭취 용량, 심지어는 식품 피라미드까지 들어 있는

권장식품섭취량(Recommended Dietary Allowances) 같은 것들로 이어졌다. 미국은 주로 저소득층에게 영향을 미치던 문제를 해결할 때 전체적으로 더 건강하고 박식해졌다. Peter Hinrichs, "The Effects of the National School Lunch Program on Education and Health," *Journal of Policy Analysis and Management* 29 (2010): 479-505; Hannah Findlen LeBlanc, *Nutrition for National Defense: American Food Science in World War II and the Cold War,* PhD Dissertation (Stanford, Calif.: Stanford University, 2019).

에필로그

01. 개혁가들은 코스를 계획하고 정상에 한 발 한 발 힘겹게 오르는 등반가와 비슷하다. 베이스캠프에 남아서 모닥불 근처에 앉아 산에 대해 입방아를 찧는 쪽을 좋아하는 사람들도 있다. 베이스캠프에 남은 사람들은 정상에 이르는 모든 루트가 썼었다고 말한다. 하지만 사울 알린스키(Saul Alinsky)의 말처럼 "인생은 부패의 과정이다. 모든 수단 중에서 가장 비윤리적인 것은 아무짝에도 쓸모가 없는 것이다". Saul Alinsky, *Rules for Radicals: A Pragmatic Primer for Realistic Radicals* (New York: Vintage, 1971), 24, 26.

02. Dray, *There Is Power in a Union*, 192, 255, 383, 433-446; Nelson Lichtenstein, *State of the Union* (Princeton N.J.: Princeton University Press, 2013), 25, 35-36, 39.

03. James Farmer, *Freedom—When?* (New York: Random House, 1965), 40-41; Lyndon B. Johnson, "Special Message to the Congress: The American Promise," March 15, 1965; Lawson, ed., *The Tenant Movement in New York City, 1904-1984*, 20; Frances Fox Piven and Richard Cloward, *Poor People's Movements: Why They Succeed, How They Fail* (New York: Vintage, 1977), 244-246, 254-255; Julian Zelizer, *The Fierce Urgency of Now: Lyndon Johnson, Congress, and the Battle for the Great Society* (New York: Penguin, 2015), chaps. 1-2.

04. Desmond, "The Tenants Who Evicted Their Landlord"; Poor People's

Campaign, "About the Poor People's Campaign: A National Call for Moral Revival."

05.   Desmond, "Capitalism," 185; Dray, *There Is Power in a Union*, 183–184.

06.   The Reverend Dr. William Barber II, *The Third Reconstruction: How a Moral Movement Is Overcoming the Politics of Division and Fear* (Boston: Beacon Press, 2016), chap. 9; Alicia Garza, *The Purpose of Power: How We Can Come Together When We Fall Apart* (New York: One World, 2020), 216; George Goehl, "If Progressives Don't Try to Win Over Rural Areas, Guess Who Will," *The New York Times*, October 19, 2019.

07.   Amina Dunn, "Most Americans Support a $15 Federal Minimum Wage," Pew Research Center, April 22, 2021; Amina Dunn and Ted Van Greed, "Top Tax Frustrations for Americans," Pew Research Center, April 30, 2021; Ruth Igielnik and Kim Parker, "Most Americans Say the Current Economy Is Helping the Rich, Hurting the Poor and Middle Class," Pew Research Center, December 11, 2019.

08.   U.S. Census Bureau, Current Population Survey, 2021 Annual Social and Economic Supplement, HINC-01. 다음도 보라. PolicyLink, *100 Million and Counting*.

09.   Amartya Sen, *Development as Freedom* (New York: Anchor Books, 1999), chap. 4.

Philos 025

미국이 만든 가난

1판 1쇄 발행 2023년 11월 22일
1판 2쇄 발행 2024년 1월 12일

지은이 매슈 데즈먼드
옮긴이 성원
해제 조문영
펴낸이 김영곤
펴낸곳 (주)북이십일 아르테

책임편집 김지영 박성근
편집 최윤지
디자인 박대성
기획위원 장미희
출판마케팅영업본부 본부장 한충희
마케팅 남정한 한경화 김신우 강효원
영업 최명열 김다운 김도연
해외기획 최연순
제작 이영민 권경민

출판등록 2000년 5월 6일 제406-2003-061호
주소 (10881) 경기도 파주시 회동길 201(문발동)
대표전화 031-955-2100 팩스 031-955-2151
이메일 book21@book21.co.kr

(주)북이십일 경계를 허무는 콘텐츠 리더

북이십일 채널에서 도서 정보와 다양한 영상자료, 이벤트를 만나세요!
인스타그램 instagram.com/21_arte   페이스북 facebook.com/21arte
          instagram.com/jiinpill21   facebook.com/jiinpill21
포스트 post.naver.com/staubin   홈페이지 arte.book21.com
        post.naver.com/21c_editors   book21.com

ISBN 979-11-7117-178-1 03330

주요한 논쟁거리인 미국 빈곤에 대한 이해가 확장되고 심화되는 경험. 데즈먼드는 특유의 신선한 솔직함으로 빈곤 문제에 접근하며, 그의 분노를 정당한 곳으로 향하게 만든다.

— 록산 게이

이 책의 주장은 본질적이고도 교훈적이다. 희망을 불러일으키지만 동시에 분노를 자아낸다.

— 앤 패칫

이 책은 학술서라기보다 일종의 '선언문'에 가깝다. 가난에 대한 우리 공동의 책임에 대한 정의가 불편함을 야기할 것이라는 것을 저자 자신도 잘 알고 있다. 저자의 목적은 거창한 추상화가 아닌 우리 앞에 놓인 분명한 것, 즉 자본주의에 반대하는 게 아니라 '착취에 반대하는 것'에 주의를 온전히 집중하게 하는 것이다. 오웰의 이 말처럼. "우리는 '자본가'와 '프롤레타리아트'에 대한 말을 조금 적게 하고 도둑과 도둑맞은 사람에 대해 조금 더 많이 이야기할 필요가 있다."

—《뉴욕타임스》

지속적인 문제에 대한 치열한 논쟁. 저자는 빈곤의 심리적 상처에 대해 감동적으로 저술한다. 그의 글은 산뜻하고 우아하며 슬프기까지 하다.

—《이코노미스트》

데즈먼드의 주장은 미국의 부에 관한 논쟁을 새로운 차원으로 끌어올리는 잠재력이 있다. 이 책의 탁월함은 정부와 사회의 정책이 계급 전쟁의 측면에서 어떻게 실현되고 있는지를 설명하는 것이다. 그러한 묘사가 빈곤이 삶의 방식이 되어 가는 현실을 매우 효과적으로 드러낸다.

—《가디언》

심층적인 연구와 독창적인 발표로 호평받는 사회학자인 저자는 미국의 부를 확산시키고 모든 사람이 더욱 잘살게 하는 데 도움되는 솔루션을 제공한다.

—《타임》

이 책은 미국에 어째서 그렇게 많은 가난이 있는지, 또
왜 그를 용납하는지에 대한 통렬한 '도덕적 고발'이다.
더불어 실질적인 행동을 촉구한다.

—《네이션》

잘난 척하는, 혹은 간편한 추상화가 아닌 '솔직한 실용성'을 추구하는
사회 비평 작품을 읽는 것은 통쾌하다. 그 도덕적 힘은 직감적이다.

—《뉴요커》

다른 사람들에게는 살아갈 수 없는 조건을 제시하고, 한편으로는
이해관계에 따라 부를 영속시키려는 사람들을 비판적 시각으로 분석한
'데이터 기반의 선언문'이다.

—《보스턴글로브》

이 책은 간결하고 명민하며 긴장감이 넘친다. 이 긴장감은 데즈먼드의
대담하고 신중한 주장을 뒷받침하는 분노에서 비롯된다.

—《롤링스톤》

도발적이고 설득력이 있다. 저자는 자신의 주장을 뒷받침하기 위해
폭넓은 사례와 통계수치를 제시하는데, 이는 사람들의 두뇌를
살짝 흔들어 전체 프레임을 바꾸는 효과를 가져온다.

—《NPR》

저자는 수십 년간 증가해 온 '개인 소비'와, 끊임없이 이어지는 '기업의
탐욕'에 잠식당한 미국의 상황에 긴급하고도 양심적으로 호소한다.

—《하퍼스》

이 책은 세계에서 가장 힘 있는 국가인 미국에 가장 중요한 문제가
무엇인지를 일깨운다. 데즈먼드의 신랄한 비판은 빈곤이라는 문제를
미국이 고칠 수 없는 게 아닌데도, '이기적'이고 '부정직'하고 '부도덕'하게
고칠 수 없는 문제인 척하는 가식을 폭로한다.

—《프로스펙트》

Philos 사유의 새로운 지평

인문·사회·과학 분야 석학의 문제의식을 담아낸 역작들
앎과 지혜를 사랑하는 사람들을 위한 우리 시대의 지적 유산

007 제프리 삭스 지리 기술 제도

제프리 삭스 지음 | 이종인 옮김

문명 탄생 이전부터 교류해 온 인류의 7만 년 역사를 통해
상식을 뒤바꾸는 협력의 시대를 구상하다

152*223mm | 400쪽 | 38,000원

013 법, 문명의 지도

퍼난다 피리 지음 | 이영호 옮김

법은 권력을 행사하는 도구인가, 권력에 저항하는 수단인가
전 세계 법체계의 흥망성쇠를 통해 본 인류 문명

152*225mm | 640쪽 | 40,000원

015 자유주의와 그 불만

프랜시스 후쿠야마 지음 | 이상원 옮김

30년 전 역사의 승자였던 자유주의는 어떻게 왜곡되었나
자유주의에 대한 가장 신랄한 비판이자 가장 예리한 옹호

132*204mm | 264쪽 | 24,000원

017 라이어스

캐스 선스타인 지음 | 김도원 옮김

민주주의를 훼손하는 거짓을 어떻게 판단할 것인가
법철학 관점으로 '표현의 자유'를 다시 생각하다

132*204mm | 272쪽 | 24,000원